Weltreligionen

Geschichte · Quellen · Materialien

Judentum

Von Joachim Czech, Heinz-Jürgen Loth,
Friedrich Trzaskalik, Udo Tworuschka

6/78

Verlag Moritz Diesterweg
Frankfurt am Main · Berlin · München

Kösel-Verlag
München

Die Verlage Moritz Diesterweg und Kösel sind Mitglieder des
Verlagsrings Religionsunterricht (VRU).

ISBN 3-425-07694-9 (Diesterweg)
ISBN 3-466-36010-2 (Kösel)

1. Auflage

Umschlagentwurf: Hetty Krist-Schulz, Frankfurt am Main.
Gesamtherstellung: Ernst Kaufmann, Lahr.

INHALT

VORWORT

Die vorliegende Darstellung des Judentums in der Reihe „Weltreligionen, Geschichte – Quellen – Materialien" bedarf einiger Erläuterungen.

Autoren und Leser sind auf Grund der Geschichte ihres Lebensraumes mit dem Judentum intensiver verbunden, als etwa mit dem Islam und Buddhismus.

Diese Geschichte verlangt nicht nur eine kritische Reflektion, sondern auch eine engagierte Stellungnahme. Dies umso mehr, als Leser und Autoren, wenn auch nicht immer bis ins letzte und bewußt reflektiert, aus dem Erbe einer christlich-jüdischen Konkurrenz und den Versuchen einer christlich-jüdischen Koexistenz leben.

Zum anderen bedingt die unauflösliche Verknüpfung von jüdischer Religion mit der unauslöschlichen Hoffnung auf Identität des Volkes in einem eigenem Land eine qualitativ andere Stellungnahme als dies etwa gegenüber Islam und Buddhismus nötig wäre. Die Implikationen der gemeinsamen, beladenen und belasteten Geschichte verlangen, daß durch die Akzentuierung von Schwerpunkten, die Auswahl von Texten und das zusätzliche Angebot von Quellentexten ein engagiertes Gespräch ermöglicht wird.

Dieses Gespräch kann allerdings nur dann in Gang kommen, wenn sich beide Partner ihres Standpunktes, dessen geschichtlicher Bedingtheit und dessen Bedingungszusammenhanges bewußt sind.

Durch diese Schwerpunktbildung wird z.B. auf eine eingehende Darstellung der Judenverfolgung während der Zeit des Nationalsozialismus verzichtet, weil diese Darstellung nach Ansicht der Autoren ihren adaequaten Ort im Geschichtsunterricht hat. Hier geht es vielmehr darum aufzuzeigen, wie unterschiedliche Motivationsstränge schließlich zusammengefaßt im Ereignis des Holocaust kulminierten. Dieser Versuch einer Darstellung des Judentums soll Hilfestellung leisten für den Kursunterricht der Sekundarstufe II bzw. für die Erwachsenenbildung. Er ist so angelegt, daß die Durcharbeitung in der Abfolge der Themenkomplexe erfolgen sollte. Zumindest sollten die Kapitel 2–4 – mehr systematisch – einen Block darstellen. Ebenso sollten die Kapitel 5–8 – eher historisch – eine Behandlungseinheit bilden.

Die Bearbeitung eines einzelnen Themenkomplexes kann dem Schüler überlassen werden, sei es zur Erstellung eines Referates, sei es zur Vorbereitung einer Diskussion im Plenum. Als Hilfe zum Verständnis kann ihm das Glossar dienen, in dem die wichtigsten Begriffe erläutert werden. Zur Vertiefung bzw. intensiveren Bearbeitung wird leicht zugängliche Literatur aufgeführt. Die zusätzlichen Quellentexte im Anschluß an die Kapitel 2–4 und 6–8 sollen eine Möglichkeit bieten, in einem zweiten Bearbeitungsgang bisherige Lernergebnisse zu verifizieren bzw. zu vertiefen. Mit Ausnahme des Wortes ‚Torah' bedienen sich die Autoren in der Regel einer vereinfachten Umschrift.

Die Autoren danken Dr. P. Freimark für wertvolle Hinweise; Prof. Dr. P. Lapide fühlen sie sich vor allem zu Dank verpflichtet, weil er das Manuskript gelesen hat und zur Weiterarbeit ermutigte.

Köln, im Sommer 1977

1. STREIFLICHTER

„Das Judentum ist wie ein alter verbrauchter Wagen, von zahllosen Zusammenstößen verbeult. Aber der Motor scheint sich niemals abzunutzen, er ist in der Tat sehr stark, denn er verwendet messianischen Brennstoff."

Lionel Blue, Wie kommt ein Jude in den Himmel? München 1976, 103.

1.1 Wer ist ein Jude?

Wenn heute, fast 30 Jahre nach der Gründung des Staates Israel im Jahre 1948, nur 3 Millionen der insgesamt etwa 14230000 Juden in Israel leben, dann stellt sich die Frage: Wer ist eigentlich ein Jude?
Es gibt eine jüdische Antwort. Sie ist eine juristische Definition: In § 4 des Rückkehrgesetzes des Staates Israel von 1962 wird im Zusatz b hinsichtlich der Einbürgerung erklärt, wer als Jude anzusehen ist: Es ist jemand, der von einer jüdischen Mutter geboren wurde, oder sich zum Judentum bekehrt hat und der nicht einer anderen Religion angehört.

1.2 Glauben und Tun

Die jüdische Religion schließt Glauben und Tun als gleichbedeutsame Wesenselemente mit ein: Glauben ohne die Ausführung der religiösen Pflichten genügt ebensowenig wie die Ausführung der letzteren ohne den Glauben. Diese enge Verbindung von Glauben und Tun ist im „Sch'ma Israel", einem zentralen jüdischen Gebet wiederzufinden. (Vgl. 4.7)

▸ „Es ist die Rezitation einiger kurzer Auszüge aus dem Deuteronomium und Numeri, die wenig sagen, es aber eindringlich sagen. Es sagt, daß Gott einer ist, mit allem, was daraus folgt, daß Er lebendig ist, einzig, alles fordernd, unendlich und daher alles Denken übersteigt. Weiter zählt dieses ‚Gebet' eine Anzahl sehr praktischer Schritte auf, damit man all dies nicht vergißt, denn was wir tun, hat Folgen, die nicht weggewünscht werden können, d.h. Vergeltung und Strafe. Schließlich sagt es: dieser ‚Er' ist die einzige Realität, auf die sich unser Volk in der Geschichte verlassen kann. Keine andere Macht kann uns von den Feinden, die wir uns machen, retten oder uns aus den Fallen befreien, die wir uns selbst stellen. Diese Aussagen, die als Gebet dienen, werden von einem Juden auf dieselbe Weise gebraucht wie das ‚Vaterunser' von den Christen. Er sagt es morgens und abends. Es ist an seinen Türpfosten geschrieben, und es ist das letzte, was er sagt, wenn er stirbt. Es wird nicht leise, sondern laut gesprochen. Gott muß nicht gesagt werden, daß Er Einer ist – vermutlich weiß er es –, aber unseren Mitjuden. Wir erinnern unsere Verwandten, die Familie Israels an die Wirklichkeit, die unser Schicksal regiert. Das jüdische Schlüsselgebet wird darum ganz und gar nicht zu Gott gesprochen, wir sagen es uns selbst, und vor allem sagen wir es zueinander. Wir haben öffentlich die Wahrheit bekannt und unsere Pflicht erfüllt. Wir haben die Realität des Reiches Gottes über alles gestellt." ◂

Lionel Blue, a.a.O. 64f., mit Auslassungen.

1.3 Tanz mit der Torah

Am Tag der Gesetzesfreude tanzen Juden mit den Gesetzesrollen durch die Straßen von Tel-Aviv. Vgl. auch S. 57, Nr. 4.4.3.

1.4 Erwählung und Leiden

▸ Die Juden haben „nicht selbst gewählt, jüdisch zu sein. Sie haben die religiösen Möglichkeiten der Welt nicht untersucht, haben sie nicht auf ihre Spiritualität und Ergiebigkeit hin geprüft und das Beste ausgesucht. Sie haben eine gegenteilige Erfahrung gemacht. Sie haben es sich nicht ausgesucht, Juden zu sein, Gott scheint sie geprüft und auserwählt zu haben, und dagegen können sie nichts machen." ◂

Lionel Blue, a.a.O. 14.

▸ „Das Leben der Juden ist ihren grimmigsten Feinden anvertraut. Selbst im Schlaf werden sie von Schreckensträumen nicht verlassen. Außer im Himmel haben sie keinen sicheren Zufluchtsort.“ ◂

Petrus Abaelard, zit. bei: Werner Keller, Und wurden zerstreut unter alle Völker, München/Zürich 1966, 245.

▸ „Mose, mußt du wissen, hatte eine schwere Zunge. Er konnte nicht gut reden. Deshalb gab ihm Gott seinen Bruder Aaron bei. Aber Mose war auch schwerhörig, und das war schlimmer. Gott sagte zu ihm: Führe dein Volk nach Kanada. Mose aber verstand ‚Kanaan‘, und daraus resultiert das ganze Unglück Israels.“ ◂

Jörg Zink, Was wird aus diesem Land? Stuttgart 1975, 91.

1.5 Hoffnung

▸ „Die typischste Waffe jüdischer Spiritualität ist Humor. Er nimmt die Bitterkeit aus dem menschlichen Herzen und reduziert Könige, Kaiser und Diktatoren auf ihre tatsächliche Größe. Der ‚Witz‘ ist das Vehikel des Mitleids. Die Größe des Judentums liegt nicht darin, Leid zu transzendieren, sondern es auf ein erträgliches Maß zu reduzieren.
In Tel Aviv wurde verkündet, daß Gott die Stadt wegen ihrer Sünden mit einer zehn Meter hohen Flutwelle überschwemmen würde. Moslems gingen in ihre Moscheen, um eine rasche Versetzung in das Paradies zu erbitten. Christen gingen in ihre Kirchen, um die Fürbitte der Heiligen zu erflehen, aber die Juden gingen in die Synagoge und beteten: ‚Herr Gott, es wird schwierig sein, unter zehn Metern Wasser zu leben!‘ “ ◂

Lionel Blue, a.a.O. 77.83, mit Auslassungen.

▸ „Es gibt keine ‚Nation‘ als solche und keine ‚Religion‘ als solche, sondern nur ein Volk, das seine geschichtlichen Erfahrungen als die Taten seines Gottes versteht. So steht von Urbeginn die einzigartige Verbindung zwischen diesem Volk und diesem Land im Zeichen dessen, was sein soll, was werden, was verwirklicht werden soll. Zu dieser Verwirklichung kann das Volk nicht ohne das Land und das Land nicht ohne das Volk gelangen: nur die getreue Verbindung beider führt zu ihr. Dem jüdischen wie jedem anderen Volk freie Entfaltung all seiner Kräfte in seinem Land, mehr ist nicht not, das eben heißt ‚Auferstehung‘, so lautet die Lösung.“ ◂

Martin Buber, Israel und Palästina, München 1968, 10f., mit Auslassungen.

1.6 Diaspora

▸ „Die jüdische Geschichte hat eigentlich begonnen mit der ersten Diaspora in Ägypten; das jüdische Volk ist dann nach Palästina zurückgekehrt und hat dort den ersten Staat geschaffen; dieser wurde durch die Babylonier zerstört, und eine

zweite Diaspora begann; die Juden kamen dann nach Palästina zurück und gründeten ihren zweiten Staat, der durch die Römer zerstört wurde, was die dritte Diaspora nach sich zog, die heute noch anhält.
Was die jüdische Geschichte charakterisiert und ihre Struktur einzig erscheinen läßt, sind mehr die Perioden, die in der Diaspora gelebt wurden als diejenigen, die innerhalb eines eigenen Staates abgelaufen sind.
Auch unter dem Gesichtspunkt der Kultur und seiner schöpferischen Begabung hat die Diaspora in der Geschichte des jüdischen Volkes keine weniger bedeutende Rolle gespielt als sein nationales Zentrum. Die eigentliche Basis des Überlebens der Juden, der Talmud, der das jüdische Leben Jahrhunderte hindurch bestimmt hat, wurde wesentlich mehr in Babylonien geschaffen als in Jerusalem.
Der Antisemitismus begleitet die Geschichte der jüdischen Diaspora, seitdem sie existiert; die einzigartige Struktur des jüdischen Volkes, zerstreut über die ganze Welt, überall Minorität, häufig sehr schwach und trotzdem in einer bewundernswerten Charakterfestigkeit in der Ablehnung, sich der Majorität anzupassen. Die Juden waren bereit, Verfolgungen, Pogrome, Inquisition und sogar Vernichtungsversuche in großem Stil zu ertragen.
Es bedeutet eine Entstellung des einzigartigen Charakters der jüdischen Geschichte, die Diaspora als eine Art von anomaler Episode zu betrachten. Was man die ‚Normalisierung' des jüdischen Lebens nennen könnte, würde nicht mit der Abschaffung der Diaspora und dem Zusammenschluß des ganzen Volkes in seinem eigenen Territorium bestehen, sondern in der Entstehung einer Lebensform, die sowohl aus Israel als dem Zentrum und aus der Diaspora als Peripherie besteht." ◀

Nahum Goldmann, Israel muß umdenken. Die Lage der Juden 1976. Reinbek bei Hamburg 1976, 12.65, mit Auslassungen.

1.7 Antijudaismus

▶ „Da ich höre, daß hier in Padua viele Juden leben, will ich einige Wahrheiten über sie und den Verkehr mit ihnen sagen.
Die erste Wahrheit ist, daß du eine Todsünde begehst, wenn du mit ihnen issest und trinkst; denn, wie es ihnen verboten ist, mit uns zu essen, so ist es auch uns verboten, mit ihnen zu essen. Die zweite Wahrheit ist, daß es keinem Kranken erlaubt ist, sich von einem jüdischen Arzt behandeln zu lassen; denn auch das ist eine Todsünde. Drittens ist es nicht gestattet, zusammen mit den Juden zu baden. Viertens dürfen sie ihre Synagogen nicht erweitern und keine neue errichten. Die fünfte Wahrheit ist, daß sie an den Tagen (der Karwoche), an denen man die Leidensgeschichte unseres Herrn verliest, sich in ihren Häusern halten müssen, damit sie sich nicht über ihn lustig machen. Die sechste Wahrheit ist, daß sie ein Zeichen tragen müssen, durch das sie sich von den Christen unterscheiden. Ferner begehen diejenigen Frauen eine Todsünde, die in den Häusern der Juden Dienstboten oder Ammen sind." ◀

Bernhard von Siena. Über die Erwerbung der Liebe Gottes, zitiert nach: Peter Browe, Die Judenmission im Mittelalter und die Päpste, Rom 1942, 34 mit Auslassungen.

1.8 Rassenhaß und Versöhnung

Antijüdische Schmierereien
1972 in Hamburg

„Versöhnung
über den Gräbern“

1.9 Christliche Neubesinnung

▸ „Durch das starke Übergewicht der Christen wurde die kleine jüdische Minderheit im Verlauf einer langen Entwicklung in eine Außenseiterrolle gedrängt. In der jüngsten Geschichte führte der Judenhaß zum Versuch der totalen Vernichtung der Juden durch den Nationalsozialismus.
Doch gerade im Zusammenhang mit dieser Katastrophe ergab sich eine Neubesinnung unter Christen und Juden. Viele Christen begannen aus dem tiefen Erschrecken über das Geschehene heraus neu über die Grundlagen ihres Glaubens nachzudenken und entdeckten dabei auch wieder dessen Verwurzelung in der alttestamentlich-jüdischen Tradition; zugleich erkannten sie, daß die Juden den Gott als ihren Vater anrufen, als dessen Kinder sich auch die Christen verstehen; so wurden sie sich dessen bewußt, daß die Juden die nächsten Nachbarn der Christen sind." ◂

Christen und Juden. Eine Studie des Rates der Evangelischen Kirche in Deutschland, Gütersloh 1975, 25.

▸ „Es ist vordringlich, daß die Christen definitiv aufhören, sich die Juden nach Klischees vorzustellen, die jahrhundertelang Aggressivität geformt hat. Der Antisemitismus ist ein Erbe der heidnischen Welt, doch hat er sich im christlichen Milieu durch pseudo-theologische Elemente noch verschärft. Der Jude verdient unsere Aufmerksamkeit und unsere Achtung, oft unsere Bewunderung, manchmal gewiß auch unsere freundschaftliche und brüderliche Kritik, jedoch stets unsere Liebe. Dieses Element hat ihm vielleicht am meisten gefehlt, und darin ist das christliche Gewissen am meisten schuldig geworden.
Es ist ein theologischer, geschichtlicher und juristischer Irrtum, das jüdische Volk als unterschiedslos am Leiden und Tod Jesu Christi schuldig zu sehen. Es ist falsch, Judentum und Christentum als Religion der Furcht und als Religion der Liebe einander entgegenzustellen.
Im Gegensatz zu verfestigten Reaktionen muß festgehalten werden, daß die pharisäische Lehre nicht der Gegenpol des Christentums ist." ◂

Pastorale Handreichung: Die Haltung der Christen zum Judentum, hg. v. der französischen bischöflichen Kommission für die Beziehungen zum Judentum, in: Bibel und Kirche 29 (1974) 51 f mit Auslassungen.

1.10 Jüdische Rückbesinnung

▸ „Viele liberale, assimilierte jüdische Eltern sehen mit Befremden und Erstaunen der religiösen Entwicklung ihrer Kinder zu. Oft haben sie ein schlechtes Gewissen, selbst den leichteren Weg gewählt, ihr Judentum vernachlässigt zu haben, um nicht aus dem Rahmen zu fallen.
Es gibt aber auch Eltern, die sich nicht in die Defensive gedrängt oder als ‚schlechtere' Juden gebrandmarkt fühlen. Sie sind im Gegenteil fast erleichtert, ja stolz und zugleich ein wenig neidisch, daß ihre Kinder ihr Judentum so offen vor sich hertragen, sich so bewußt, explizit und mit den notwendigen Konsequenzen dazu be-

kennen. ‚Wir hätten das nicht gewagt', sagen sie, ‚wir wollten uns anpassen, um nicht anders zu sein.'
Heute versuchen viele, dem Beispiel ihrer Kinder zu folgen. So zum Beispiel Rosenbaums, die Eltern von Sarah, einer 20jährigen College-Studentin, die sich geweigert hatte, in den Ferien nach Hause zu kommen, da ihre Eltern nicht koscher kochten, nicht in die Synagoge gingen und – wie sie meinte – ihr Judentum verleugneten. Inzwischen waren Rosenbaums mehrmals bei jüdischen religiösen Familien zu Gast, um mit ihnen Sabbath zu feiern. Die Gäste, unerfahren im koscheren Kochen und anderen religiösen Ritualen, haben gelernt, was es heißt, jüdische Regeln zu befolgen. Sarah hat genau wie ihre Eltern erfahren müssen, wie die Umwelt einen nicht vergessen läßt, daß man jüdisch ist. Nur war ihre Reaktion nicht, sich hinter der all-amerikanischen Maske zu verstecken. Sie begann vielmehr, sich mit der Frage auseinanderzusetzen: Was heißt es eigentlich, jüdisch zu sein?" ◀

Gabriele von Arnim, in: Die Zeit, 41, 1. 10. 1976, 63.

1.11 Deutschland und Israel

▶ „Die Beziehungen zwischen Deutschen und Juden sind beinahe einmalig. Es gibt wohl kaum eine Parallele. Schon in der römischen Epoche und in der Zeit Karls des Großen haben Juden in Aachen und in vielen anderen Städten gelebt. Seit Jahrhunderten waren sie in Deutschland vertreten. Kein Volk hat kulturell auf die Juden einen solchen Eindruck gemacht, solchen Eindruck gehabt wie die Deutschen. Das drückt sich darin aus, daß neben dem Hebräischen (in der Diaspora ja mehr die Sprache der Gelehrten und Rabbiner, aber nie die Tagessprache) die Hauptsprache des europäischen Judentums Jiddisch war, und das ist eigentlich Mittelhochdeutsch. Als die Aufklärung Ende des 18. Jahrhunderts begann und die Juden – zumindest kulturell – aus ihrem Ghetto herauskamen und Anschluß suchten an die europäische Kultur, war das Hauptinstrument beinahe fast – ich will nicht sagen ausschließlich – das Deutsche.
Der Einfluß der Deutschen, besonders aufs moderne Judentum war ungewöhnlich. Die Juden verdanken den Deutschen sozusagen alle Begegnungen mit der modernen europäischen Kultur. Fast der größte Teil der klassischen zionistischen Ideologie ist in Deutsch geschrieben. Oder nehmen Sie die Protokolle der zionistischen Kongresse bis nach dem Ersten Weltkrieg, alles wurde in Deutsch verhandelt. Und wenn einer Hebräisch sprach, dann ist das ausdrücklich vermerkt: ‚Herr Ben Gurion sprach hebräisch.' Protokolliert wurde das nicht. Das, was die Nazi-Periode den Juden angetan hat, können natürlich Generationen nicht vergessen. Wenn die Juden versuchen, diese Leiden der Diaspora und vor allem der Nazi-Periode aus ihrem Bewußtsein auszuschalten, muß dies mit einem psychologischem Zusammenbruch enden. Aber man beginnt heute, den passiven Heroismus der Nazi-Opfer und der früheren jüdischen Opfer voll anzuerkennen. Dasselbe gilt auch für die Deutschen. Auch dort gibt es eine Tendenz des Vergessen-Wollens. Ich kenne wichtige deutsche Persönlichkeiten, von denen ich niemals auch nur im Traum vermuten würde, daß sie Antisemiten sind, die bei weiteren Entschädi-

gungsforderungen sagen: ‚Was haben wir damit zu tun? Ich war drei Jahre alt, als Hitler kam. Welche Verantwortung habe ich? Lassen Sie das doch endlich mal in Ruhe.‘ Also ich glaube, auf beiden Seiten ist es unbedingt notwendig, daß keines der Völker diese ungewöhnliche Tragödie vergißt. Das heißt vor allem, daß sozusagen moralisch – oder ich würde sagen: psychologisch – Deutschland jüdischen Dingen gegenüber natürlich sehr sensibel sein muß. Das heißt nicht, daß man einen billigen und manchmal nur als Ausrede bewußt oder unbewußt genutzten Philosemitismus predigen soll.“ ◀

Nahum Goldmann, a.a.O. 103 f mit Auslassungen.

1.12 Flagge und Hymne

HATIKVAH
Israels Nationalhymne

כָּל עוֹד בַּלֵּבָב פְּנִימָה	**Solange im Herzen darinnen**
נֶפֶשׁ יְהוּדִי הוֹמִיָּה,	**Ein jüdisches Fühlen noch taut,**
וּלְפַאֲתֵי מִזְרָח קָדִימָה	**Solang gen Ost zu den Zinnen**
עַיִן לְצִיּוֹן צוֹפִיָּה,	**Von Zion ein Auge noch schaut.**
עוֹד לֹא אָבְדָה תִּקְוָתֵנוּ	**Solang lebt die Hoffnung auf Erden,**
הַתִּקְוָה מִשְּׁנוֹת אַלְפַּיִם,	**Die uns 2000 Jahre verband.**
לִהְיוֹת עַם חָפְשִׁי בְּאַרְצֵנוּ,	**Daß ein Freivolk wir wieder werden**
בְּאֶרֶץ צִיּוֹן וִירוּשָׁלַיִם.	**In Zions, Jerusalems Land.**

2. JÜDISCHER GLAUBE IM WANDEL DER ZEITEN

Es gibt kein einheitliches jüdisches Lehrsystem, von dem man sagen könnte: so lehrt das Judentum. Jüdisches religiöses Denken ist immer in vielgestaltiger Form aufgetreten, auch wenn sich im Laufe der Zeit bestimmte Glaubensgrundsätze herausgebildet haben.

Das religiöse Denken wird ferner nicht von dem Gesichtspunkt beherrscht, möglichst viel über die jenseitige Welt zu erforschen, sondern steht vielmehr in einer Wechselbeziehung zum praktischen religiösen Tun. Dieses folgt aus der Halacha, der bindenden Auslegung der Torah, die als göttliche Willensoffenbarung gilt. Und in diesem Sinne ist auch der alte Ausspruch jüdischer Lehrer an ihre Schüler zu verstehen: „Strebet danach, den Namen Gottes in eurem Leben und in der Welt zu heiligen.“

Da das biblische Judentum, die Religion Israels, weitgehend aus dem Alten Testament bekannt ist, beginnt unsere Darstellung mit dem Judentum in nachexilischer Zeit. Da in jener Epoche die Grundlagen zu dem gelegt wurden, was auf christlicher Seite in Unterscheidung zur Religion Israels als Judentum bezeichnet wird, bezeichnet man jene Zeit als Frühjudentum.

2.1 Entwicklungen und religiöse Bewegungen im Frühjudentum

2.1.1 Die Anfänge der mündlichen Überlieferung

In nachexilischer Zeit bestimmte die Torah als eine Art Grundgesetz die Sozialordnung des Bundesvolkes. Da sie aber nicht alle Bereiche des Lebens regelte und überdies den veränderten Bedingungen des Lebens angepaßt werden mußte, bedurfte es einer ergänzenden mündlichen Lehre.

Nach dem Verständnis der rabbinischen Meister stellt die mündliche Überlieferung einen Schutzzaun für die Torah dar, der einerseits vor der Übertretung des göttlichen Willens bewahren und andererseits die Erfüllung desselben ermöglichen soll. Die Kontinuität zur Torah Moses bleibt gewahrt: „Mose empfing die Torah vom Sinai und überlieferte sie Josua und Josua den Alten (= Gelehrte) und die Alten den Propheten, und die Propheten überlieferten sie den Männern der Großen Versammlung (= Oberster Gerichtshof). Diese sagten drei Worte: Seid mäßig beim Richten und unterrichtet viele Schüler und machet einen Zaun für die Torah!“
(Sprüche der Väter I, 1)

2.1.2 Die Bewegung der Pharisäer

Auf die Zeit der Großen Versammlung folgte die Periode des stets von zwei Gelehrten geführten Lehrhauses. Das letzte Gelehrtenpaar in dieser Reihe waren Hillel (um 20 vChr) und Schammai (um 30 vChr). Damit befinden wir uns bereits in der Zeit des größten pharisäischen Einflusses.

Die Pharisäer sind hervorgegangen aus den „Chassidim", den „Frommen" (nicht zu verwechseln mit den osteuropäischen Chassidim des 18. Jh), die die makkabäische Aufstandsbewegung von 167 vChr unterstützten (vgl. 1 Makk 2,42). Dem Namen „Pharisäer", „Abgesonderte", haftet im Neuen Testament ein negativer Klang an. Aber die dort gegebene Schilderung stellt eine grobe Verzeichnung dar. Denn vom Blickwinkel jüdischer Geschichte aus war es gerade die pharisäische Bewegung mit ihrer einzigartigen Verknüpfung von Laienfrömmigkeit und Schriftgelehrsamkeit, die das Judentum nach Tempelzerstörung und Verlust der Eigenstaatlichkeit überleben ließ. Daher gehören aus jüdischer Sicht die Pharisäer zu jener größeren Gruppe der „Weisen", die in der Zeit vom Zweiten Tempel bis zur arabischen Eroberung Palästinas die geistige und religiöse Führung des Volkes innehatten.

Das Interesse der Pharisäer war auf die schriftliche Torah und ihre mündliche Auslegung gerichtet. Sie waren bestrebt, so weit als möglich alle Bereiche des Torah-Gehorsams zu beachten. Dazu gehörte auch der Tempeldienst, zu dessen Priesterschaft, den Sadduzäern, erhebliche Differenzen bestanden. Denn letztere stützten sich im wesentlichen nur auf die geschriebene Torah. Eine Gegnerschaft bestand auch zu den Qumran-Essenern, deren akut-apokalyptische Vorstellungen sie von ihrem Schriftverständnis her ablehnten.

Das pharisäische Bestreben, alle Bereiche des Menschenlebens Torah-getreu, d.h. Gott-gefällig zu gestalten, führte zu einer Anhäufung von gesetzlichen Bestimmungen – die „Überlieferung der Alten" nach der Sprache der Evangelien (z.B. Mk 7,3.5). Man faßt diese unter dem Begriff „Halacha" zusammen, der am ehesten unserer Vorstellung von „Gesetz" entspricht.

Die rituellen Vorschriften, ja selbst die einzelnen Verbote und Gebote der Torah und ihre mündliche Auslegung verlieren an Bedeutung, wenn man nach dem eigentlichen Zentrum jüdischen Glaubens fragt. So gibt Hillel einem Proselyten, der ihn bittet, ihn die ganze Torah zu lehren, während er auf einem Beine steht, folgende Antwort: „Was dir verhaßt ist, das tue deinem Nächsten nicht an. Das ist die ganze Torah. Alles andere ist Erklärung. Nun geh und lerne!" (Schabbat 31a). In positiver Formulierung finden wir diese sogenannte Goldene Regel auch bei Jesus (vgl. Mt 7,12). Von Hillel stammt auch der Ausspruch: „Sei einer von den Schülern Aarons, den Frieden liebend und dem Frieden nachfolgend; sei einer, der die Mitmenschen liebt und sie der Torah nahebringt" (Sprüche der Väter I, 12).

2.1.3 Die Qumran-Essener

Wie die Pharisäer sind auch die Essener, die „Frommen", aus der Bewegung der Chassidim hervorgegangen. In den nach 1947 aufgefundenen Schriftrollen aus Qumran (am Toten Meer) bezeichnen sie sich jedoch selbst als „Gemeinschaft"

oder „Söhne des Lichts", „Erwählte des heiligen Volkes", „Bund der Umkehr zur Torah Moses" u.a.m.
Die überwiegend zölibatär lebende Ordensgemeinschaft von Qumran wurde in der zweiten Hälfte des 2. Jh. vChr von dem anonymen „Lehrer der Gerechtigkeit" gegründet. Dieser gilt in den Texten als „Vermittler der Erkenntnis", der die rechte Auslegung von Torah und Propheten lehrt. Die Sekte hat ihre Auslegung der Torah, ihre Lehren sowie ihre religionsgesetzlichen Vorschriften oder Halacha schon frühzeitig in den erwähnten Schriftrollen festgehalten. Im Gegensatz zu den Pharisäern verschärften sie noch den Gehorsam gegenüber der Torah, z.B. in Hinblick auf die Sabbathheiligung und Reinheitsvorschriften. Anstelle des jüdischen Mondkalenders benutzten sie einen Sonnenkalender. Da sie sich zudem selbst als die wahren Nachkommen des Priesters Zadok (vgl. 1 Kön 2,35) verstanden, lehnten sie den Jerusalemer Tempeldienst ab.
Der in Gütergemeinschaft lebende Orden war streng hierarchisch gegliedert, wobei die eigentliche Leitung bei den Priestern lag. Eine eigene Gerichtsbarkeit wachte über die strenge Ordensdisziplin.
Neben diesen Besonderheiten war es jedoch vor allem der von iranischem Denken beeinflußte Dualismus, der die Qumran-Essener vom übrigen Judentum trennte.
▸ „ER [= Gott] schuf den Menschen zur Beherrschung der Welt und setzte ihm zwei Geister, um in ihnen zu wandeln bis zur festgesetzten Zeit Seiner Heimsuchung. Das sind die Geister der Wahrheit und des Unrechts. An der Stätte des Lichts ist der Ursprung der Wahrheit und aus der Quelle der Finsternis der Ursprung des Unrechts. In der Hand des Fürsten der Lichter liegt die Herrschaft über alle Söhne des Rechts, auf den Wegen des Lichtes wandeln sie. In der Hand des Engels der Finsternis liegt alle Herrschaft über die Söhne des Unrechts, auf den Wegen der Finsternis wandeln sie." ◂

Sektenkanon III, 17–21, zitiert nach: Johann Maier/Kurt Schubert, Die Qumran-Essener, München-Basel 1973, 147f.

Die Einteilung der Menschheit in zwei Gruppen, in die „Söhne des Lichts" und in die „Söhne der Finsternis", führte zu einem im übrigen Judentum unbekannten Haß gegenüber allen Menschen, die nicht ihre Anschauungen teilten und außerhalb der Gemeinschaft standen. Wie Johannes der Täufer den Anbruch des Gottesreiches in der Wüste als unmittelbar bevorstehend erwartete, so auch die Qumran-Essener. Dieses Ereignis ist mit dem Erscheinen eines davidischen Priestermessias und eines Laienmessias, der „Fürst der ganzen Gemeinde" sein wird, verbunden. In der sogenannten Kriegsrolle wird der endzeitliche heilige Krieg geschildert, in dem die „Söhne der Finsternis" endgültig vernichtet werden.

Die Schriftrollen von Qumran haben zahlreiche Spekulationen über das Verhältnis Johannes des Täufers und Jesu sowie der Jerusalemer Urgemeinde zu den Qumran-Essenern gefördert. Doch neben den oft angeführten Gemeinsamkeiten wie z.B. die Naherwartung des Gottesreiches, gibt es grundlegende Unterschiede, z.B. Jesu Gebot der Feindesliebe. Allerdings hat es den Anschein, daß die frühe Kirche solche Einrichtungen wie Gütergemeinschaft und Bischofsamt von den Qumran-Essenern übernommen hat.

2.2 Das rabbinische Judentum

2.2.1 Von der Mischna zum Talmud

Die Katastrophe des Jahres 70 nChr, insbesondere die Zerstörung des Tempels, führte zu einer religiösen Neubesinnung, die sich auf die Torah konzentrierte. Die Bücher der hebräischen Bibel werden nun in einer verpflichtenden Anordnung zusammengefaßt. Die die schriftliche Torah ergänzende mündliche Überlieferung, nun auch „mündliche Torah" genannt, wird im Lehrhaus von Jawne gesammelt und durch ständiges mündliches Wiederholen im Gedächtnis bewahrt. Es entsteht die „Mischna" (von „wiederholen"). Diese umfaßt dann einerseits die Erklärung und Auslegung der Torah, andererseits aber auch die Satzungen und Rechtslehren, die nicht ausdrücklich in der Torah enthalten sind (Halacha). Letztere sind entweder aus der Schrift abgeleitet oder im Wege vernunftgemäßer Überlegung und logischer Schlußfolgerung gewonnen worden.
Die nachfolgenden Gelehrten haben diesen sich anhäufenden Traditionsstoff sachlich geordnet und ihn in Sammlungen überliefert. Insbesondere Rabbi Akiwa (gest. 135) und sein Schüler Rabbi Meir (um 150) haben auf diesem Gebiet Bedeutendes geleistet in Hinblick auf die spätere Redaktion der Mischna. Diese wurde von Rabbi Jehuda, dem „Fürsten" (gest. 217), vorgenommen und bildete dann die maßgebliche Lehre.
Die Dynamik des religiösen Denkens im Judentum zeigt sich darin, daß auch diese Mischna wiederum für Jahrhunderte zum Gegenstand der Diskussion wurde. Unter der Bezeichnung „Gemara", „Vollendung", werden diese Diskussionen zusammengefaßt. Sie bilden zusammen mit der Mischna den Talmud („Lehre", „Belehrung"), der schriftlich niedergelegt wurde. Der palästinensische oder Jerusalemer Talmud wurde im 4. Jh redigiert, der umfangreichere babylonische um 500. Letzterer übte stets einen größeren Einfluß aus.
Seiner äußeren Form nach ist der Talmud also in Mischna und Gemara unterteilt. Während erstere die verschiedenen Halachot (Plural zu Halacha) aneinanderreiht, diskutiert letztere jede einzelne Halacha. Oft wird die Halacha auch durch Anekdoten und Legenden von berühmten Rabbinen, Gleichnisse, Wundergeschichten u.a.m. veranschaulicht. Sie werden unter dem Begriff „Haggada" („Erzählung") zusammengefaßt. Der Talmud selbst besteht aus 63 Traktaten, die sich auf 6 Sedarim („Ordnungen") verteilen: Seraim („Saaten"), Moed („Festzeit"), Naschim („Frauen"), Nesikin („Schädigungen"), Kodaschim („Heilige Dinge") und Toharot („reine Gegenstände").
Was den Talmud für christliche Leser so schwierig macht, ist die Methode der angewandten Dialogik. Im Wechselgespräch der versammelten Gelehrten werden Fragen des religiösen Rechts entschieden – auf dem Hintergrund des praktischen Lebens. Folgendes Beispiel mag das verdeutlichen:
▸ „Wie konnte Rabbi Jehuda, der Fürst, eine Verordnung der Schüler Schammais und Hillels auflösen? Wir haben gelernt: Ein Rechtskollegium kann nur dann den Spruch eines anderen Rechtskollegiums aufheben, wenn es größer ist als dieses an Weisheit und Zahl. Und Raba, Chanas Sohnessohn, sagte noch, Rabbi Jochanan habe gesagt: In jedem anderen Fall kann ein Rechtskollegium den Spruch eines

מאימתי פרק ראשון ברכות ב

מאימתי

קורין את שמע בערבין. משעה שהכהנים נכנסים לאכול בתרומתן עד סוף האשמורה הראשונה דברי ר' אליעזר. וחכמים אומרים עד חצות. רבן גמליאל אומר עד שיעלה עמוד השחר. מעשה ובאו בניו מבית המשתה אמרו לו לא קרינו את שמע אמר להם אם לא עלה עמוד השחר חייבין אתם לקרות ולא זו בלבד אמרו אלא כל מה שאמרו חכמים עד חצות מצותן עד שיעלה עמוד השחר הקטר חלבים ואברים מצותן עד שיעלה עמוד השחר וכל הנאכלים ליום אחד מצותן עד שיעלה עמוד השחר א"כ למה אמרו חכמים עד חצות כדי להרחיק אדם מן העבירה: גמ' תנא היכא קאי דקתני מאימתי ותו מאי שנא דתני בערבית ברישא לתני דשחרית ברישא תנא אקרא קאי דכתיב בשכבך ובקומך והכי קתני זמן קריאת שמע דשכיבה אימת משעה שהכהנים נכנסין לאכול בתרומתן ואי בעית אימא יליף מברייתו של עולם דכתיב ויהי ערב ויהי בקר יום אחד אי הכי סיפא דקתני בשחר

Die Abb. zeigt den Anfang der 1. Seite des Babylon. Talmud. Der Text, der von rechts nach links gelesen wird, beginnt bei dem mit Rand verzierten Wort über der mittleren Kolumne. Er enthält zunächst 13½ Zeilen Mischna. In der Mitte der 14. Zeile folgt nach dem* die Gemara; diese weitere Auseinandersetzung erstreckt sich dann über mehrere Seiten hin. Die umrahmenden, kleiner gedruckten Spalten sind meist mittelalterliche Kommentare und Ergänzungen sowie Hinweise auf Parallelstellen und Kompendien.

anderen Rechtskollegiums aufheben, ausgenommen die achtzehn Dinge [= 18 Verordnungen der Schüler Schammais und Hillels über tauglich und maklig]. Und selbst wenn Elia mit seinem Rechtskollegium käme, sollten wir nicht auf ihn hören.

Raw Mescharscheja sagte: Was ist der Grund dafür? Weil ihr Verbot bei der Mehrheit Israels verbreitet ist. Aber das Verbot des Öls ist bei der Mehrheit Israels nicht verbreitet. Rabbi Schmuel, Abbas Sohn, sagte nämlich, Rabbi Jochanan habe gesagt: Unsere Lehrer saßen und berieten sich über das Verbot des Öls: Es sei nämlich bei der Mehrheit Israels nicht verbreitet. Da stützten sich unsere Lehrer auf die Worte Rabban Schimons, Gamliels Sohn, und auf die Worte Rabbi Elasars, Zadoks Sohns, die gesagt haben: Man soll nur eine solche Verordnung über die Gemeinde festsetzen, in der die Mehrheit der Gemeinde bestehen kann. Raw Adda, Ahawas Sohn, sagte: Was ist der Schriftvers dafür? *Mit dem Fluch seid ihr verflucht; denn mich beraubt ihr, das ganze Volk* (Mal 3,9). Wenn das ganze Volk beraubt, wird es verflucht, wenn nicht, dann nicht." ◀

Awoda sara 36a/36b, zitiert nach: Reinhold Mayer, Der Babylonische Talmud, München 1965, 273 f.

Die Diskussion wird hier darüber geführt, ob das von Nichtjuden erzeugte und in den Handel gebrachte Öl für Israel verboten ist. Während die Schüler Hillels und Schammais in ihren 18 Verordnungen über tauglich und maklig das Öl der Nichtjuden verboten hatten, hoben Rabbi Jehuda und sein Gelehrtenkollegium – „unsere Lehrer" – dieses Verbot auf. Denn es war insofern undurchführbar, als zunehmend Nichtjuden an Herstellung und Verkauf des Öls beteiligt waren. Dem Volke sollen jedoch keine Gebote auferlegt werden, die es nicht befolgen kann, da eine Nichtbefolgung einer Beraubung Gottes gleichkommt und Strafe nach sich ziehen muß. Dieses zu verhüten ist aber die Aufgabe der Gelehrten.
Der Talmud nimmt folgendermaßen Stellung zu ethischen Grundfragen:
▸ „So kam einst jemand vor Raba (gest. 352) und sagte: Der Herr meines Wohnortes befahl mir: Geh und töte jenen; wenn nicht, werde ich dich töten lassen. Raba erwiderte: Mag er dich töten, du aber töte nicht! Was denkst du, dein Blut ist röter? Vielleicht ist das Blut jenes Mannes röter!" ◂

Pesachim 25b.

Die jüdische Traditionsliteratur umfaßt jedoch noch weitere Werke, z.B. die Targumim, die nach der Zeitenwende entstanden. Es handelt sich dabei um interpretierende „Übersetzungen" der Torah oder der ganzen Bibel in die aramäische Sprache. Zusammen mit den beiden Talmudim entstanden auch umfangreiche Midraschim, Auslegungen, der biblischen Bücher. Ja, selbst nach der Kodifizierung der Mischna wurden noch weitere religionsgesetzliche Entscheidungen und Diskussionen gesammelt und in der Tosefta („Hinzufügung") zusammengefaßt.

2.2.2 Schulchan Aruch und Responsen

Seit etwa dem 9. Jh begann man, das religiöse Recht zu sammeln. Es entstanden umfangreiche Sammlungen, deren bedeutendste die Mischne Torah („Wiederholung der Lehre") des Moses Maimonides ist. Als Abschluß des jüdischen Religionsgesetzes wird der Schulchan Aruch („gedeckter Tisch") des Josef Karo (1488-1575) angesehen. Die folgende Betrachtung zum Lebenswandel möge einen Einblick in seine Gedankenwelt vermitteln.
▸ „Ist es einem nicht möglich, zu lernen ohne einen Mittagsschlaf, dann schlafe er. Aber er dehne es nicht aus, denn verboten ist es, bei Tag zu schlafen über den Schlaf des Pferdes hinaus, der sechzig Atemzüge währt. Und auch bei dem wenigen sei seine Intention nicht darauf gerichtet, seinen Leib zu erquicken, sondern ihn wiederzubringen zum Dienste des Göttlichen Namens...
... ist er durstig oder hungrig und ißt und trinkt zu seiner Erquickung, so ists nicht löblich, sondern: er richte seine Intention, zu essen und zu trinken seiner Lebensnotdurft gemäß, darauf, seinem Schöpfer zu dienen.
Und so auch, wenn er im Kreis der Aufrechten sitzt oder steht an dem Orte der Bewährten, oder geht im Rate ganzer Männer: tut er dies, um sich zu erquicken, befriedigt er sein Verlangen und sein Begehr, so ists nicht löblich, sondern nur, wenn ers für den Namen des Himmels tut.
Und so auch mit dem Schlafen: unnötig zu sagen, daß er in der Zeit, da er sich mit der Torah und den Geboten beschäftigen kann, nicht dem Schlaf frönen soll zu seinem Behagen; aber sogar in der Zeit, da er abgemüht ist und schlafen muß, um

von seiner Müdigkeit auszuruhen: tut ers, um seinen Leib zu erquicken, so ists nicht löblich; vielmehr richte er seine Intention, Schlaf seinen Augen zu geben und seinem Leibe Ruh, weils not ist für die Gesundheit, darauf, daß seine Sinne bei der Torah nicht verwirrt seien infolge der Enthaltung vom Schlafe...
Und so mit dem Gespräch: auch wenn er sich über Dinge der Weisheit unterredet, ists nötig, daß seine Intention auf den Dienst des Schöpfers geht oder auf etwas, das zu seinem Dienste führt.
Im Ganzen genommen: der Mensch ist pflichtig, sein Auge und sein Herz auf seine Pfade zu wenden und all seine Taten auf der Waage seines Verstandes abzuwägen. Sieht er etwas, das zum Dienste des Schöpfers führt, dann tue ers; ist es nicht so, dann tue ers nicht. Wers so hält, der dient seinem Schöpfer beständig." ◀

Aus: Sendung und Schicksal des Judentums. Aus nachbiblischen Quellen mitgeteilt von Nahum Norbert Glatzer, Köln 1969, 224f.

Die in der Folgezeit auftauchenden Fragen zur Anwendung rabbinischer Texte oder zur Lösung religionsrechtlicher Probleme führten zu einer neuen Literaturgattung: den Responsen. Es handelt sich hierbei, wie schon aus der hebräischen Bezeichnung „Fragen und Antworten" hervorgeht, um eine Sammlung von Präzedenzurteilen berühmter Rabbiner. Auf diese haben sich dann jene Autoritäten berufen, die in Zweifelsfällen eine „Halacha festlegten", nämlich die Poskim. Responsen werden auch noch heute geschrieben.

2.3 Aus der Glaubenswelt des Mittelalters

2.3.1 Glaubensgrundsätze des Judentums

▶ „Welches sind nun die wesentlichen Grundlagen des jüdischen Glaubens? Hierüber gibt es im Judentum eine alte Kontroverse. Meist hören wir, daß das Judentum im Gegensatz zum Christentum solche Grundsätze nicht besäße. Glaubensbekenntnisse wie das apostolische, die Augsburger Konfession, der Heidelberger Katechismus – um nur einige wenige zu nennen – lägen dem Judentum fern. Vielleicht geht diese Betonung auf Mendelssohn zurück, der ja bekanntlich erklärt hat, das Judentum besäße keine Dogmen, statt dessen hätten wir Mizwot – die Betonung liege also auf der Tat, nicht auf dem Bekenntnis.
Und trotzdem wissen wir, daß die jüdischen Philosophen des Mittelalters Glaubensgrundsätze des Judentums formulierten." ◀

Nathan Peter Levinson, Betrachtung zum Wochenabschnitt Ki Tawo. In: Allgemeine jüdische Wochenzeitung vom 10. September 1976, 10.

2.3.1.1 Die 13 Glaubensgrundsätze des Rabbi Mosche ben Maimon (Moses Maimonides)

Moses Maimonides (1135–1204), der Sohn eines religiösen Richters (Dajan) aus Cordoba, wurde durch seinen Kommentar zur Mischna, den er 1168 beendete, unter seinen Glaubensgenossen berühmt. Im Kommentar zum 10. Kapitel des Traktates Sanhedrin („Gerichtshof") sind die berühmten 13 Glaubensgrundsätze enthalten. 1180 schloß Maimonides seinen Kodex der mündlichen Lehre (Mischne Torah) ab. Zehn Jahre später beendete er sein philosophisches Hauptwerk: „Führer der Verirrten". Dieses Werk war von nachhaltigem Einfluß auf Thomas von Aquin (1225–1274). Das Werk Maimonides' wies dem Christentum einen Weg, die Philosophie des Aristoteles mit der Bibel zu versöhnen. Die 13 Glaubensgrundsätze, die das Judentum von Christentum und Islam deutlich abgrenzen, sind auch für das heutige Judentum noch von konstitutiver Bedeutung. So enthält z.B. das Gebetbuch des deutschsprachigen Raumes, der „Sidur Sefat Emet", diese in zweifacher Ausführung: als Hymnus in dichterischer Form und als katechismusartiges Glaubensbekenntnis.

▸ „Der erste Grundsatz:
Das Dasein des Schöpfers, gesegnet sei er. Das heißt, daß es ein in jeder Hinsicht vollkommen Seiendes gibt, als Ursache des Daseins aller Wesen; in ihm ist ihr Dasein begründet, von ihm erhalten sie ihren Bestand. ... er genügt sich selbst, und er ist hinsichtlich seines Daseins auf keinen andern angewiesen. Doch alle Vernunftwesen außer ihm, Engel, Sphären und was in ihnen und unter ihnen ist, alles ist hinsichtlich seines Daseins auf ihn angewiesen.

Der zweite Grundsatz:
Die Einheit Gottes, erhoben sei er. Das heißt, daß er, die Ursache aller Dinge, *einer* ist. Nicht, wie die Eins einer Art, nicht, wie die Eins einer Gattung, nicht wie das Einzelwesen, das zusammengesetzt und in viele Einheiten teilbar ist, und nicht wie ein einfacher Körper, der der Zahl nach Einer ist, doch Teilung und Trennung bis ins Unendliche annimmt. Vielmehr ist er, erhoben sei er, Einer von einer Einheit, die in keiner Hinsicht ihresgleichen hat.

Der dritte Grundsatz:
Die Verneinung der Körperlichkeit Gottes. Das heißt, daß jener Eine kein Körper ist, daß er keine Kraft ist, durch einen Körper bewirkt, und daß körperliche Zustände, wie Bewegung und Ruhe, ihn weder wesenhaft noch zufällig betreffen... Die Stellen in den heiligen Schriften aber, die ihm körperliche Eigenschaften zusprechen, wie Gehen, Stehen, Sitzen, Reden und ähnliches, haben alle eine übertragene Bedeutung.

Der vierte Grundsatz:
Die Anfangslosigkeit. Das heißt, daß jener Eine, von dem wir gesprochen haben, unbedingt anfangslos ist; kein Wesen ist im Vergleich mit ihm anfangslos.

Der fünfte Grundsatz:
Ihm, erhoben sei er, muß man dienen, ihn verherrlichen und seine Herrlichkeit verkünden, seine Gebote erfüllen. Solches wird keinem erwiesen, der in der Daseinsreihe unter ihm steht: Engeln, Sphären, Elementen und dem, was aus ihnen zusammengesetzt ist, weil sie alle zu ihrer Tätigkeit von Natur geprägt sind, ohne Einfluß auf irdische Geschicke zu haben, der nur Gott, erhoben sei er, zu eigen ist. Auch darf man ihnen nicht als Mittler zu seiner Nähe dienen; nur auf ihn allein, erhoben sei er, sollen die Gedanken sich richten und alles andre verlassen. – Dieser fünfte Grundsatz hängt mit dem Verbot des Götzendienstes zusammen, den ein Großteil der Torah ausspricht.

Der sechste Grundsatz:
Die Prophetie. Das heißt, der Mensch muß wissen, daß innerhalb der Gattung Mensch Träger von sehr hohen Eigenschaften und großer Vollkommenheit vorhanden sind. Ihre Seele ist so gerichtet, daß sie die Form des Geistes annimmt. Dieser menschliche Geist verbindet sich mit dem wirkenden Geiste und empfängt von ihm gewichtigen Einfluß. Das sind Propheten, das ist Prophetie, und das ist ihr Wesen.

Der siebente Grundsatz:
Die Prophetie Mosches, unsres Lehrers, Friede über ihn. Das heißt, wir sollen glauben, daß er der Vater ist aller Propheten, die vor ihm waren und die nach ihm erstanden sind; sie alle stehen in der Stufenreihe unter ihm. Er war aus der ganzen Gattung Mensch auserwählt und begriff von Ihm, erhoben sei er, mehr als irgendein Mensch, der lebt und leben wird, begriffen hat und je begreifen wird. Er, Friede über ihn, ging im Sicherheben über das Menschliche so weit, daß er die Stufe des Gottesreiches erreichte und auf die Stufe der Engel gelangte. ... Die Kräfte der Vorstellung und der Wahrnehmung setzten bei seinen Erfahrungen aus, das Begehrungsvermögen und das Verlangen ward ihm genommen, und zurück blieb nur Geist allein. Und darum heißt es von ihm, daß er mit Gott ohne das Mittel der Engel redete.

Der achte Grundsatz:
Die Torah stammt von Gott. Das heißt, wir wollen glauben, daß diese ganze, in unseren Händen heute befindliche Torah die ist, die Mosche übergeben wurde, und daß sie also als ganze von Gott zu ihm kam, in einer Weise, die in übertragender Wendung Rede genannt wird. Wir wissen nicht, *wie* sie zu ihm gekommen ist, nur, daß er, Friede über ihn, derjenige ist, zu dem sie gekommen ist, und daß er einem Schreiber gleich, dem man vortrug und der nachschrieb die Ereignisse der Zeiten, die Berichte und die Gebote... Es ist... so, daß in jedem einzelnen Buchstaben der Torah Weisheiten und Wunder enthalten sind – für den, dem Gott Verständnis verliehen hat... Auch die überlieferte Auslegung der Torah kommt aus dem Munde Gottes. Und unsre heutige Form der Laubhütte, des Feststraußes, des Hornes, der Schaufäden und der Gebetsriemen und von ähnlichem, ist die gleiche Form, die Gott Mosche und die dieser uns mitgeteilt hat, seiner Sendung getreu.

Der neunte Grundsatz:
Die Aufhebung. Das heißt, daß diese Torah Mosches nicht aufgehoben und daß von Gott keine andre außer ihr gegeben werden wird. Zu ihr wird nichts hinzugefügt, nichts von ihr abgestrichen werden, weder hinsichtlich des Wortlautes, noch hinsichtlich der Auslegung.

Der zehnte Grundsatz:
Er, erhoben sei er, kennt die Werke der Menschen und läßt sie nicht unbeachtet.

Der elfte Grundsatz:
Er, erhoben sei er, gewährt Belohnung dem, der die Gebote der Torah erfüllt, und bestraft den, der ihre Verbote übertritt. Der größte Lohn aber ist die kommende Welt, die härteste Strafe ist die Ausrottung.

Der zwölfte Grundsatz:
Die messianische Zeit. Das heißt, wir sollen glauben und für wahr halten, daß der

Messias kommen und nicht zu spät kommen wird... Man setze sich keine Frist und stelle keine Schriftauslegungen an, um die Zeit seines Kommens zu erschließen. ... Man soll vielmehr an ihn glauben, ihn verherrlichen, ihn lieben, um ihn beten, gemäß dem, was alle Propheten von Mosche bis Maleachi, Friede über ihn, gekündet haben über ihn. Wer an ihm zweifelt oder seine Stufe unterschätzt, der verleugnet die Torah, die ihn ausdrücklich verheißen hat. Aus diesem Grundsatz folgt auch die Vorstellung, daß der König von Israel aus dem Hause Dawids und vom Samen Schlomos stammen muß; wer diese Familie bestreitet, der verleugnet Gott und die Worte seiner Propheten.
Der dreizehnte Grundsatz:
Das Wiederaufleben der Toten." ◂

Aus: Nahum Norbert Glatzer, Moses Maimonides, Köln 1966, 96–104; mit Auslassungen.

2.3.1.2 Die drei Glaubensgrundsätze Joseph Albos

Joseph Albo (ca. 1380–1444) – wie Maimonides aus Spanien gebürtig – ist einer der letzten großen Denker des jüdischen Mittelalters. Sein Werk über die Grundlehren des jüdischen Glaubens, das diesen gegen das Christentum verteidigt, reduziert die 13 Glaubensgrundsätze des Maimonides auf drei.

▸ „Die drei Grundfesten der israelitischen Religion sind die drei Wahrheiten, an die der Israelit glauben muß: Der Glaube an das Dasein des einzigen, einigen, höchsten Gottes, der Glaube, daß die Torah unmittelbar von Gott uns gegeben worden, und der Glaube, daß Gott ein gerechter Richter sei, der die Handlungen der Menschen nach Verdienst und Schuld belohnt und bestraft. Und daß die israelitische Religion auf diesen drei Glaubenswahrheiten aufgebaut ist, kann nicht bezweifelt werden, denn wenn wir eine von ihnen uns hinwegdenken, würde das israelitische Religionsgebäude zusammenstürzen. Haben wir nicht den Glauben an das Dasein Gottes, dann haben wir der Religion überhaupt den Boden entzogen; haben wir nicht den Glauben, daß die Torah uns von Gott gegeben ist, dann haben wir die Religion ihres göttlichen Charakters entkleidet. Und würden wir diese beiden Glaubenswahrheiten annehmen, aber leugnen, daß es für unsere Taten Lohn und Strafe auf Erden und im Himmel gibt, dann bliebe die Frage offen, wozu wir überhaupt Religion besitzen, etwa um durch Recht und Ordnung den Menschen einen gesetzlichen Boden zu geben? Dazu bedürfte es nicht des göttlichen Gesetzes, hierzu genügten die menschlichen Gesetze. Soll uns die Religion aber als Mittel dienen, an der Vervollkommnung unserer Seele zu arbeiten und dadurch die Vervollkommnung der ganzen Menschheit herbeizuführen, wozu das menschliche Gesetz nicht ausreicht, dann müssen wir den Glauben haben, daß es Lohn und Strafe in einem künftigen Leben gibt, daß aber Gott sie oft schon auf Erden erteilt, um uns von der Allmacht des göttlichen Richters zu überzeugen."◂

Aus: Jüdische Geisteswelt. Herausgegeben von Hans-Joachim Schoeps, Darmstadt-Genf o.J., 94 f.

2.3.2 Der Pseudomessias Sabbatai Zewi

Im Jahre 1648 (= 5408 der jüd. Zeitrechnung) gab sich Sabbatai Zewi (1626–1676) als Messias zu erkennen. Dieses Jahr der messianischen Erlösung

war von den Kabbalisten errechnet worden. Die Rolle des Verkünders des Messias, die nach biblischer Auffassung dem Propheten Elia zukommt, übernahm Nathan von Gaza. In seinem berühmten Sendschreiben von 1665 schreibt er:
▸ „Kund sei euch, Brüder in Israel, daß unser Messias in der Stadt Ismir zur Welt gekommen ist und den Namen Sabbatai Zewi führt. Bald wird er sein Reich allen offenbaren. Er wird die Königskrone dem türkischen Sultan vom Haupt nehmen und sie sich auf sein eigenes Haupt setzen. Gleich einem kanaanitischen Sklaven wird der Türkenkönig hinter ihm herschreiten müssen, denn sein, des Sabbatai, ist die Macht. Dann aber, nach neun Monaten, wird unser Messias den Augen Israels entschwinden, und niemand wird sagen können, ob er noch am Leben oder tot sei. Aber er wird jenseits des Stromes Sambaction [= Grenzfluß des sagenhaften Königreichs der 10 Stämme] ziehen... Dort wird er sich mit der Tochter Mosis vermählen, und von dort aus wird unser Messias mit Meister Moses und allen verschollenen Juden hoch zu Roß nach Jerusalem ziehen. Er reitet auf einem Drachen und zügelt ihn mit einem Zaum, der aus einer siebenköpfigen Schlange besteht. Auf diesem Zuge werden ihn die Feinde Israels, Gog und Magog, mit einem mächtigen Heere überfallen. Aber nicht mit gewöhnlichen Waffen wird der Messias seine Feinde besiegen. Seines Mundes Hauch wird hinreichen, sie niederzustürzen, und sein Wort allein wird sie vollends vernichten. Nach seinem Einzug in Jerusalem wird Gott vom Himmel einen Tempel von Gold und Edelsteinen herabgleiten lassen, in deren Glanz die ganze Stadt erstrahlen wird. In ihm wird der Messias als Hoher Priester opfern. Alsdann werden die Toten der ganzen Welt aus ihren Gräbern aufstehen. Ich eile, dieses alles euch bekannt zu machen.“ ◂

Aus: Jüdische Geisteswelt, a.a.O. 178 f.

In unserer Zeit erlebte die messianische Stimmung infolge der Gründung des Staates Israel einen neuen Aufschwung. So hat das orthodoxe Oberrabbinat von Israel die Sammlung der verstreuten Juden und die Wiedererrichtung der jüdischen Staatsautonomie im Sinne eines „Anfangs des Aufblühens unserer Erlösung“ gedeutet. Ähnlich wurden auch die Juden des Jemen von einer messianischen Hochstimmung erfaßt und zogen zu Fuß nach Aden, von wo sie auf „Adlersflügeln“ (Ex 19,4), d.h. über eine Luftbrücke, nach Israel gebracht wurden.

2.3.3 Aus der Welt der jüdischen Mystik

Schon in vor- und nachchristlicher Zeit gab es in Israel esoterische Kreise von Mystikern. Im 12. und 13. Jh erlebte die Mystik dann in Gestalt der Kabbala („Tradition“) einen neuen Aufschwung in Spanien, Südfrankreich und Deutschland. Von grundlegender Bedeutung für die Kabbala ist die Vorstellung einer Emanation alles Seienden aus dem Göttlichen. Folglich gibt es in allen irdischen Dingen himmlische Lichtfunken, die auf ihre Befreiung warten. Ziel der Kabbala ist die Gottesschau. Ferner bemüht man sich um einen tieferen Schriftsinn der Torah, der sich aus dem Zahlenwert der hebräischen Buchstaben erschließt. Seit Ende des 15. Jh beschäftigten sich auch Christen mit der Kabbala, um Beweise für Trinitätslehre und Inkarnationsdogma zu finden.
Nach der Vertreibung der Juden aus Spanien 1492 fand die Kabbala in Palästina eine neue Heimstatt. Im 16. Jh erlebte sie in Safed unter Isaak Luria (1534–1572)

einen neuen Höhepunkt. Zu dem Safeder Kreis gehörte auch der Verfasser des Schulchan Aruch, Josef Karo.
Im Erbe der lurianischen Kabbala und der sabbatianischen Bewegung stand auch Rabbi Israel ben Elieser (1700–1760) aus Miedzyborz (Podolien), der den Würdenamen „Baal schem tow", „Meister des guten Namens", trug. Er war der Begründer des Chassidismus (von „chassidim", die „Frommen"), einer in ganz Osteuropa verbreiteten Bewegung gegen das überkommene rabbinische Judentum, das in seinen traditionellen Formen zu erstarren drohte.
Die drei Grundsätze, die der Baal schem tow predigte und auch vorlebte, waren Demut, Freude und religiöse Entflammung. Ein weiteres Merkmal der Bewegung ist, daß sie sich um einen Führer besonderer Art gruppiert, den Zaddik („Gerechter"), der als Mittler zwischen den oberen und unteren Welten gilt. Folglich genießen er und seine Nachkommen eine große Verehrung. Ziel des Chassidismus ist die Heiligung des Alltags.
Im folgenden Text schildert der Baal schem tow das Erlebnis seines Seelenaufstiegs.

▸ „Am Neujahrstage des Jahres 5507 (1746) stieg meine Seele durch Beschwörungen... empor, und ich schaute wunderbare Dinge im Gesicht, die ich nie bis dahin gesehen hatte, seit ich ein Mann bin. Und was ich geschaut und gelernt habe, als ich dorthin aufstieg, kann man nicht mit dem Munde ausdrücken und erzählen. Als ich aber zum unteren Paradies zurückkehrte, sah ich viele Seelen Lebender und Toter, mir bekannte und mir unbekannte, ohne Zahl und Maß hin und her von Welt zu Welt steigen, auf jenem Strahl, der den in der verborgenen Weisheit Erfahrenen bekannt ist, in großer und gewaltiger Freude, von der zu erzählen der Mund ermüden und das Ohr zu hören ermatten würde. Auch viele Frevler kehrten in Buße um, und ihre Sünden wurden ihnen vergeben; denn es war eine große Zeit der Gnade, und auch in meinen Augen schien es sehr wunderbar, daß soundso viele... zur Buße angenommen wurden. Auch unter ihnen war sehr große Freude, und auch sie stiegen nach der oben erwähnten Art empor. Und alle drangen zumal auf mich ein und baten mich: ‚Für die Höhe und herrliche Stufe deiner Torah hat dich Gott mit Einsicht und Torah begnadet, solche Dinge zu fassen und zu erkennen. Mit uns sollst du aufsteigen, uns Stütze und Beistand sein!' Und der großen Freude wegen, die ich in ihren Augen sah, versprach ich, mit ihnen emporzusteigen. Und ich schaute den Satan, wie er in Freude ohnegleichen hinaufstieg, um anzuklagen, und sein Werk vollführte, so daß über viele jüdische Seelen Vernichtungsbeschlüsse verhängt wurden, nach denen sie in furchtbaren Toden sterben sollten. Und Schrecken ergriff mich, und ich gab wirklich meine Seele hin und bat meinen Lehrer und Meister, mit mir zu gehen; denn es ist sehr gefährlich, in die oberen Welten aufzusteigen; seit ich denken kann, hatte ich solche hohen Aufstiege nicht gemacht. So stieg ich Stufe um Stufe empor, bis ich die Halle des Messias betrat, wo der Messias Torah lernt mit allen Tannaiten [= frühe rabbinische Lehrer] und Zaddikim [Plural zu Zaddik] und auch mit den sieben Hirten (vgl. Micha 5,4). Und ich schaute dort eine unendliche Freude . . ." ◂
Aus: Jüdische Geisteswelt, a.a.O. 214 f.

Der wohl bedeutendste Mystiker unseres Jahrhunderts war der aus Kurland stammende Rabbi Abraham Isaak Kook (= Raw Kuk, 1865–1935), der nach dem

I. Weltkrieg aschkenasischer Oberrabbiner in Palästina war. In einzigartiger Weise verband er rabbinische Gelehrsamkeit mit chassidischer Frömmigkeit. Seine Lehre, daß alle Wirklichkeit in Gott ist, ließ ihn eine ausgesprochen tolerante Haltung einnehmen sowohl gegenüber den areligiösen sozialistischen Anschauungen der Pioniere als auch gegenüber fremden Religionen.
Der große jüdische Dichter Chajjim Nachman Bialik (1873–1934) hat die religiöse Haltung Kooks mit folgender Anekdote charakterisiert:
▸ „Man ist einmal zu Raw Kuk gekommen und hat ihm geklagt: ‚Warum schweigt Ihr, Rabbi? Die Chaluzim (= Pioniere) verunreinigen das Land, sie essen Verbotenes, entweihen die Sabbate und so weiter'. – ‚Warum das Geschrei?' erwiderte er. ‚Geht hin und lernt: Ins Haus des Allerheiligsten war der Eintritt allein dem Hohenpriester und auch ihm nur einmal im Jahr, am Versöhnungstag, gestattet. Gleichwohl gingen, als das Heiligtum gebaut wurde, Tischler und Baumeister und Anstreicher in ihren beschmutzten Schuhen dort Stunde um Stunde aus und ein. Laßt doch ab von unseren jungen Menschen! Sie sind am Bau beschäftigt'." ◂

Aus: Die alte Hagada und andere israelische Erzählungen. Auswahl und Redaktion Hermann Hakel, Tübingen-Basel 1972, 83.

2.4 Zeugnisse modernen jüdischen Denkens

2.4.1 Franz Rosenzweig

Zu den bedeutendsten Dokumenten jüdisch-christlicher Begegnung vor 1933 gehört „Der Stern der Erlösung" (1921) des Philosophen Franz Rosenzweig (1886–1929). Als Jude läßt sich Rosenzweig nicht in die üblichen Gruppierungen einordnen. Die Liebe zur Freiheit des Denkens verband ihn mit dem liberalen Judentum, mit dem konservativen aber die Liebe zur Erfüllung der Gebote. Ebenso bejahte er das zionistische Vertrauen in die Selbstverwirklichung des jüdischen Volkes. Gegen Lebensende verband ihn eine tiefe Freundschaft mit Martin Buber, die ihren Niederschlag fand in dem gemeinsam begonnenen Werk der Verdeutschung der hebräischen Bibel.
▸ „Die Schöpfung eines Volkes zum Volk geschieht in seiner Befreiung. So ist das Fest des Anfangs der nationalen Geschichte ein Befreiungsfest. Mit Recht konnte deshalb schon der Sabbat sich geben als eine Mahnung an den Auszug aus Ägypten. War doch die Freiheit des Knechts und der Magd im Volk, die er verkündet, bedingt durch die Befreiung des Volks als Volk aus dem Diensthause Ägypten, und erneuert doch das Gottesgesetz bei jedem Befehle, die Freiheit auch des Knechts, auch des Fremdlings im Volk zu achten, das Bewußtsein dieses Zusammenhangs der gottgewollten Freiheit im Volk mit der gottgewirkten Befreiung des Volks aus ägyptischer Knechtschaft. Auch die Schöpfung des Volks trägt so, gleich der Schöpfung überhaupt, schon in sich das letzte Ziel, den letzten Zweck, um dessentwillen sie geschah. Und dem Gefühl des Volks ist darum dies Fest… das lebendigste geworden…
Das Abendmahl, zu dem der Hausvater an ihm die Seinen vereint, ist recht eigentlich unter den vielen Mählern des geistlichen Jahres das Mahl schlechtweg; es ist das einzige, das von Anfang bis zum Ende eine gottesdienstliche Handlung darstellt und so von Anfang bis zu Ende – in Wahrheit, wie wir es nennen, ‚Ordnung'

– liturgisch geregelt ist. Das Wort der Freiheit leuchtet über ihm von Anfang an. Die Freiheit des Mahls, bei dem alle gleich frei sind, zeigt sich an in dem, was mit andrem noch ‚diese Nacht unterscheidet von allen Nächten': dem ‚angelehnten' Sitzen; sie zeigt sich, lebendiger noch als in dieser Erinnerung an das antike Zu-Tische-Liegen der Gäste beim Symposion, darin, daß gerade das jüngste Kind zu Worte kommt und daß sich nach ihm, nach seiner Art und Reife, die Tischreden des Hausvaters richten...; keiner, der leiblich anwesend ist, darf geistig ausgeschlossen bleiben; die Freiheit der Genossenschaft ist stets die Freiheit aller, die ihr angehören. So wird dies Mahl ein Zeichen der Berufung des Volkes zur Freiheit. Daß diese Berufung nur Anfang, nur die Schöpfung des Volks ist, das zeigt sich nun wieder in der andren Seite dieses Hervortretens des jüngsten Kinds: das Ganze nimmt dadurch, daß das Jüngste allein eigene Stimme gewinnt, nun doch die Form des Unterrichts an: der Hausvater spricht, und das Haus hört zu und gewinnt erst im Laufe des Abends mehr und mehr gemeinsame Selbständigkeit, bis sich in den Lobgesängen und den zwischen göttlichem Geheimnis und weinseligem Schmerz mitteninne schwebenden Tischliedern des zweiten Teils alle ursprünglich in der Mahlgenossenschaft selbst noch herrschaftliche Ordnung ganz in der Gemeinsamkeit gelöst hat.
Von der Stiftung des Volks eröffnet sich der Ausblick in seine ferneren Schicksale, doch nur als Ausblick. Sie scheinen alle vorgebildet in jenem Ursprung. Nicht erst heute stand man gegen uns auf, uns zu vertilgen, nein, in jeglichem Geschlecht bis hinauf zu jenem ersten, das aus Ägypten zog – und in jeglichem Geschlecht hat uns Gott gerettet. Und was er damals an uns in Ägypten wirkte, die Befreiung aus dem Diensthause, uns hätte es genügt; aber ihm, dem nur er selber genügt, ihm war es nicht genug: er führte uns an den Sinai und weiter an die Stätte der Ruhe in seinem Heiligtum. Erst die letzten Tage des Festes eröffnen dann auch in den vorgelesenen Schrifttexten den Ausblick vom Ursprung aus auf das, was der Ursprung, die Schöpfung des Volks, schon in sich barg: die Offenbarung und die endliche Erlösung. Auf die Offenbarung deutet die Verlesung des Hohen Lieds; den Fernblick auf die Erlösung erschließt die jesajanische Weissagung vom Sproß aus der Wurzel Isai, der die Erde schlagen wird mit dem Stabe seines Mundes, des Tages, da Wolf und Lamm beisammenwohnen werden und die Erde voll sein wird der Erkenntnis des Herrn, wie Wasser das Meer bedecken; die Wurzel aber wird stehn, ein Panier der Völker, und die Heiden werden ihr nachgehn. Und dies ist der tiefste Sinn des Abschieds, mit dem sich die Teilnehmer des Abendmahls der Befreiten grüßen: künftiges Jahr in Jerusalem. Dem Propheten Elias, dem Vorboten jenes Reises aus der Wurzel Isai, der allzeit kehrt das Herz der Väter zu den Kindern und der Kinder zu den Vätern, auf daß der Fluß des Bluts unversiegend hin durch die lange Nacht der Zeiten dem einstigen Morgen zurolle, ihm steht in jedem Hause, wo das Mahl gefeiert wird, ein gefüllter Becher bereit." ◀

Franz Rosenzweig, Der Stern der Erlösung, Heidelberg [3]1954, III, 72ff.

2.4.2 Leo Baeck

Leo Baeck (1873–1956) war der letzte Lehrer des deutschen Judentums. Da er alle Angebote, sich ins Ausland zu retten, ablehnte, führte ihn sein Weg 1943 in das Konzentrationslager Theresienstadt, das er wie durch ein Wunder überstand.

1945 trat er dann sein Amt als Präsident der „World Union for Progressive Judaism" an, in das er schon 1938 in Abwesenheit gewählt worden war.
Leo Baeck sah das Wesen des Judentums in dem wechselseitigen Verhältnis von „Geheimnis" und „Gebot". Unter „Gebot" verstand Baeck als Vertreter eines liberalen Judentums jedoch nicht ein starres System von Geboten, sondern eher die Weise, in der Gott zum Menschen spricht und der Mensch zum Handeln aufgefordert wird. „Geheimnis" und „Gebot" bedingen einander, da sie beide aus dem einen Gott stammen. Folglich ist jüdische Frömmigkeit nur da vorhanden, wo die Seele „die Einheit von Andacht und Tat besitzt."

▸ „Religion ist daher hier nicht Glaube an eine Erlösung von der Welt und ihren Tagen, sondern eher – das, was man oft den Realismus des Judentums genannt hat – ein Glaube an die Welt oder, um es genauer zu benennen, Gewißheit der Versöhnung. Alle Versöhnung ist Versöhnung des Tages mit der Ewigkeit, der Begrenztheit mit der Unendlichkeit, der Nähe mit der Ferne, des Daseins mit dem Sein, mit dem, was wirklich ist und darum verwirklicht werden soll. Sie ist die befreiende Gewißheit, im Erdenleben, in seinem Gegebenen und seinem Aufgegebenen, mit Gott verbunden zu sein. Lebenssinn bedeutet Lebensversöhnung. Was sein Geheimnis und sein Gebot hat, kann immer seine Versöhnung haben; denn es kann immer seines Ursprungs und seines Weges gewiß werden, sich immer zur Andacht und zur Aufgabe seines Lebens zurückwenden; es kann immer wieder zu sich selber zurückkehren. Es gibt hier keine Erlösung, die nicht diese Versöhnung ist; sie ist hier Erlösung nicht von der Welt, sondern in der Welt, Heiligung der Welt, Verwirklichung des Gottesreiches. Bloße Erlösung bedeutet, daß der Bezirk des Geheimnisses und der des Gebotes, Jenseits und Diesseits getrennt sind, zwei Reiche, die einander gegenüberstehen; Versöhnung bedeutet, daß sie ineinander gegeben sind, daß alles in dem einen Gotte geeint ist. ... Das Reich Gottes schließt alles zusammen, Geheimnis und Gebot, Jenseits und Diesseits; es ist das Reich der Versöhnung. ‚Voll ist die ganze Welt der Herrlichkeit Gottes.'
So ist die Religion hier alles. Das ganze Leben ist von hier durchdrungen, der Sinn aller Tage von ihr getragen, der Sinn aller Wege von ihr umfaßt. Es gibt nichts, was bloße ‚Welt' wäre, und es gibt daher im Grunde keinen bloßen Alltag, keine bloße Prosa des Daseins. Aller Alltag hat sein Sprechendes, seine Stimme aus der Tiefe, alle Prosa ihr Gleichnis, ihr Wort aus dem Verborgenen. Die Religion ist nichts Isoliertes, nichts Eingeschlossenes, nichts, was nur neben dem Leben oder unter oder über dem Leben wäre.
In diesem Umfassenden der Religion wird das in seiner Bedeutung begreiflich, was für viele den einzigen Aspekt des Judentums bildet, die Weite der Satzungen und Bräuche, mit denen sich seine Gemeinde umgibt, ihr sogenanntes ‚Gesetz'. Im Judentum ist der Versuch gemacht worden, dem Leben seinen Stil dadurch zu schaffen, daß die Religion in jeden Alltag und in den ganzen Alltag hineingestellt wird. Alles erhält sein Gottesdienstliches, seine Stimmung und seine Würde; dem Leben soll seine Geistigkeit gegenüber dem Irdischen, seine Freiheit gegenüber dem Verlangenden gewahrt sein, dieser Zug der Askese, den es nicht entbehren kann, wenn anders es sein Innerliches, Religiöses haben will. Der Mensch wird nicht aus dem Alltag fortgeführt, sondern in ihm mit Gott verbunden. Jede Teilung des Lebens in ein Profanes und ein Andachtvolles soll verhütet sein, das Heiligtum nicht nur ei-

nen Tag neben den Tagen besitzen. Das Wort ‚Gedenken' steht über diesem Gesetze: ‚Damit ihr gedenket und tut alle meine Gebote und heilig seid eurem Gotte!' " ◀

Leo Baeck, Geheimnis und Gebot. In: Ders., Wege im Judentum, Berlin 1933, 42–45; mit Auslassungen.

2.4.3 Martin Buber

Der Philosoph Martin Buber (1878–1965) übte einen außerordentlichen Einfluß auf das Denken von Juden *und* Christen aus. Schon frühzeitig schloß er sich der zionistischen Bewegung an und entwickelte sich zum Sprecher eines „hebräischen Humanismus". 1938 ging Buber nach Palästina, wo er nach der Staatsgründung Israels im Sinne des von ihm vertretenen Humanismus für einen arabisch-jüdischen Ausgleich wirkte.

Buber war ein sehr vielseitiger Denker. Neben der Mystik der Chassidim befaßte er sich mit der dialogischen Existenz des Menschen („Ich und Du", 1923) sowie dem Dialog mit dem Christentum. Einer dem Dialog dienenden Rede (1930) über die beiden Brennpunkte der jüdischen Seele ist der folgende Text entnommen. Er befaßt sich mit dem ersten „Brennpunkt", der Urerfahrung des Gespräches Gottes – des ewigen Du – mit dem Menschen. Der zweite „Brennpunkt" ist das jüdische „Grundgefühl, daß die erlösende Kraft Gottes überall und immer wirkt und daß doch nirgends und niemals ein Erlöstsein besteht."

▶ „Der eine (Brennpunkt) ist die Urerfahrung, daß Gott vom Menschen durchaus abgehoben, seiner Fassung durchaus entrückt, und daß er doch in unmittelbarer Beziehung eben diesem ihm in unbedingter Weise inkommensurabeln Menschen gegenwärtig und zugewandt ist. Beides zugleich zu wissen, so daß das eine vom andern nicht getrennt werden kann, das macht das Leben im Kern jeder gläubigen Judenseele aus. Beides: ‚Gott im Himmel', das ist im absoluten Geheimnis, und der Mensch ‚auf Erden', das ist in der Gebrochenheit seiner Sinnen- und Verstandeswelt, Gott in der Vollkommenheit und Unbegreiflichkeit seines Wesens und der Mensch im abgründigen Widerspruch dieses wunderlichen Hierseins von Geburt zu Tod – und zwischen beiden das Unmittelbare! Wenn der naiv-fromme Jude, auch noch des heutigen Ostens, dem jüdischen Frommen der vorchristlichen Zeit ähnlich (vergleiche zum Beispiel Weisheit Salomos 2,16), diesen Gott ‚Väterlein' ruft, sagt er nicht etwas, was er gelernt hat, sondern eine Erkenntnis, die aus ihm selbst gewachsen ist, die der Vaterschaft und der Sohnschaft. Nicht als ob dieser Mensch nicht wüßte, daß Gott auch urfern ist, aber er weiß zugleich, daß die Gottferne niemals Gott unverbunden macht mit ihm, daß der gottfernste Mensch sich aus der Gegenseitigkeit nicht losschneiden kann. Er weiß, daß trotz der unbedingten Distanz zwischen Gott und Mensch das Ebenbildszeichen, das Gott dem Menschen schaffend an- und eingetan hat, zwar verblassen, aber nicht verwischt werden kann. Es ist das Zeichen, das nach der chassidischen Legende der Baalschem dem Dämon Samael, den er beschwor, auf den Stirnen der Jüngerschaft zeigte, und der Überwundne bat, als der Meister ihn nun gehen hieß: ‚Söhne des lebendigen Gottes, erlaubt mir noch eine Weile stehen zu bleiben und das Ebenbildszeichen der Gottheit auf euren Gesichtern anzuschauen!' Verwirklichung des Ebenbilds ist das eigentliche Gebot Gottes an den Menschen.

‚Furcht Gottes' bedeutet demgemäß dem Juden nicht sich vor Gott fürchten, sondern: erschauernd seiner Unbegreiflichkeit inne werden. Furcht Gottes ist das kreatürliche Wissen um das von keiner unsrer Geistesmächte zu berührende Dunkel, von dem aus Gott sich offenbart. Darum wird sie zu Recht (Spr 1,7) ‚der Anfang der Erkenntnis' genannt. Sie ist das dunkle Tor, durch das der Mensch gehen muß, um in die Liebe Gottes zu kommen. Wer den Gang durch dieses Tor meiden will, wer also damit beginnt, sich einen erfaßlichen Gott zu besorgen, der so und nicht anders beschaffen sei, läuft Gefahr, in der Tatsächlichkeit des Geschichts- und Lebenslaufs an ihm verzweifeln zu müssen oder der inneren Lüge zu verfallen. Nur durch die Furcht Gottes tritt der Mensch so in die Liebe Gottes, daß er aus ihr nicht mehr geworfen werden kann. Aber Furcht Gottes ist eben ein Tor, sie ist nicht ein Haus, in dem man sich wohnlich einrichten kann; wer darin verweilen wollte, würde in der Anbetung die Erfüllung jenes eigentlichen Gebots versäumen. Gott ist unbegreiflich, aber er ist erkennbar in der Verbundenheit mit ihm. Gott ist nicht wißbar, aber er ist nachahmbar. Das Leben des gottungleichen Menschen kann doch in der imitatio Dei gelebt werden. Ihm, dem Ungleichen, ist doch das ‚Gleichnis' nicht verschlossen. Es ist letzter Ernst, wenn die Schrift den Menschen anweist, auf Gottes Weg, in seine Fußstapfen zu treten. Der Mensch kann aus eigener Kraft keinen Weg, kein Wegstück vollbringen, aber er kann den Weg betreten, er kann diesen ersten, immer wieder diesen ersten Schritt tun. Der Mensch kann nicht ‚wie Gott sein', aber in aller Unzulänglichkeit einer jeden seiner Stunden kann er in jeder, mit dem Vermögen dieser Stunde, Gott nachfolgen – und wenn er dem Vermögen dieser seiner Stunde genug tut, hat er genug getan. Das ist nicht ein bloßer Glaubensakt, es ist ein Eingehen in das in dieser Stunde zu Lebende mit der ganzen Tätigkeitsfülle der geschöpflichen Person. Dieses Eingehen vermag der Mensch: unverkümmert, unverkümmerbar ist das Vermögen von Geschlecht zu Geschlecht immer wieder da. Auch keinem urzeitlichen ‚Sündenfall', so folgenreich er ist, billigt Gott die Macht zu, dieses zentrale Bestimmungsgut zu verkürzen: göttliche Schöpfungsintention ist mächtiger als die Sünde des Menschen. Das Wissen um Schöpfung und Geschöpflichkeit sagt dem Juden, daß es wohl Belastung durch Urzeit und Zeit, aber keine übermächtige Erbsünde gibt, die ihn, den Spätgeborenen, hinderte, im Entscheidenden frei wie Adam zu sein und, wie Adam frei Gottes Hand fahren ließ, so frei sie zu ergreifen. Wir sind auf die Gnade gewiesen; aber wir tun Gottes Willen nicht, wenn wir uns unterfangen, bei ihr statt bei uns zu beginnen. Unser Beginnen, unser Begonnenhaben, eben es in seiner Not und nur es, führt uns der Gnade zu. Gott hat sich keine Werkzeuge gemacht, er bedarf keiner; er hat sich Partner des Weltzeit-Gesprächs erschaffen, gesprächsfähige Partner." ◂

Martin Buber, Die Brennpunkte der jüdischen Seele. Nachgedruckt in: Martin Buber, Der Jude und sein Judentum, Köln 1963, 203 ff.

2.5 Ergänzendes Quellenmaterial

2.5.1 Die Gemeinde von Qumran in Erwartung der Endzeit

Der Sektenkanon VII, 25 – VIII, 10. 12–16

„Wenn es da gibt in der Gemeinschaft der Einung zwölf Männer und drei Priester, vollkommen in allem, was offenbart ist von dem ganzen Gesetz [= Torah],

um Treue zu üben, Gerechtigkeit und Recht
und liebevolle Verbundenheit und rücksichtsvollen Umgang untereinander.
Gauben zu wahren im Lande
mit festem Sinn und zerbrochenem Geist. Schuld zu entsühnen, indem sie Recht üben und notvolle Bedrängnis (erdulden),
um mit allen zu verkehren in dem Maße der Wahrheit und in der Ordnung der Zeit;
wenn dies in Israel geschieht,
steht die Gemeinschaft der Einung fest in der Wahrheit,
für die ewige Pflanzung*, ein heiliges Haus für Israel
und ein Kreis des Allerheiligsten für Aaron.
Wahrhafte Zeugen fürs Recht (Gericht)
und Erwählte des (göttlichen) Willens,
um zu entsühnen das Land und an den Frevlern Vergeltung zu üben.
Dies ist die bewährte Mauer, der kostbare Eckstein**,
nicht wanken sollen ihre Fundamente
und nicht weichen von ihrem Ort.
Eine Stätte des Allerheiligsten für Aaron durch aller Erkenntnis,
für den Bund des Rechts
und das Darbringen angenehmen Opferduftes.
Ein Haus der Vollkommenheit und Wahrheit in Israel,
um den Bund aufzurichten nach den ewigen Gesetzen.
Sie sind wohlgefällig (vor Gott), (so) zu entsühnen das Land
und zu bestimmen das Gericht für den Frevel
und kein Unrecht (wird dann mehr sein).
Wenn diese in Israel zur Einung nach diesen Vorschriften werden, sollen sie sich absondern von dem Wohnsitz der Männer des Frevels, um in die Wüste zu gehen, dort den Weg des Herrn zu bahnen, wie es geschrieben steht:
In der Wüste bahnet den Weg .... machet gerade in der Steppe eine Straße unserem Gott.'*** Dies ist das Studium des Gesetzes, (wie) Er durch Mose befohlen hat, zu tun nach allem, was offenbart ist von Zeit zu Zeit und wie (es) die Propheten durch Seinen heiligen Geist offenbart haben."

Johann Maier/Kurt Schubert, a.a.O. S. 158f.

2.5.2 *„Der Stern der Erlösung"*

„Unser Gott und Gott unsrer Väter – was kümmert es den Juden im Augenblick, wo er Gott also anruft, daß dieser Gott, wie er es sonst immer wieder sagt und

* Vgl. Jes 60,21
** Vgl. Jes 28, 16
*** Jes 40,3, vgl. Mt 3,3. Die vier Punkte stehen für den Gottesnamen „Jahweh". Dieser durfte wegen seiner Heiligkeit nicht ausgesprochen werden. Deshalb wurde und wird noch heute jüdischerseits bei der Lesung der hebräischen Bibel (Altes Testament) für die Konsonanten JHWH „Adonaj", „Herr", gelesen.

weiß, ‚König der Welt', der Eine Gott der Zukunft ist; in dieser Anrede fühlt er sich ganz mit ihm allein, im engsten Kreis, und hat alle weiteren Kreise aus dem Bewußtsein verloren; nicht etwa weil er ihn nur so hätte, wie er sich ihm offenbarte, und deswegen sein Schöpfertum draußen bliebe; nein: die Schöpfermacht ist durchaus ganz mit dabei, aber der Schöpfer hat sich verengt zum Schöpfer der jüdischen Welt, die Offenbarung geschah nur dem jüdischen Herzen. Das Heidentum, das die ausstrahlenden und wieder in eins strahlenden Wege der Christenheit umgriffen, hier ist es ganz im Rücken, ganz draußen gelassen; die Glut, die nach innen glüht, weiß nichts von dem Dunkel, das von außen den Stern umgibt. Das jüdische Gefühl hat Schöpfung und Offenbarung hier ganz hineingefüllt in den vertrautesten Raum zwischen Gott und seinem Volk.

So wie Gott, so verengt sich auch der Mensch dem jüdischen Gefühl, wenn es ihn aus dem noch flammend ineinanderschießenden Doppelbewußtsein Israels und des Messias, der Offenbarungsbegnadung und der Welterlösung, zu einfachem Glühen einen möchte. Von Israel zum Messias, vom Volk, das unterm Sinai stand, zu jenem Tag, da das Haus in Jerusalem ein Bethaus heißen wird allen Völkern, führt ein Begriff, der bei den Propheten auftauchte und seitdem unsre innre Geschichte beherrscht hat: der Rest. Der Rest Israels, die Treugebliebenen, im Volk das wahre Volk, sie sind die Gewähr in jedem Augenblick, daß zwischen jenen Polen eine Brücke führt. Mag sonst das jüdische Bewußtsein zwischen jenen in der ursprünglichen innren Umkehr des heidnisch verschlossenen zum er- und entschlossenen Menschen der Offenbarung festgestellten beiden Lebenspolen, dem der eigensten Erfahrung der göttlichen Liebe und dem der hingegebenen Auswirkung der Liebe in der Heiligkeit des Wandels, hin und her zucken in heißblütigen Übergängen, der Rest stellt beides zugleich dar: die Aufnahme des Jochs des Gebots und die des Jochs des Himmelreichs. Wenn Messias ‚heute' kommt, der Rest ist bereit, ihn zu empfangen. Die jüdische Geschichte ist, aller weltlichen Geschichte zum Trotz, Geschichte dieses Rests, von dem immer das Wort des Propheten gilt, daß er ‚bleiben wird'. Alle weltliche Geschichte handelt von Ausdehnung. Macht ist deswegen der Grundbegriff der Geschichte, weil im Christentum die Offenbarung begonnen hat, sich über die Welt zu verbreiten, und so aller, auch der bewußt nur rein weltliche Ausdehnungswille zum bewußtlosen Diener dieser großen Ausdehnungsbewegung geworden ist. Das Judentum und sonst nichts auf der Welt erhält sich durch Subtraktion, durch Verengung, durch Bildung immer neuer Reste. Das gilt ganz äußerlich schon gegenüber dem ständigen äußeren Abfall. Es gilt aber auch innerhalb des Judentums selbst. Es scheidet immer wieder Unjüdisches von sich ab, um immer wieder neue Reste von Urjüdischen in sich hervorzustellen. Es gleicht sich ständig äußerlich an, um sich nach innen immer wieder aussondern zu können. Es gibt keine Gruppe, keine Richtung, ja kaum einen Einzelnen im Judentum, der nicht seine Art, das Nebensächliche preiszugeben um den Rest festzuhalten, für die einzig wahre und sich also für den wahren ‚Rest Israels' ansähe. Und er ists. Der Mensch im Judentum ist immer irgendwie Rest. Er ist immer irgendwie ein Übriggebliebener, ein Inneres, dessen Äußeres vom Strom der Welt gefaßt und weggetrieben wurde, während er selbst, das Übriggebliebene von ihm, am Ufer stehen bleibt. Es wartet etwas in ihm. Und er hat etwas in sich. Worauf er wartet und was er hat, das mag er verschieden benennen, oft auch kaum benennen können. Aber es ist ein Gefühl in ihm, als sei beides, jenes Haben wie jenes Warten aufs innerlichste miteinander verbunden. Und das ist eben das Gefühl des ‚Rests', der die Offenbarung hat und auf das Heil harrt. Die seltsamen Fragen, die nach der Überlieferung dem jüdischen Menschen von dem göttlichen Richter dereinst vorgelegt werden, bezeichnen diese beiden Seiten des Gefühls. Die eine, ‚Hast du gefolgert Satz aus Satz', meint: war in dir das Bewußtsein lebendig, daß dir alles, was dir begegnen mag, irgendwie schon, ehe du geboren, gegeben war in der Gabe der Offenbarung? Und die andre, ‚Hast du des Heils geharrt', meint jene Richtung auf das zukünftige Kommen des Reichs, die in unser Blut von Geburt an hineingelegt ist. In diesem zweieinigen Gefühl also hat sich der Mensch ganz zum jüdischen Menschen verengt. Das Heidentum, das die auseinander- und endlich wieder zusammenführenden Wege der Christenheit umgriffen, liegt wiederum draußen im Dunkel. Der jüdische Mensch ist ganz bei sich. Die Zukunft, die sonst gewaltig auf seiner Seele lastet, hier ist sie stille geworden. Im Gefühl, der Rest zu sein, ist sein Herz ganz eins in sich selber. Da ist der Jude Nurjude. Die Offenbarung, die ihm war, die Erlösung, zu der er berufen ist, sie sind beide ganz hineingeflossen in den engen Raum zwischen ihm und seinem Volk.

Und wie Gott und Mensch, so wird auch die Welt dem jüdischen Gefühl ganz heimisch-eng, sobald es sich aus dem unruhigen Flackern seiner Flamme hin und her zwischen dieser und der künftigen Welt in die Einheit eines weltlichen Daseins retten möchte. Daß die Welt, diese Welt, geschaffen ist und dennoch der künftigen Erlösung bedarf, die Unruhe dieses Doppelgedankens stillt sich in der Einheit des Gesetzes. Das Gesetz – denn als Welt angesehen ist es Gesetz und nicht was es als Inhalt der Offenbarung und Forderung an den Einzelnen ist: Gebot –, das Gesetz also in seiner alles ordnenden, das ganze ‚äußere', nämlich alles diesseitige Leben, alles, was nur irgend ein weltliches Recht erfassen mag, erfassenden Vielseitigkeit und Kraft macht diese Welt und die künftige ununterscheidbar. Gott selbst ‚lernt' nach der rabbinischen Legende im Gesetz. Im Gesetz ist eben alles Diesseitige, was darin ergriffen wird, alles geschaffene Dasein, schon unmittelbar zum Inhalt der künftigen Welt belebt und beseelt. Daß das Gesetz nur jüdisches Gesetz, daß diese fertige und erlöste Welt nur eine jüdische Welt ist und daß der Gott, der im Weltregimente sitzt, noch mehr zu tun hat als bloß im Gesetz zu lernen, das vergißt dies jüdische Gefühl, ganz einerlei ob es dabei das Gesetz im überlieferten Sinn meint oder sich den alten Begriff mit neuem Leben gefüllt hat. Denn auch in diesem Fall nimmt es nur diese Welt für unfertig, das Gesetz aber, das es sich ihr aufzulegen anschickt, auf daß sie aus dieser in die künftige übergehe, für fertig und unveränderlich. Das Gesetz steht dann, auch wenn es etwa höchst modern im Kleide irgend einer zeitgemäßen Utopie kommt, in einem tiefen Gegensatz zu jener christlichen Gesetzlosigkeit des Sichüberraschenlassenkönnens und -wollens, die noch den Politiker gewordenen Christen von dem Utopist gewordenen Juden unterscheidet und die diesem die größere Kraft des Aufrüttelns, jenem die größere Bereitschaft zum Erreichen verleiht. Immer meint der Jude, daß es nur gelte, seine Gesetzeslehre um und um zu wenden; so werde sich schon finden, daß ‚alles darin' sei. Dem Heidentum, das die Wege der Christenheit umgriffen, kehrt das Gesetz den Rücken; es weiß nichts davon und will nichts davon wissen. Der Gedanke des Übergangs aus dieser in die künftige Welt, der messianischen Zeit, der über das

Leben gehängt ist als ein ewig zu gewärtigendes Heute, – hier verfestigt er sich und veralltäglicht sich zum Gesetz, in dessen Befolgung, je vollkommener sie ist, der Ernst jenes Übergangs zurücktritt. Denn grade das Wie des Übergangs steht schon fest. Wie Gottes nach der Legende, so mag sich nun auch das Leben des Frommen erschöpfen in immer vollkommnerem ‚Lernen' des Gesetzes. Sein Gefühl nimmt die ganze Welt, die zum Dasein geschaffne wie die zu beseelende, die der Erlösung zuwächst, zusammen in eins und füllt sie in den häuslich trauten Raum zwischen dem Gesetz und seinem, des Gesetzes, Volk.

Die Erlösung aber – sie müßte nun geschehen in dem Verhältnis des ‚Rests' zum ‚Gesetz'. Wie wird dies Verhältnis gedacht? Was bedeutet dem Juden die Erfüllung des Gesetzes? was denkt er sich dabei? weshalb erfüllt ers? Um des himmlichen Lohns willen? Seid nicht wie Knechte, die ihrem Herrn um Lohnes willen dienen. Um der irdischen Befriedigung willen? Sprich nicht: ich mag kein Schweinefleisch; sprich: ich möchte es wohl, aber mein Vater im Himmel hat es mir verboten. Sondern der jüdische Mensch erfüllt die unendlichen Bräuche und Vorschriften ‚zur Einigung des heiligen Gottes und seiner Schechina'. Mit dieser Formel bereitet er ‚in Ehrfurcht und Liebe' sein Herz, er der Einzelne, der Rest, ‚im Namen ganz Israels', das Gebot, das ihm grade obliegt, zu erfüllen. Die in zahllose Funken in alle Welt zerstreute Gottesherrlichkeit, er wird sie aus der Zerstreuung sammeln und zu dem seiner Herrlichkeit Entkleideten dereinst wieder heimführen. Jede seiner Taten, jede Erfüllung eines Gesetzes vollbringt ein Stück dieser Einigung. Gottes Einheit bekennen – der Jude nennt es: Gott einigen. Denn diese Einheit, sie ist indem sie wird, sie ist Werden zur Einheit. Und dies Werden ist auf die Seele und in die Hände des Menschen gelegt. Der jüdische Mensch und das jüdische Gesetz – zwischen beiden spielt sich da nicht weniger ab als der gott-, welt- und menschenumfassende Vorgang der Erlösung. In der Formel, mit der die Erfüllung des Gebots eröffnet und zu einem Akt des Herbeiführens der Erlösung gestempelt wird, klingen die einzelnen Elemente, wie sie in dieses letzte Eine eingegangen sind, einzeln noch einmal auf. Der ‚heilige Gott', wie er das Gesetz gegeben, die ‚Schechina', die er aus sich an Israels Rest ausschied, die ‚Ehrfurcht', mit der dieser Rest sich zur Wohnstatt Gottes machte, die ‚Liebe', mit der er sich daraufhin zur Erfüllung des Gesetzes anschickte, er der Einzelne, das ‚Ich', das das Gesetz erfüllt, doch er ‚im Namen ganz Israels', dem das Gesetz gegeben und das durch das Gesetz geschaffen ward. Alles Engste hat sich zum Ganzen, zum All erweitert, nein besser: zur Einung des Einen erlöst. Der Niederstieg ins Innerste enthüllte sich als ein Aufstieg zum Höchsten. Das Nurjüdische des Gefühls verklärt sich zur welterlösenden Wahrheit. In der innersten Enge des jüdischen Herzens leuchtet der Stern der Erlösung.

Hier flammt der Stern. Das Letzte, das Innerste und scheinbar Enge und Starre des Gefühls gerät in Fluß und fügt sich zusammen zur welterleuchtenden Gestalt, die so wie sie, in ihrer Zusammenfassung von Gott, Welt, Mensch durch Schöpfung und Offenbarung hin zur Erlösung, den Gehalt des Judentums ausdrückt, nun auch im Innersten der jüdischen Seele noch aufleuchtet. Der Stern der Erlösung ist so Gleichnis des Wesens, er glüht aber auch noch im Allerheiligsten des Gefühls."

Franz Rosenzweig, Der Stern der Erlösung, Heidelberg ^{3}1954, III, 185–189 und 193–195.

3. GRUNDBEGRIFFE JÜDISCHEN GLAUBENS

Aufgrund ihrer Verwandtschaft haben Judentum und Christentum eine Vielzahl von religiösen Begriffen gemeinsam. Die Vorstellungen, die mit ihnen jeweils verbunden werden, berühren sich jedoch häufig nur sehr oberflächlich. Bei einer Reihe von ihnen lassen sich deshalb nicht nur wesentliche Übereinstimmungen, sondern auch grundlegende Unterschiede beider Religionen feststellen.

3.1 Gott

Wenn der Christ vom Gott der Bibel spricht, denkt er zuerst an den Schöpfergott. Dem Juden aber entspricht es wohl mehr, mit dem Gott zu beginnen, der sein Volk Israel aus Ägypten rettet, den Bund mit ihm schließt und sich in der Führung des Volkes durch die Geschichte immer wieder neu – mit neuen Gesichtern – offenbart. Das Sch'ma Jisrael, das jüdische Schlüsselgebet, endet in diesem Sinn mit dem Satz: „Ich bin der Ewige, euer Gott, der ich euch aus dem Land Mizrajim (Ägypten) geführt, euch zum Gotte zu sein, ich bin der Ewige, euer Gott."

3.1.1 Der Gott des Volkes

Im Offenbarungszelt spricht Mose zu seinem Gott:

▸ „Woran soll man erkennen, daß ich zusammen mit deinem Volk dein Wohlwollen gefunden habe? Doch wohl daran, daß du mit uns ziehst. Und dann werden wir, ich und dein Volk, vor allen Völkern auf der Erde ausgezeichnet werden." ◂

Ex 33,16.

Und Gott bekräftigt das:

▸ „Mein Angesicht wird mitgehen, und ich werde dich führen, bis du zur Ruhe kommst." ◂

Ex 33,14.

▸ „Er, der Herr, ist unser Gott.
    Seine Herrschaft umgreift die Erde.
Ewig denkt er an seinen Bund,
    an das Wort, das er gegeben hat
    für tausend Geschlechter,
an den Bund, den er mit Abraham geschlossen,
    an den Eid, den er Isaak geschworen hat.
Er bestimmte ihn als Satzung für Jakob,
    als ewigen Bund für Israel.
Er sprach: Dir will ich Kanaan geben,
    das Land, das dir als Erbe bestimmt ist." ◂

Ps 105,7–11.

3.1.2 Der Gott der Schöpfung

Jüdische Geschichte beginnt mit Abraham, dann aber vor allem mit dem Bundesschluß am Sinai; was die Bibel vor dieses Ereignis setzt, sind Vorgeschichten, Antworten auf die Fragen des Volkes, was geschah, bevor Jahwe so deutlich in seine Geschichte eintrat, und ganz allgemein: woher kommen die Menschen? Auf diese Frage antwortet die Bibel mit dem Schöpfergott, der die Welt nicht nur einmal geschaffen hat, sondern sie auch in einem ständigen Schöpfungsakt erhält.

▸ „Sie alle warten auf Dich,
    daß du ihnen Speise gibst zur rechten Zeit.
Gibst du ihnen, dann sammeln sie ein;
öffnest du deine Hand, werden sie satt an Gutem.
Verbirgst du dein Gesicht, sind sie verstört;
nimmst du ihnen den Atem, so schwinden sie hin
    und kehren zurück zum Staub der Erde.
Sendest du deinen Geist aus, so werden sie alle erschaffen,
    und du erneuerst das Antlitz der Erde.“ ◂

Ps 104,27–30.

3.1.3 Gott hat viele Gesichter

▸ „Jahwe, dein Gott, ist der Gott; er ist der verläßliche Gott; noch nach tausend Generationen achtet er auf den Bund und hält denen die Treue, die ihn lieben und auf seine Gebote achten. Denen aber, die ihm feind sind, vergilt er sofort und tilgt einen jeden aus; er zögert nicht, wenn einer ihm feind ist, sondern vergilt ihm sofort. Deshalb sollst du auf das Gebot achten, auf die Gesetze und Rechtsnormen, auf die ich dich heute verpflichte, und du sollst sie halten.“ ◂

Dtn 7,9f.

▸ „Der Herr ist barmherzig und gnädig,
    langmütig und reich an Güte.
Er wird nicht immer zürnen,
    nicht ewig im Groll verharren.
Er handelt an uns nicht nach unsern Sünden
    und vergilt uns nicht nach unsrer Schuld.
Denn so hoch der Himmel über der Erde ist,
    so hoch... ist seine Huld über denen, die ihn fürchten.
So weit der Aufgang entfernt ist vom Untergang,
    so weit entfernt er die Schuld von uns.
Wie ein Vater sich seiner Kinder erbarmt,
    so erbarmt sich der Herr über alle, die ihn fürchten.“ ◂

Ps 103,8–13.

3.1.4 Ablehnung eines ‚Mittlers‘

Die im Christentum zentrale Idee eines ‚Mittlers‘ zwischen Gott und Mensch wird im Judentum durch die alleinige Anbetung Gottes ausgeschlossen – darin folgte ihm der Islam.

▸ „Selbst wenn wir den Gedanken des Mittlers in voller Schärfe begrenzen, betonend, daß der Mittler das Gebet nur weiterzugeben habe, eine Zwischeninstanz zwischen dem Geschöpf und dem Schöpfer darstellt, die gleichsam faßbare Seite des Unfaßbaren, so ergibt sich doch... daraus eine anbetende Haltung gegenüber dem Mittler.
Der Katholizismus ging noch um zwei Schritte weiter: er ruft die Vermittlung der Maria bei ihrem Sohne an, der seinerseits das Gebet bis zum Vater trägt. Weiterhin aber wird in katholischen Liturgien die Vermittlung einer außerordentlich großen Anzahl von Heiligen, Männern und Frauen aller Jahrhunderte, angerufen, wobei der Schritt von solcher Anrufung bis zur Anbetung immer wieder naheliegend ist...
Das Judentum bleibt hier in nüchterner Bezogenheit auf Gott allein ganz kompromißlos.
Trotzdem ist es nur eine Halbwahrheit, wenn man das Judentum als mittlerlose Religion bezeichnet. Die Propheten sind zweifellos Mittler zwischen Gott und Israel. Der Begriff Prophet muß weit gefaßt werden, von Abraham über Mose und Samuel bis zu den Schriftpropheten der hebräischen Bibel. Aber auch die Rabbinen empfinden sich noch gewissermaßen als Mittler, indem auch ihre Bestimmungen der sogenannten mündlichen Torah, also der Tradition, als göttlich inspiriert gelten.
Es gibt aber keine ausschließlichen Mittler, keinen permanenten Mittler zwischen Gott und den Menschen..." ◂

Schalom Ben-Chorin, Jüdischer Glaube, Tübingen 1975, 125f.

3.2 Die Erwählung des Volkes und der Bund

Von Anfang an erhob das Christentum mit Berufung auf das Neue Testament (vgl. z.B. 1 Petr 2,9f) den Anspruch, das neue Volk Gottes zu sein, dem die Verheißungen von Jer 31,31–34 gehören. Zuletzt hat das Zweite Vatikanische Konzil diesen Anspruch bekräftigt. Über das Volk Israel heißt es in der dogmatischen Konstitution ‚Über die Kirche':

▸ „Diejenigen endlich, die das Evangelium noch nicht empfangen haben, sind auf das Gottesvolk auf verschiedene Weisen hingeordnet. In erster Linie jenes Volk, dem der Bund und die Verheißungen gegeben worden sind und aus dem Christus dem Fleische nach geboren ist (vgl. Röm 9,4–5), dieses seiner Erwählung nach um der Väter willen so teure Volk: die Gaben und Berufung Gottes nämlich sind ohne Reue (vgl. Röm 11,28–29)." ◂

Zitiert nach: Lexikon für Theologie und Kirche: Das Zweite Vatikanische Konzil, Teil I. Freiburg 1966, 205.

Paulus schrieb dagegen:

▸ „Ich möchte am liebsten selber verflucht und von Christus getrennt sein, um meine Brüder zu retten, die dem Fleisch nach zu meinem Volk gehören. Sie sind Israeliten; sie haben damit die Sohnschaft, die Herrlichkeit, die Bundeschlüsse, ihnen ist das Gesetz gegeben, der Gottesdienst und die Verheißungen, sie haben die Väter, und dem Fleisch nach entstammt ihnen der Christus. Gott, der über allem ist, er ist gepriesen in Ewigkeit." ◀

Röm 9,3–5.

3.2.1 *Der Bund*

▶ „Mose stieg zu Gott hinauf. Da rief ihn der Herr vom Berg her zu: Das sollst du dem Haus Jakob sagen und den Israeliten bekanntgeben: Ihr habt gesehen, was ich Ägypten angetan habe, wie ich euch auf Adlerflügeln getragen und hierher zu mir gebracht habe. Jetzt aber, wenn ihr auf meine Stimme hört und meinen Bund haltet, werdet ihr unter allen Völkern mein besonderes Eigentum sein. Mir gehört die ganze Erde, ihr aber sollt mir als ein Reich von Priestern und als ein heiliges Volk gehören." ◀

Ex 19,3–6
Vgl. auch Gen 9,8 ff: Bund mit Noah; Gen 15,18: Bund mit Abraham; 2 Sam 7,12 ff: Bund mit David

▶ „Ich schließe mit ihnen einen ewigen Bund, daß ich mich nicht von ihnen abwende, sondern ihnen Gutes erweise." ◀

Jer 32,50.

3.2.2 *Wie seltsam von Gott...*

▶ „Frage:
Wie seltsam von Gott,
sich die Juden auszusuchen!

1. Antwort:
O nein, das ist es nicht,
Gott weiß, was Er tut!

2. Antwort:
Aber nicht so seltsam
wie die, die sich einen jüdischen Gott aussuchten
und die Juden mit Füßen treten." ◀

Was macht Gott glücklich? ein armer Teufel, der einen Schatz findet und ihn zurückgibt.

Jiddisches Sprichwort

▶ „Die Mehrzahl der Juden hat es sich nicht ausgesucht, Juden zu sein, sie wurden als Juden geboren. Nicht sie haben Gott gewählt, Gott hat sie erwählt, und dagegen können sie nichts machen, selbst wenn sie es wollten. Dies Gefühl für das

Schicksalhafte, das Vorherbestimmte, wurde durch die jüngst vergangenen Verfolgungen verstärkt. Im Mittelalter war die Taufe ein Paß in die Freiheit. Es ist ein Wunder, daß so wenige davon Gebrauch machten. Doch keine Zeremonie konnte das Blut in unseren Adern verändern oder unsere Abstammung auslöschen. Es gab keine Urkunden und kein Bekenntnis, das die Juden aus den Zügen in die Konzentrationslager hätte herausholen können. ‚Als Jidd wurde ich geboren, und ich bin ein Jidd', sagt ein Volkslied. Diese platte Feststellung war gute Theologie und schmerzhafte Wirklichkeit... Es wird ganz brutal im frühen Talmud festgestellt: ‚Ohne deine Zustimmung wurdest du geboren, und ohne deine Zustimmung lebst du, und ohne deine Zustimmung stirbst du, und ohne deine Zustimmung mußt du Rechenschaft ablegen vor dem König des Königs der Könige, dem Heiligen, gepriesen sei Er.' " ◀

Lionel Blue, Wie kommt ein Jude in den Himmel? Der jüdische Weg zu Gott, München 1976, 75 f.

3.2.3 Sinn der Erwählung

Die Juden haben ihre Erwählung immer unter dem Gesichtspunkt des Dienstes an Gott gesehen:

▶ „Das ist doch der Sinn der Erwählung: gleichsam das Experiment Gottes zu sein. Denn dieses Volk ist eine Frage von Gott. Es selber und darum auch die Menschheit, in die es hineingestellt ist, sollen die Antwort geben. Antwort an Gott." ◀

Leo Baeck, Dieses Volk, Frankfurt/M. 1955, I, 36.

3.3 Der Mensch

Juden und Christen bekennen gemeinsam:

▶ „Was ist der Mensch, daß du an ihn denkst,
des Menschen Kind, daß du dich seiner annimmst?
Du hast ihn nur wenig geringer gemacht als Gott,
hast ihn mit Herrlichkeit und Ehre gekrönt.
Du hast ihn als Herrscher eingesetzt über das Werk deiner Hände..." ◀

Ps 8,5–7.

3.3.1 Ebenbild Gottes

Juden und Christen sehen in Auslegung von Gen 1,26f den Menschen als Ebenbild Gottes. Doch im einzelnen wird das sehr unterschiedlich verstanden. In der christlichen Theologie wird Jesus Christus sehr bald als Richtmaß und Urbild aller Ebenbildlichkeit des Menschen gesehen.

▶ „Gott sprach: Wir wollen Menschen machen in einer unser würdigen Hülle, wie es unserem Ebenbilde entspricht. Und sie sollen ihre Herrschaft üben an dem Fisch

des Meeres und an dem Vogel des Himmels und dem Vieh und an der ganzen Erde und an allem Gewürm, das auf der Erde kriecht.
Zu diesem Satz schreibt der Midrasch: ‚Als Gott den Menschen erschaffen wollte, fingen die Engel untereinander an zu streiten. Eine Gruppe behauptete, der Mensch wird mit Sünde und Lüge behaftet sein, die zweite Gruppe sagte, der Mensch wird Wohlfahrt üben. Da nahm Gott sein Siegel – das göttliche Siegel ist die Wahrheit – und warf es zur Erde und sagte: Der Mensch ist besser, als ihr seid. Ihr seid nur Verstand und nur guter Trieb, darum seid ihr ohne Sünde, aber der Mensch wird auch seinen bösen Trieb haben. Wenn er trotzdem fromm ist, wird es wunderbarer sein, als es bei euch ist.'
Der Mensch ist mit Entscheidungsfreiheit beschenkt worden. Diese göttliche Gabe erlaubt dem Menschen nach eigener Wahl das Ebenbild Gottes zu sein. Er soll die Wahrheit, die Barmherzigkeit, das Recht und die Liebe, die Gottes Siegel in Wahrheit enthält, selbst nach eigener Wahl auf Erden vollziehen. So wird der Mensch – wie es die Weisen erklären – zum Mitschaffen an der Welt herangezogen. So wird der Mensch an der dauernd währenden Schöpfungsgeschichte beteiligt." ◂

Baruch Graubard, Wort, das euer Leben ist. Aus der Glaubenserfahrung Israels, Freiburg 1974, 21.

▸ „Der Mensch ist ‚*be-Zelem-Elohim*' im Ebenbilde Gottes geschaffen, das wird ausdrücklich in Gen 1,27 nochmals unterstrichen: ‚Und Gott schuf den Menschen in seinem Ebenbilde, im Ebenbilde Gottes schuf er ihn (diese Wiederholung ist zu beachten!), männlich und weiblich schuf er sie.' ... man muß sich einmal überlegen, was es bedeutet, im Ebenbild des bildlosen Gottes erschaffen zu sein. Wenn wir den Anthropomorphismus so weit treiben würden, daß wir uns Gott als Urbild des Menschen, also in menschlicher Gestalt, vorstellten, wäre damit ein heilloser Bruch mit der biblischen Glaubenswelt vollzogen.
Im Ebenbild des Bildlosen – welch eine Paradoxie des Glaubens!...
Aber ist *Zelem* denn wirklich Ebenbild? Das ist die Frage, die hier erörtert werden muß.
Nun ergibt sich die Möglichkeit, das Wort *Zelem* von Zel = Schatten abzuleiten. Der Schatten aber ist die dunkle Seite, die Nachtseite, so daß wir sagen können, der Mensch sei in der Nachtseite oder nach der Nachtseite Gottes hin erschaffen. Die Nachtseite des *Elohim* (= Gott) aber will ganz spezifische dämonische Erscheinungen Jahwes bezeichnen. So gesehen, müßten wir sagen, daß der Mensch nach der Nachtseite, der Schattenseite Gottes hin geschaffen ist, daß also das Dämonische im Menschen liegt, und das entspricht genau der pessimistischen Aussage: ‚Das Trachten des menschlichen Herzens ist böse von Jugend an' (Gen 8,21). Wenn die Ebenbildlichkeit des Menschen rein positiv aufzufassen wäre, stünde diese Aussage über den bösen Trieb des Menschen in unlösbarem Gegensatz zur Schöpfungskonzeption; interpretieren wir aber *Zelem* als Schatten- und Nachtseite, so wird uns die Charakterisierung des Menschen als von dämonischer Kraft beherrscht verständlich." ◂

Schalom Ben-Chorin, Der dreidimensionale Mensch in Bibel und Moderne, Trier 1971, 12–19 mit Auslassungen.

3.3.2 *Der Mensch und das Böse*

Auch wenn Juden und Christen sich in der Wertschätzung des Menschen als eines Gott verwandten Wesens sehr nahe kommen, so unterscheiden sie sich doch in der Frage, welche Bedeutung das Böse für das Geschick des Menschen in seiner Stellung zu Gott habe. Das Judentum antwortet hier mit der Anschauung vom guten und bösen Trieb, das Christentum mit der Erbsündenlehre.

3.3.2.1 *Sünde und Umkehr im Judentum*

3.3.2.1.1 *Guter und böser Trieb*

▸ „In Genesis 8,21 wird das menschliche Herz charakterisiert. Sein ‚Trachten' ist von Jugend an ‚böse'. Trotz dieser angeborenen Neigung kann es freilich Gutes vollbringen, denn das schlechte Sinnen ist durch die positiven Kräfte neutralisierbar. Die Willensfreiheit wird nicht tangiert. Aufgrund dieses Bibelverses entsteht im Talmud die folgende Trieblehre: ‚R. Nachman erklärte: im Bibelvers und es bildete der Herr, Gott, den Menschen (Gen 2,7) ist das Wort *wajjizer* (es bildete) mit *zwei* Jod geschrieben; denn *zwei* Triebe schuf der Heilige, gelobt sei ER: einen guten Trieb (jezer tow) und einen bösen Trieb (jezer ra)' (Berachot 61a). Die beiden bipolaren Triebe… liegen zeitlebens miteinander im Streit, die Spannung ist nicht ein- für allemal lösbar. Der ‚böse Trieb' darf dabei nicht unterschätzt werden. Seine Kraft wächst, je weniger er in Schach gehalten wird. ‚Der böse Trieb gleicht zuerst Spinnfäden und zum Schluß einem dicken Schiffsseil' (Gen.rabba 22). Er ist identisch mit dem ‚Todesengel' und dem ‚Satan', was seine Gefährlichkeit unterstreicht (Bawa Batra 16a).
Einige Talmudweisen gehen einen bedeutungsvollen Gedankenschritt weiter. Der ‚böse Trieb' ist gar nicht böse, ist nicht von vorneherein wertbesetzt. ‚Wenn du frägst: Weshalb hat der Heilige… den bösen Trieb erschaffen und wer kann ihn gut machen?, so sagt ER: Du selbst machst ihn böse. Als Kleinkind hast du nicht gesündigt… Wendest du ein: Der Mensch kann sich nicht vor sich selber schützen, so sagt ER: es gibt viele härtere und bittere Dinge auf der Welt als der böse Trieb und ihr macht sie süß. Solltest du den dir übergebenen bösen Trieb nicht versüßen können?' (Awot de Rabbi Nathan, 17). Noch aufschlußreicher ist der folgende Passus: ‚R. Schmuel sagte: und siehe, es war gut (Gen 1,31) – dies ist der gute Trieb; und siehe, es war sehr gut – dies ist der böse Trieb. Ist dieser wirklich sehr gut? Da staune ich! Es will dich aber lehren, daß ohne bösen Trieb niemand ein Haus gebaut, eine Frau geehelicht, Kinder gezeugt, Handel getrieben hätte' (Gen.rabba 9). Mit anderen Worten: Der zunächst als böse eingestufte Trieb sichert den Fortbestand der Menschheit und die individuelle Existenz. Er ermöglicht – sofern er nicht ausartend fremdes Leben zerstört – den Fortschritt… Die moderne Aggressionsforschung bestätigt die talmudische These. Es kann daher nicht Ziel sein, diesen Trieb auszulöschen, sondern nur ihn zu ‚bezwingen und seine lebensfördernde Dynamik zu erhalten.' ‚Wer ist stark? Jener, der seinen Trieb bezwingt' (Sprüche d.Väter IV, 1). Zum Satz aus dem Glaubensbekenntnis ‚Höre, Israel', der von der Gottesliebe spricht (Dtn 6,5) – ‚Liebe IHN, deinen Gott, mit deinem ganzen Herzen' – heißt es in der alten Exegese: ‚Mit deinem *ganzen*

Herzen, d.h. mit deinen *beiden* Trieben, dem guten *und* dem bösen‘ (Sifre Dtn ib.; Mischna Berachot, IX, 9).“ ◀

Roland Gradwohl, Sünde und Vergebung im Judentum. In: Concilium 10 (1974) 563–567, 564.

3.3.2.1.2 Sünde

Sünde ist für den Juden: Übertretung der Torah.

▶ „... die Sünde ist kein Fatum, kein Verhängnis, dem sich der Mensch nicht zu entziehen vermöchte. Eine ‚Erbsünde‘ im paulinischen Sinn (Römer 5,12.21) kennt das Judentum nicht. Adams Tat (Genuß der verbotenen Baumfrucht) führt zur Strafe (Lebensmüh und Tod), aber nicht zur angeborenen Schuld aller Nachfahren. ‚Es gibt für das Judentum nicht *die* Sünde, sondern nur die Sünde des Menschen, die Sünde des Individuums...‘ “ ◀

Roland Gradwohl, a.a.O. 564.

3.3.2.2 Willensfreiheit

Aus der Anschauung vom guten und bösen Trieb leitet der Jude auch andere Konsequenzen für die Willensfreiheit ab als der Christ aus der Erbsündenlehre.
▶ „Hier verläuft eine der unübersehbaren Demarkationslinien zwischen den beiden Glaubensweisen des Judentums und des Christentums. Soweit ich sehe, führt von Paulus über Augustinus bis zu Luther und Calvin und in die moderne Theologie *eine* Linie, die die Freiheit des Willens weitgehend einschränkt. Man denke nur an den Artikel 18 der Augsburgischen Konfession vom 25. Juni 1530, die berühmte Formulierung Melanchthons: ‚Vom freien Willen wird gelehrt, daß der Mensch etlichermaßen einen freien Willen hat, äußerlich ehrbar zu leben und zu wählen unter den Dingen, so die Vernunft begreift. Aber ohne Gnade, Hilfe und Wirkung des heiligen Geistes vermag der Mensch nicht gottgefällig zu werden...‘ Genau das Gegenteil lehrt das Judentum: *‚Alles ist in der Hand des Himmels, nur nicht die Gottesfurcht‘* (Berachot 33b). Gerade den Zugang zu Gott können wir uns in der Freiheit der Entscheidung des Glaubens selbst erschließen. Wir die Erkannten können durchstoßen, in einem Akt des freien Willens, der von der Liebe getrieben wird, zur Erkenntnis Gottes.“ ◀

Schalom Ben-Chorin, Jüdischer Glaube, a.a.O. 241–243.

3.3.2.3 Umkehr und Versöhnung

Diese Sicht der Willensfreiheit bewirkt eine sehr positive Einstellung zu einer Umkehr aus eigenem Vermögen.
▶ „Wie der Mensch durch die eigene Tat, nicht durch höheres Machtwort, schuldig gesprochen ist, so muß auch der Umschwung, die Umkehr (hebr. teschuwa) von ihm selbst ausgehen. Die Sünde... entfernt den Menschen von Gott zur ‚Losgelöstheit und Richtungslosigkeit, zur Einsamkeit‘ hin (Leo Baeck). Durch die Umkehr wird dieser Prozeß gestoppt. Der Weg des Menschen führt wieder hinauf,

zum Leben... Die Teschuwa ist das Verbindungsglied zwischen Sünde und Versöhnung. Sie bewirkt die Versöhnung..." ◀

Roland Gradwohl, a.a.O. 565.

Die allgemeine Orientierung des Juden auf die Gemeinschaft des Volkes hin zeigt sich auch in der Versöhnung.

▶ „Reue und Hoffnung auf eine Versöhnung mit Gott sind unnütz, wenn nicht am Mitmenschen begangenes Unrecht zuvor gutgemacht worden ist. ‚Übertretungen zwischen Mensch und Gott sühnt der Versöhnungstag (bei entsprechender Reue), Übertretungen zwischen Mensch und Mensch sühnt der Versöhnungstag erst, wenn er (der Schuldige) seinen Nächsten besänftigt hat' (Mischna Joma, VIII, 9). Um wieviel schwerer ist es, einem Gekränkten gegenüberzutreten und ihn um Verzeihung zu bitten, als in die Synagoge zu gehen und mit der Gemeinschaft zusammen die Sünden zu bekennen. Doch gerade in der spannungsgeladenen Situation erweist es sich, ob die Versöhnung wirklich erstrebt ist. Ohne die Selbstüberwindung und die notwendige Zivilcourage ist ein verbogenes mitmenschliches Verhältnis nicht zu korrigieren." ◀

Roland Gradwohl, a.a.O. 566 f.

3.4 Die Torah

Torah heißt Lehre, Weisung. Im Alten Testament wird der Ausdruck für Einzelbestimmungen und -belehrungen, für das Buch Deuteronomium und für die fünf Bücher Mose insgesamt gebraucht. Im nachbiblischen, rabbinischen Judentum wurde Torah schließlich zum Inbegriff von Weisheit, Wahrheit und göttlicher Offenbarung. Die Identifizierung von Torah und Gesetz ist deshalb eine unzulässige Verkürzung, die im Christentum für die Sicht des Judentums eine verhängnisvolle Rolle gespielt hat. Im rabbinischen Judentum wird zwischen geschriebener Torah – ursprünglich die fünf Bücher Mose, dann aber auch die anderen biblischen Bücher als göttlicher Offenbarung – und mündlicher Torah unterschieden; nach frommer Tradition sind beide dem Mose am Sinai übergeben worden.

Zur Entwicklung der mündlichen Torah zur Halacha mit Mischna und Gemara und zur späteren Bedeutung des Talmud, vgl. 2.2.1.

Die Torah umgreift das gesamte Leben des Juden; sie ist nicht nur Richtschnur für das kultisch-religiöse, sondern auch für das bürgerliche Leben. – Für die enge Beziehung zwischen Gott und seinem Volk kennt die Bibel das Bild von der Hochzeit. In Abwandlung dieses Bildes verstehen die Rabbinen die Torah als Braut des Bräutigams Israel. Die Tatsache, daß es im jüdischen Kalender ein Fest gibt, das ‚Simchat Torah' („Freude am Gesetz') heißt, sagt genug darüber aus, daß auch der Jude der Gegenwart ‚seine Freude am Gesetz' hat (vgl. 4.4.3).

Marc Chagall, Rabbiner mit Torah-Rolle

Torah-Zeiger auf einer Esther-Rolle, 1766

Aus Psalm 119:

„Wohl denen, deren Weg ohne Tadel ist,
die leben nach der Weisung des Herrn…
Gepriesen seist du, Herr!
Lehre mich deine Gesetze!
Mit meinen Lippen verkünde ich
alle Urteile deines Mundes.
Nach deinen Vorschriften zu leben
freut mich mehr als großer Besitz.
Ich will nachsinnen über deine Befehle
und auf deine Pfade schauen.
Ich habe meine Freude an deinen Gesetzen,
dein Wort will ich nicht vergessen…

Meine Seele klebt am Boden.
Durch dein Wort belebe mich!...
Meine Seele zerfließt vor Kummer.
richte mich auf durch dein Wort!...
Herr, dein Wort bleibt auf ewig,
es steht fest wie der Himmel.
Deine Treue währt von Geschlecht zu Geschlecht;
du hast die Erde gegründet, sie bleibt bestehen.
Nach deiner Ordnung bestehen sie bis heute,
und dir ist alles dienstbar...
Das Wesen deines Wortes ist Wahrheit,
deine gerechten Urteile haben alle auf ewig Bestand...
Alle, die deine Weisung lieben, empfangen Heil in Fülle;
es trifft sie kein Unheil..."

Torah-Schrein, Wien 1707

3.5 Der Messias und die Zukunft

Jüdischem und christlichem Glauben ist die Hoffnung auf eine bessere Zukunft für den Menschen und die Welt gemeinsam. Gemeinsam ist ihnen auch der Glaube an ein Fortleben nach dem Tod. Das „Alte Testament" weiß davon bis auf eine Stelle bei Daniel 12,2 zwar noch wenig, im pharisäischen Judentum aber brach sich dieser Glaube Bahn. In den älteren Teilen des Alten Testaments endet das Dasein des Menschen in der Scheol (Grab).
Mit der Hoffnung auf einen Wandel der Welt durch ein machtvolles Eingreifen Gottes ist in beiden Religionen der Glaube an den Messias verbunden. In diesem Punkt aber trennen sich Judentum und Christentum entschieden. Die christliche Zukunftshoffnung geht aus von dem Glauben an das Gekommensein des Messias in der Vergangenheit, in dessen Gestalt Zukunft und Vergangenheit einander überschneiden. Der jüdische Glaube erwartet den Messias noch in der Zukunft; die Gottesherrschaft, das Reich der Himmel, und die damit verbundene endgültige Ordnung aller Dinge steht noch gänzlich aus. Im Christentum dagegen ist die neue Ordnung im Messias Jesus Christus schon angebrochen. Deswegen läßt sich bezüglich des Judentums von einer ungebrochenen Zukunftshoffnung sprechen.
Nicht nur in der Frage des Erscheinens des Messias trennen sich die beiden Religionen, sondern auch im Bild, das sie von ihm haben. Wohl gibt es auch im Judentum gelegentlich Vorstellungen von einem leidenden Messias, die Vorstellung von einem leidenden Messias-Erlösergott aber läuft jüdischem Denken gänzlich zuwider.

3.5.1 Auferstehungshoffnung im Judentum

▸ „Rabbi Jakob (um 170; Awot IV, 17f) sagte: ‚Diese Welt gleicht dem Vorraum zu der künftigen; mache Dich im Vorraum bereit, damit Du in die Halle hineingehen kannst' ... Diese Welt ist ein Vorraum für die künftige Welt; alles, was hier geschieht, ist nur Vorbereitung, das wirkliche Heim ist in jener Welt. Und weiter sagt er: ‚Mache Dich im Vorraum bereit, damit Du in die Halle hineingehen kannst' ... nur die Vorbereitung im Vorraum macht es möglich, in die Halle einzutreten, und daher ist der Aufenthalt im Vorraum – die dort verbrachte Zeit und die dortigen Taten – von allergrößter Wichtigkeit; denn allein davon hängt ab, ob man jemals in die Halle gelangen wird. Er pflegte zu sagen: ‚Eine einzige Stunde der Reue und der guten Taten in dieser Welt ist besser, als das ganze Leben in der künftigen ...' Diese Welt hat einen Wert zu eigen, den die künftige nicht besitzt. Dies ist die Welt der Handlung und Wandlung. Dies ist die einzige Welt, in der Taten zählen, in der es irgendwelche moralischen Werte gibt. Dies ist die einzige Welt, in der der Mensch sich bessern kann. Es ist eine Welt der Dynamik, der Bewegung – eine Welt, in der der Mensch fähig ist, mit seiner moralischen Willenskraft etwas auszurichten, und eine einzige Stunde der Reue und der guten Taten in der irdischen Welt ist besser, als ein ganzes Leben in der künftigen; denn sie ist ein eisiges, erstarrtes Reich, in dem sich nichts verändert, nichts verbessert, wo sich kein Charakter bilden kann. Andererseits, wenn es sich um Glückseligkeit handelt, um die unwandelbare Freude, die des Rechtschaffenen Lohn ist, dann ist ‚eine Stunde Seligkeit in der künftigen Welt besser, als das ganze Leben in der irdischen'. So wird jeder der beiden Welten das ihr Gebührende zugesprochen und, vom menschlichen Standpunkt her gesehen, hat jede ihren einzigartigen Wert." ◀

Mosche Greenberg, Hoffnung und Tod. In: ariel, Nr. 24, Jerusalem 1975, 30f.

3.5.2 Der Wandel der Messias-Erwartungen

Der Glaube an den Messias hat im Judentum selbst viele Wandlungen erfahren. Während im biblischen Judentum etwa seit dem babylonischen Exil in ihm ein Idealkönig gesehen wurde, der dem Volk bei seinem Erscheinen wieder zu Größe und Ansehen verhilft, wird er in der apokalyptischen Literatur (zwischen 200 v. und 200 nChr) zu einer Gestalt in einem universalen kosmischen Rahmen, mit dessen Erscheinen das Ende dieser Welt und eine neue Ordnung von Himmel und Erde anbrechen. Die utopischen Elemente und die Katastrophenstimmung, die in der Apokalyptik in Hinblick auf ein Ende dieser Welt und das Kommen einer neuen aufbrachen, fanden auch in der späteren Geschichte des Judentums immer wieder Resonanz, zugleich aber auch deutliche Kritik. Dort, wo im Judentum der messianische Gedanke auch heute noch personhaft gedacht wird, dürfte der 12. Glaubensartikel des Moses Maimonides (1135–1204) die Vorstellungen prägen. Vordergründig scheint bei Maimonides Zukunft die nationale Wiederherstellung zu meinen, doch beschließt er seinen religionsgesetzlichen Kodex mit den Worten, daß in jenem Äon weder Hunger noch Krieg, weder Mißgunst noch Zwietracht sein werden. Die einzige Beschäftigung der ganzen Welt wird die Erkenntnis Gottes sein. – Im zeitgenössischen Judentum finden sich als neueste Variante des Messianismus Deutungen der jüngsten Geschichte Israels in diesem Horizont.

▶ „Im modernen Judentum aber hat sich eine Metamorphose des Messias vollzogen, nicht nur durch Säkularisierung im Zionismus und Sozialismus, sondern auch innerhalb der Theologie selbst, wobei in Glaubensströmungen außerhalb der Orthodoxie von einer Entmythologisierung und damit Entpersönlichung des Messianismus gesprochen wird.
Der Messias wird in solcher Konzeption zu einer Chiffre für die Hoffnung. Wenn jüdische Theologie wohl auch nicht so weit gehen kann wie manche modernen christlichen Theologen, die Gott selbst nur noch als Chiffre für Hoffnung gelten lassen (den Teufel als Chiffre der Hoffnungslosigkeit dagegen stellen) und die den Menschen führende Glaubenswirklichkeit nur in Jesus Christus sehen, so geht jüdisches theologisches Denken notwendig einen umgekehrten Weg.
Im Christentum überschattet der Messias das Reich... Im Judentum aber erweist sich der Messias am Reich, an nichts anderem... Da der Akzent vom Ursprung her auf dem Reich Gottes, nicht auf dem Messias lag, konnte eine neuere Entwicklung im Judentum auf den personenhaften Messias verzichten." ◀

Schalom Ben-Chorin, Jüdischer Glaube, Tübingen 1975, 287f.

▶ „Wenn man über jüdische Religion redet, muß man auch über den Staat Israel sprechen, denn er ist das Produkt von zweitausend Jahren jüdischer Hoffnung. Es hätte niemals einen modernen Zionismus gegeben ohne diese Hoffnung auf nationale und geistige Renaissance im Lande der Väter. Diese Hoffnung gehört wesentlich in die jüdische Religionsgeschichte, und ohne das Gebet, das Sehnen und die Erwartung, dahin heimzukehren, wo die Geschichte Israels einst begonnen hatte, ist die jüdische Religion dürr und körperlos... Die Gründung des israelischen Staates hat keine direkte heilsgeschichtliche Bedeutung, wohl aber vielleicht eine indirekte, als ein Zeichen dafür, daß Israel noch immer unter Gottes Treue steht und das jüdische Volk vor Gott eine Zukunft hat. Diese Tatsache allerdings war einem Juden nie zweifelhaft, und die bloße Frage hatte sich überhaupt nur einer von der Bibel abgeirrten christlichen Pseudo-Theologie stellen können." ◂

Ernst Ludwig Ehrlich, Gedanken zum jüdischen Hoffnungsdenken. In: Freiburger Rundbrief 22 (1970) 59f.

3.6 Ergänzendes Quellenmaterial

Messiaserwartung in der amerikanischen Jugend

1. „Wenn Du gerade damit beschäftigt bist, einen Baum zu pflanzen, und hörst, daß der Messias gekommen ist, führe das Pflanzen ruhig zuende und laufe dann zum Stadttor und begrüße ihn mit Schalom" (Jochanan ben Zakkai).
Also: Pflanze irgendwo einen Baum, um die Welt wieder instand zu setzen, wo immer es die Welt am meisten nötig hat. Pflanze einen Baum in Vietnam in einem entblätterten ehemaligen Wald. *Mach Dich wirklich auf den Weg, um ihn dort zu pflanzen* (auch wenn es schwierig ist); wenn nicht, überweise Geld an:

Abraham Heschel Memorial Forest
Trees and Life for Vietnam
Glengary Road
Croton on Hudson, N.Y. 10520

Pflanze einen Baum in Appalachia, wo der Tagebau die Wälder ruiniert hat. *Geh selbst hin und pflanze ihn; rufe einen Kibbutz ins Leben und laß immer mehr Bäume wachsen.* Pflanze einen Baum in Brooklyn, wo die Asphaltdecke den Wald unter sich begraben hat. *Geh dorthin zurück und pflanze ihn.* Lebe dort mit einigen der alten Juden, die dort immer noch wohnen. Wenn Polizisten kommen, um den Asphalt zu schützen, pflanzt trotzdem immer weiter. Laßt jeden mit der Schaufel einmal umgraben.

2. „Der Messias kommt, wenn das gesamte jüdische Volk den Sabbath zweimal hintereinander einhält oder an ihn denkt" (Talmud, Schabbat 118b).
Also: Vergiß alles, was man am Sabbath *nicht tun darf,* und denke stattdessen an all das, was Du am *liebsten* am Sabbath (und immer wieder) tun würdest. Tu es! Lies mit Freunden die Torah und diskutiert darüber; laufe barfuß durch das Gras; schau Dir jede Blume sorgfältig an, ohne sie zu pflücken; gib irgendjemandem etwas Wertvolles und Schönes, ohne Dich dafür bezahlen zu lassen. Verschenke Deine Liebe.
Da es jedoch nicht ausreicht, dies für Dich allein zu tun (vgl. obigen Hinweis), sprich irgendwelche Juden auf der Straße an, sag ihnen, es ist Sabbath, und tanze eine Hora mit ihnen (oder den kazatsky, wenn Du auf Jiddisch stehst).

3. „Die Völker werden ihre Schwerter zu Pflugscharen machen... Sie werden hinfort keinen Krieg mehr kennen" (Jes 2,4).

Also: Organisiere ein Minjan und fahrt nach West Point. Nehmt 10 Schwerter und einen kleinen Amboß mit. Stellt den kleinen Amboß in den Haupteingang und fangt an zu schmieden. Formt die Schwerter zu einem Gegenstand, der wie ein Grabwerkzeug aussieht. Grabt Löcher für 10 Bäume und pflanzt Bäume auf der Straße. Singt dazu abwechselnd: „Lo jisah goj" (Vgl. Jes 2,4) und „Ain't Gonna Study War No More". Falls die Offiziere von West Point schauen, was los ist, bietet ihnen ein umgeschmiedetes Schwert an, damit sie mitgraben können.
4. „Der Messias kommt, wenn eine einzige Generation entweder völlig unschuldig oder schuldig ist" (Talmud, Sanhedrin 98a).
Also: Sieh Dir das Steuersystem der USA genau an und veröffentliche eine detaillierte Antwort auf die beiden folgenden Fragen:
a) Werden die Steuern der USA größtenteils für Dinge verwendet, die von der Torah verboten werden (z.B. die Armen bedrücken, Bäume zerstören usw.)?
b) Gibt es Juden in den USA, die sich erfolgreich um das Steuerzahlen gedrückt haben?
Wenn die Antwort auf die Frage a) „ja" lautet und auf b) „nein", verkündige öffentlich, daß die ganze Generation *de facto* schuldig ist – unabhängig von ihren individuellen Auffassungen. Bitte alle Synagogen, dies in ihren Sabbathgebeten zu verkündigen: „Gott, wir sind endlich alle schuldig, schicke den Messias!"
5. „Und Frauen sollen empfangen und gebären an ein und demselben Tag" (d.h. ohne Schmerzen) (Midrasch zu Jeremia). Forschet doch und seht, ob ein Mann gebären könne? Wie geht es denn zu, daß ich alle Männer sehe ihre Hände auf ihren Hüften haben wie Weiber in Kindsnöten und alle Angesichter so bleich sind? (Jer 30,6f.)
Also: Wenn du ein Mann bist, bemühe Dich, ein Baby zu bekommen. Ob Du nun ein Mann oder eine Frau bist, belege einen Kursus in der Lamaze-Methode der Geburt bei vollem Bewußtsein. Lerne und führe die Übungen aus. Wenn Du werdender Vater bist, zweige soviel Zeit von Deiner Arbeitszeit ab wie Deine Frau/Geliebte (vor und nach der Geburt), und versuche bewußt zu erleben, was es bedeutet, zu gebären und für ein Kind zu sorgen.

Übersetzt aus: Richard Siegel/Michael Strassfeld/Sharon Strassfeld, The Jewish Catalog. A do-it-yourself kit, Philadelphia 1973, 250f.

4. RELIGIÖSES LEBEN

4.1 Gottesdienst und Gebete

Friedrich Heiler hat den sozialen Gebetsgeist des Judentums hervorgehoben, der seinen Ausdruck im Gemeindegebet findet, und „der um das fremde Heil bittet wie für das eigene, der alle Menschen teilnehmen lassen will an den eigenen Gebetserfahrungen". Vergleicht man die Gebetspraktiken der asiatischen Religionen damit, dann fällt auf, daß dort das Gemeindegebet viel seltener vorkommt – und wenn, dann nur bei großen Festveranstaltungen und Prozessionen. Der Gemeindegottesdienst ist eine typische Schöpfung des Judentums. Christentum und Islam haben ihn in jeweils individueller Abwandlung übernommen.
Man unterscheidet zwischen dem öffentlichen Gemeindegottesdienst einerseits und dem privaten Gebetsleben anderseits. Auffallendstes Merkmal des synagogalen Gottesdienstes ist die Tatsache, daß kein vermittelnder Priester zwischen Gott und die gläubige Gemeinde tritt. Jüdischer Gottesdienst ist kurz gesagt: „ein Dienst ohne Opfer, ohne Priester" (R. R. Geis). Dieses Faktum stellt eine Analogie zum islamischen Kult dar, der ebenfalls Gott und Mensch auf das unmittelbarste zusammenbindet.

▸ „Der Priester, von dessen Funktionen wir so viel in der Bibel lesen, verschwindet aus dem religiösen Leben, an seine Stelle tritt der Rabbiner, der kein Heilsvermittler ist oder Sakramente verwaltet, sondern der über die Lehre Bescheid weiß, sie auszulegen versteht und dem Fragenden Bescheid erteilen kann. Er gibt die Ausrichtung, wie der Jude sein Leben nach der Tradition gestalten soll. Der Dualismus Priester/Laie existiert nicht mehr, die Alternative hieß nun: Gelehrter gegenüber dem Ungelehrten, dem Ungebildeten." ◂

Ernst Ludwig Ehrlich, Kult und Religion des Judentums. In: Allgemeine jüdische Wochenzeitung vom 19. 6. 1970.

Zum ältesten und wichtigsten liturgischen Formular gehört das Sch'ma-Gebet, das nach seinen ersten Worten „Höre, Israel, der Ewige, unser Gott, der Ewige, ist einzig" (Dtn 6,4) genannt wird. Die Sch'ma-Liturgie ist dreiteilig und enthält folgende Pentateuchabschnitte: Dtn 6,4–9; Dtn 11,13–21; Num 15,37–41. Es schließt ein den Gedanken der göttlichen Einheit (Monotheismus), die Liebe des Menschen zu Gott und seiner Torah, den Lohn-und Strafgedanken sowie den Exodus aus Ägypten. Das Sch'ma-Credo wird täglich in den Gottesdiensten vorgelesen, außerdem gehört es zum Sterberitual.
Im Anschluß daran folgt das „Achtzehnbittengebet", dessen ursprüngliche Bezeichnungen „Tefillah" (= liturgisches Gebet) oder „Amidah" (= das stehend verrichtete Gebet) lauteten. Das Amidah- bzw. Tefillahgebet, als Hauptgebet des

Gottesdienstes, vereinigt Hymnus, Bitte und Danksagungen. Es beginnt mit einem Glaubensbekenntnis an Gott und endet mit Gebeten zur Wiederherstellung Jerusalems, der Bitte um das Kommen des Messias sowie abschließend mit dem Wunsch nach Frieden. Dieses Gebet wird stehend gesprochen, während bei anderen verschiedenartige Stellungen gebräuchlich sind (in die Knie sinken, auf das Antlitz fallen, Schütteln des Körpers, rhythmische Bewegungen usw.).
An Sabbath- und Festtagen wird außerdem die „Musaf"-(= Zusatz) Liturgie gelesen. Es handelt sich dabei um ein Gebet, in dessen mittlerem Teil das „Zusatzopfer" erwähnt wird, welches an dem betreffenden Tag im einstigen Tempel dargebracht wurde.
Ein weiteres liturgisches Gebet ist der „Kaddisch"-Hymnus, der darum bittet, daß Gott sein Königtum bald herbeiführen möge. Er wird heute nach jedem Hauptabschnitt des Gottesdienstes und darüber hinaus noch zu verschiedenen anderen Gelegenheiten gelesen.
Ein bedeutsamer Bestandteil des Gottesdienstes ist die abschnittweise Lesung und Kommentierung des Schrifttextes (fünf Bücher Mose und Propheten) einmal durch das liturgische Jahr hindurch. Auf die Torah-Lesung folgt heute die gemeinschaftliche Bitte für die Regierung des jeweiligen Landes sowie ein Gebet für den Staat Israel.
Zu den Schlußgebeten eines Gottesdienstes zählt das „Alenu". An Festtagen werden besondere Gebete und „piyyutim" (= Gedichte) in den normalen liturgischen Ablauf eingefügt bzw. gegenüber anderen Gebeten ausgetauscht.
Zur Abhaltung eines Gottesdienstes sind zehn religiös mündige männliche Personen (= ein Minjan) notwendig. In liberalen Synagogen wird diese Minimalzahl manchmal auch unterschritten, oder man zählt heutzutage auch Frauen hinzu. Acht Gottesdienstteilnehmer sollen ehrenhalber im Laufe eines Gottesdienstes „aufgerufen" werden und die Torah absatzweise rezitieren. Vor und nach jeder Lesung sprechen sie einen Lobspruch über die Torah. Die Lesung selbst besorgt heute jedoch zumeist ein besonders beauftragter Kultbeamter.

Kopfbedeckung: Besonders auffällig für einen Nicht-Juden ist die bei Männern und verheirateten Frauen übliche Kopfbedeckung. Als Nicht-Jude bekommt man beim Besuch einer Synagoge leihweise eine Kopfbedeckung angeboten. Dieser „Verhüllungsritus" verhindert, daß der profane Mensch unvorbereitet vor den Heiligen tritt. Man kann die Kopfverhüllung auch mit dem Hinweis darauf erklären, daß in der gesamten orientalischen Welt die Kopfbedeckung ein unverzichtbarer Bestandteil der Kleidung ist. Wer entblößten Hauptes geht, ist nicht „korrekt" angezogen.

Gebetskleidung: Der Kantor der Gemeinde und die erwachsenen Männer tragen beim Morgengottesdienst den „Tallit", d.h. einen weißen Gebetsschal mit schwarzen oder blauen Streifen längs der Seitenkanten. Alle orthodoxen Juden sollen sich beim täglichen Morgengottesdienst die „Tefillin" umschnüren. Dies sind Gebetsriemen, die am linken Oberarm und an der Stirn befestigt werden. Eine Kapsel enthält die auf Pergament geschriebenen Bibelverse: Dtn 6,4–9; 11,13–21; Ex 13,1–10 und 13,11–16. Nach frommer Tradition sollen sie den Gläubigen an die Gottesoffenbarung und den Exodus aus Ägypten erinnern.

4.2 Synagoge

Der öffentliche Gemeindegottesdienst findet in der Synagoge statt. Das griechische Wort „Synagoge“ aus der Septuaginta bedeutet wörtlich „Versammlungshaus“. Ursprünglich handelt es sich bei der Synagoge um ein Rats- bzw. Gerichtsgebäude, in das die Bürger zu öffentlichen Versammlungen zusammenkamen. Dieses Gebäude besaß einen speziellen Betsaal. Daneben gab es die „Lehrhäuser“, in denen in pharisäischer und rabbinischer Zeit die Torahlehrer ihre Schüler in der Auslegung der Heiligen Schrift und der mündlichen Überlieferung unterrichteten. Allerdings waren Synagoge und Lehrhaus oftmals identisch. Im Jiddischen trägt die Synagoge daher den Namen „Schul“.

Zur Charakterisierung der Synagoge kann man als Parallele die islamische Moschee heranziehen. Beide Gebäude sind keine reinen Kultstätten, sondern dienen noch vielerlei anderen Zwecken. Die Synagoge, „das heilige Rathaus“ (Lionel Blue), ist keine eigentlich heilige Stätte. Sie erhält ihre Heiligkeit nämlich nicht vom äußeren Gebäude, sondern durch den Zusammentritt der gläubigen Kultusgemeinde. Entsprechendes gilt für die Moschee. Sie ist Mittelpunkt des gesellschaftlichen Lebens und beherbergt oft die öffentliche Verwaltung. Sie kann Gerichtsstätte sein und ist immer auch Unterrichtsort für Schüler.

▸ „Beim Eintritt in die Synagoge empfängt einen der Lärm von Gebet und Geschwätz. Eine Unterhaltung zwischen Nachbarn mischt sich mit dem Gemurmel eines sich wiegenden Beters. Der Rabbi liest still für sich auf der Estrade, zwei Vertreter der Gemeinde neben ihm besprechen die Einzelheiten des Gottesdienstes. Ständig kommen und gehen Leute. Dort hört man unterdrücktes Gelächter über einen jüdischen Witz. Der Geist der Außenwelt strömt in den heiligen Ort, und es scheint überhaupt kein sehr heiliger Ort zu sein. Die Synagoge ist also nicht das Höchste oder das Heiligste, aber sie ist sicherlich der geschäftigste Mittelpunkt des religiösen Lebens, und man nimmt an, daß es kein Leben gibt, das nicht Religion ist. Die Synagoge ist nicht der Tempel jüdischen Lebens, das Allerheiligste, sondern sie ist das religiöse Rathaus. Die Sitzungsräume, die Büros, die Kartei sind das logische Ergebnis der Gebetsräume. Sie bilden zusammen ein einheitliches Werk.“ ◂

Lionel Blue, Wie kommt ein Jude in den Himmel? München 1976, 55–58 mit Auslassungen.

Was die äußere Architektur betrifft, so folgen die Synagogen jeweils dem Kunststil ihrer Epoche und ihrer Umgebung. Nur bei der Innenausstattung gibt es notwendige Bestandteile:

1. die heilige *Lade,* die sich an der Ostwand befindet, also in Richtung Jerusalem, wohin auch die wichtigsten Gebete gesprochen werden. In der Lade befinden sich die Torah-Rollen. Diese sind in einen bestickten samtartigen Teppich eingehüllt und mit einer Krone bzw. Glockentürmchen geschmückt. Sie stellen den heiligsten Teil der Synagoge dar, der durch einen Vorhang abgetrennt ist. Wenn die heiligen Torah-Rollen aus dem Tabernakel „ausgehoben“ werden, erhebt sich die

Andacht in der Jessurun-Synagoge in Jerusalem

Gemeinde, bis die Rollen, von Gebeten begleitet, zum Lesepult getragen worden sind.
Sie bestehen aus Pergament und sind von eigens hierzu bestellten Spezialisten mit schwarzer Tinte von Hand beschrieben worden. Als Hilfsmittel zum Vorlesen des unvokalisierten hebräischen Textes benutzt man gewöhnlich einen silbernen fingerähnlichen Zeigestock.
2. Die synagogale Innenausstattung konzentriert das betrachtende Auge wesentlich auf die Mitte des Raumes, wo sich die Bimah befindet: eine Erhöhung, auf der ein Pult steht, auf das die Torah-Rollen gelegt werden. Auf der Bimah steht auch der zum Vorlesen bestellte Kantor, der zur Ostseite, nach Jerusalem, gewandt ist. Die Gemeinde befindet sich um diesen Zentralpunkt angeordnet. Wie bei den im Anschluß zu schildernden Festen kommt der jüdischen Frau nur ein untergeordneter Rang im Gottesdienst zu. In nichtliberalen Gemeinden herrscht strenge Geschlechtertrennung, d. h. die Frauen sitzen oder stehen entweder hinten im Hauptschiff oder auf der an beiden Seiten des Schiffes entlanglaufenden Empore hinter einem Vorhang oder einem Gitter.

▸ „Ein Jude betet nicht in erster Linie, um Dinge zu erbitten, noch um eine Erfahrung zu haben, nicht einmal um Gottes Gnade zu fühlen, er betet, wie er seine anderen Aufgaben erfüllt, um seine Pflicht zu tun, um die Arbeit in der Welt weiterzuführen. Dieses hebräische Wort für Gebet hat wenig zu tun mit dem ‚beten' oder ‚um etwas bitten' oder ‚verlangen' anderer Traditionen. Es ist kein Versuch, das Universum zu überreden oder zu quälen, seinen Lauf zu ändern um unserer Wünsche willen. Gemäß einem Rabbi sind Bittgebete ‚heilige Unverschämtheit' und ‚Angriffe auf den Himmel'. Für manche ist sein ursprünglicher Sinn ‚an sich selbst arbeiten', für andere ‚ein Loch in sich selbst bohren' oder ‚sich selbst richten'. Christen bitten Gott, in ihnen zu wirken, damit sie sich ihm vollständig und frei hingeben können. Ein Jude betet, damit er um Gottes Willen an sich selbst arbeiten und seinen Willen so ändern kann, daß er ein besseres Werkzeug für Gott wird." ◂

Lionel Blue, a.a.O. 63-64 mit Auslassungen.

4.3 Sabbath

Juden sagen: „Der Sabbath ist ein so wunderbarer und außerordentlicher Tag, daß sein Beschreiben eine nahezu übermenschliche Aufgabe ist – oder vielleicht sogar Gotteslästerung" (Übersetzt aus: The Jewish Catalog. A do-it-yourself kit. Compiled and edited by R. Siegel/M.u.Sh. Strassfeld, Philadelphia 1973, 103). In der Schrift finden sich mehrere Stellen, die die Bedeutung des Sabbaths erklären. Er ist der siebte Tag der Woche, an dem sich Gott nach der Weltschöpfung ausruhte: der „Sabbath des Herrn, deines Gottes" (Ex 20,8). Sodann wird der Sabbath als „Zeichen des Bundes" (Ex 31,13 ff) zwischen Gott und seinem Volk Israel gedeutet. Eine historische Erklärung interpretiert den Sabbath schließlich als Tag des Gedenkens an den Auszug Israels aus ägyptischer Gefangenschaft (Dtn 5,15). Talmud und Midrasch sehen im Sabbath dankbar eine wertvolle göttliche Gabe. Es heißt, er sei ein Vorgeschmack der zukünftigen Welt. Besonders bei den Kabbalisten gilt der Sabbath als „Königin" und „Braut" Israels, das selbst „Bräutigam" genannt wird. Eine refrainartig wiederkehrende, im synagogalen Gottesdienst erklingende Strophe aus dem Sabbathlied des Salomo Alkabez (16. Jh) lautet: „Komm, mein Freund, der Braut entgegen, wir wollen den Sabbath empfangen". Der Sabbath ist der Höhepunkt der Woche. An diesem Tag dürfen weder Mensch noch Vieh „arbeiten". (Bezüglich der Arbeit gelten genaue religionsgesetzliche Bestimmungen.) Christen sehen gewöhnlich nur die Einschränkungen des Sabbaths, die den Juden angeblich so sehr knechten. Demgegenüber betonen Juden: „Der Sabbath symbolisiert die Einheit zwischen Mensch und Natur, zwischen Mensch und Mensch. Indem wir nicht arbeiten – d.h. indem wir nicht in den Prozeß des natürlichen und sozialen Wandels eingreifen – wird der Mensch frei von den Fesseln der Zeit" (Erich Fromm). Der Sabbath soll die Gedanken des Menschen weg von den alltäglichen, an materiellen Dingen ausgerichteten Interessen lenken und die religiöse und geistige Konzentration fördern.

▸ „Am Sabbath ist der Mensch nichts anderes als Mensch. Er hat keine andere Aufgabe, als nur Mensch zu sein" (Erich Fromm). Dies bedeutet praktisch: „Verlangsame dein Leben. Denk an die Familie und an deine Freunde. Unternimm einen langen Spaziergang, singe Lieder, tanze, liebe, feiere, nimm dir Zeit zum Beten, Meditieren und Studieren – aber nimm Dir zu allem reichlich Zeit." ◂

The Jewish Catalog, a.a.O. 104.

Im heutigen Israel herrscht am Sabbath in manchen Städten beinah absolute Verkehrsruhe (z.B. in Jerusalem, nicht aber in Tel Aviv). Um den Ansprüchen der modernen Zeit gerecht zu werden, wendet man in orthodoxen Kreisen gewisse Kompromißlösungen an, die dem Religionsgesetz genügen. Das folgende Beispiel steht für viele: Da am Sabbath das Kühemelken verboten ist, wurde das Problem dadurch gelöst, daß man in orthodoxen Milcherzeugungsbetrieben automatische Melkmaschinen installierte. Die Zeituhr stellt man bereits am Freitag ein. Der Sabbathbeginn wird nach besonderen Tabellen festgelegt.
Wie die anderen Feste auch, so beginnt der Sabbath bereits am Vorabend. Um den Tag zu „ehren", reinigt man das Haus, wechselt die Bettücher und verwendet auf die persönliche Hygiene und Toilette größte Aufmerksamkeit. Man zieht auch besondere Sabbathkleidung an. Geistig stellt man sich ebenfalls auf den Ruhetag ein.
▸ „Wenn die Familie am Freitagabend aus der Synagoge nach Hause kommt, liegt der von der Mutter gedeckte Tisch bereits im warmen Licht der von ihr gesegneten Kerzen. Am Platz des Vaters steht der Kelch mit Wein und daneben die Schabbatbrote unter einer schönen Decke. Der Vater spricht über Brot und Wein den Segen. Zuvor nimmt die Mutter auf einem Stuhl Platz, den Vater und Kinder geschmückt. Ein schlichtes Lied begrüßt die Engel des Friedens, die ihren Einzug halten, danach wird ein Lied zur Ehre der jüdischen Frau und Mutter angestimmt. Das anschließende Mahl wird durch fromme und frohe Gesänge wieder und wieder unterbrochen. Wenn irgend möglich, verliest der Vater auch noch während des Essens oder nach Tisch den für jeden Schabbat bestimmten Wochenabschnitt aus den fünf Büchern Moses mit Kommentaren und bringt ihn damit seinen Kindern nahe. Am anderen Tag findet der Schabbat auch im Hause seine weitere Akzentuierung, wenn man sich zum mittäglichen Mahle niedersetzt und über Wein und Brot den Segen spricht. Die dritte häusliche Feier ist die Feier des Abschieds von einem Tag, der zwischen Weltschöpfungs- und Erlösungsgedanken die Mitte hält. Alle versammeln sich um den Vater, der den Segen über den Wein spricht, über wohlriechende Gewürze und zum Schluß über das Licht. Ausklang ist der Unterscheidungssegen über das Heilige und Werktägliche, Licht und Finsternis, Israel und die Völker, den siebten Tag und die sechs Werktage. Dann wird etwas Wein auf einen Teller geschüttet, und die Kerze, die der Kleinste bis dahin halten durfte, erlischt im Wein. Die Familie singt noch einmal von jüdischer Hoffnung und Erwartung in dem Lied des Propheten Elia, dem Vorboten des Messias." ◂

Robert Raphael Geis, Vom unbekannten Judentum, Freiburg 1961, 61f mit Auslassungen.

Im Zusammenhang mit der Sabbathfeier fällt die hohe Zahl der Segenssprüche auf, die das jüdische Leben begleiten:

▸ „Das ganze wache Sein des Juden, vom Morgen, wenn er den Segensspruch beim Waschen der Hände spricht, bis zum Schlafengehen, wenn er den Spruch ‚Gesegnet seist du, der Seile des Schlafes auf meine Augen fallen läßt' sagt, ist erfüllt von diesen Segnungen: beim Brechen des Brotes, beim Trinken, beim Essen einer Frucht, beim Anblick des Regenbogens, des Meeres, bei Blitz und Donner, bei der Begegnung mit einem Gelehrten, bei der Vorüberfahrt eines Staatsoberhauptes, beim ersten Anblick blühender Bäume im Frühling..." ◂

Allgemeine jüdische Wochenzeitung

Wie unmittelbar die Segenssprüche zum Alltag des Juden hinzugehören, illustriert folgende Geschichte:

▸ „Zwei Juden diskutieren seit Stunden: Gibt es Gott oder gibt es ihn nicht? Schließlich entscheiden sie: es gibt ihn nicht. Dabei haben sie sich heiser geredet, und einer von ihnen greift nach einem Glas Wasser und setzt es an die Lippen. Der zweite ist entsetzt: ‚Was tust du? Ohne Broche?' (Segen). Der erste wundert sich: ‚Was heißt Broche? Wir haben doch entschieden, daß Gott nicht existiert!' Darauf der zweite: ‚Wie hängt das zusammen? Ob es Gott gibt oder nicht – Wasser ohne Broche trinkt nur ein Goi (Nicht-Jude)!'" ◂

Gisela Hommel, Der siebenarmige Leuchter. Erster Blick aufs Judentum für Christen, München 1976, 41.

Der jüdische Kalender

Tischri (September/Oktober), 30 Tage
- 1. Neujahrstag I (Rosch ha-Schana)
- 2. Neujahrstag II
- 10. Versöhnungstag (Jom Kippur)
- 15. Laubhüttenfest I (Sukkot)
- 16. Laubhüttenfest II
- 22. Laubhüttenfest VIII (Schemini Azeret)
- 23. Gesetzesfreude (Simchat Torah)

Marcheschwan (Oktober/November), 29 Tage

Kislew (November/Dezember), 30 Tage
- 25. Chanukka I

Towet (Dezember/Januar), 29 Tage
- 3. Chanukka VIII

Schewat (Januar/Februar), 30 Tage)

Adar (Februar/März), 29 Tage
- 14. Purim
- 15. Schuscham Purim

Nissan (März/April, 30 Tage
- 15. Pesach I
- 16. Pessach II
- 21. Pessach VII
- 22. Pessach VIII

Jjjar (April/Mai), 29 Tage
18. Lag ba-Omer (33. Tag der Omerzählung)

Siwan (Mai/Juni), 30 Tage
6. Wochenfest I (Schawuot)
7. Wochenfest II

Tammus (Juni/Juli), 29 Tage

Aw (Juli/August), 30 Tage
9. Trauer- und Fasttag (Tischa be-Aw)

Elul (August/September), 29 Tage

Hans-Jochen Gamm, Judentumskunde, München 1964, 124 f.

4.4 Feste

Zum Judentum gehören die Feste elementar hinzu. Sie sind nicht einfach erbauliche „Zutat" zur vermeintlich viel wichtigeren Lehre, sondern unmittelbarster Ausdruck des Glaubens, für den die „Liebe zu den Geboten" mit dem „Schmükken der Gebote" zusammenhängt. Die außergewöhnliche Bedeutung des jüdischen Festes kennzeichnete der Frankfurter Rabbiner Samson Raphael Hirsch (1808–1888) einmal mit dem Satz: „Der Katechismus des Juden ist sein Kalender". Ausdruck der „Verschönerung der Gebote" sind die kunstvollen Kultgegenstände sowie die sorgfältige Auswahl an Pflanzen und Nahrungsmittel, die im Kult Verwendung finden. Es prägt den Charakter jüdischer Feste und Frömmigkeit wesentlich, daß dabei feste Ordnungen und Regeln eingehalten werden müssen. „Nur die geordnete Form ist es, die dem sinnvollen Gehalt Genüge tut" (William Stern). Dabei gilt es aber zu bedenken: „Das Befolgen der Festtage ... war niemals nur bloßer Ausdruck eines passiven Hängens an der Routine. Es wurde aufgrund verschiedener historischer Umstände zu einem schöpferischen Akt" (Isaiah Shachar).
Man unterscheidet drei Festgattungen: 1. die „ehrfurchtsvollen Tage", 2. die drei „Wallfahrtsfeste", 3. die „kleinen Feste". Hinzu kommen die fünf öffentlichen sowie die zahlenmäßig variierenden privaten Fasttage. Neuschöpfungen sind der „Holocaust-Gedenktag" und der israelische „Unabhängigkeitstag".

4.4.1 *Die ehrfurchtsvollen Tage*

Im Unterschied zu den in der zweiten Gattung genannten Feiern haben die „hohen" oder „ehrfurchtsvollen" Tage *rein religiösen* Charakter. Dies ist bei den Wallfahrtsfesten anders, da hier wesentlich die nationalgeschichtliche Komponente hinzutritt.
Die ehrfurchtsvollen Feste sind „hohe Feiertage, weil sie die Seele des Menschen zu erhöhen suchen. Sie lassen uns Gottes Gerechtigkeit und seine Gnade erleben und uns zur Gottesgnade emporsteigen" (Zwi Asaria). Die zwei ehrfurchtsvollen Tage gehören unmittelbar zusammen. Man bezeichnet die dazwischen liegenden Tage als die „zehn Tage der Umkehr".

4.4.1.1 Rosch ha-Schana

Das erste Fest ist Rosch ha-Schana, das jüdische Neujahr. Es fällt in die Monate September/Oktober und gilt zugleich als der Tag, an dem Gott die Welt erschuf (= 3761 vor Beginn unserer Zeitrechnung). Am Neujahrsfest bestimmt Gott gemäß den Taten des Menschen dessen Schicksal. Zugleich ist es auch ein Gedenkfest (Beginn der Schöpfung, Abrahamsopfer). Am Neujahrstag wird das „Schofar" geblasen. Es handelt sich dabei um ein Widderhorn, das den Menschen zur Buße rufen soll. Nach jüdischem Glauben ertönte es bei der Sinai-Offenbarung. Das Neujahrsfest wird deshalb auch „Tag des Posaunenschalls" genannt. Im Unterschied zu unserem Neujahr ist Rosch ha-Schana mehr ein Fest der Einkehr und Besinnung, der Rechenschaft und des Gebets um eine gute Zukunft. Es ist üblich, in Tageszeitungen Grußbotschaften an seine Bekannten, Freunde und Geschäftspartner zu veröffentlichen: „Zu einem guten Jahr mögest Du eingeschrieben werden" in das Buch des Lebens.

4.4.1.2 Jom Kippur

Zwischen dem 1. und dem 10. Tischri, an welchem das „Versöhnungsfest" (= Jom Kippur) begangen wird, liegen die „10 Tage der Umkehr", die den Juden auf das große Ereignis der Versöhnung vorbereiten. In den Gebeten dieser Tage werden besonders drei religiöse und soziale Werte betont: Rückkehr zu Gott, Gebet und Wohltätigkeit.

Nach Lev 16,30 ist dieser Tag dazu bestimmt, „Versöhnung" zu bewirken, „und euch zu reinigen von allen euren Sünden, vor dem Ewigen sollt ihr rein werden". Jom Kippur ist ein Festtag und wird streng befolgt. Selbst a-religiöse Juden beachten Jom Kippur:

▸ „An diesem Tage, an dem sogar Radio oder Telephon schweigen, bleibt, wer nicht in die Synagoge gehen will, ruhig zu Hause. Obwohl kein Gesetz das Fahren im eigenen Wagen verbietet, findet man an diesem Tage die Straßen von Jerusalem fast völlig verkehrsfrei. Wenn der Vorabend des Jom Kippur herannaht, liegt über der Stadt eine Atmosphäre, die mit Worten kaum zu beschreiben ist. Es gibt Scharen von überzeugten Atheisten, die an diesem Tag zwar nicht zur Synagoge gehen, aber von Abend zu Abend keinen Bissen zum Munde führen. Wenn man sie fragt, warum sie das tun, werden sie eine Verlegenheitsantwort suchen, aber es verbleibt ein irrationaler Rest." ◂

Jehoshua Amir, Der Versöhnungstag und der Krieg. In: Freiburger Rundbrief XXV/1973, S. 46 mit Auslassungen.

4.4.2 Die drei Wallfahrtsfeste

Bei ihnen handelt es sich ursprünglich um reine Naturfeste, die der Ordnung des palästinischen Jahres entsprachen. Sie sind kanaanäischer Herkunft und Ausdruck einer durch den Vegetationszyklus bestimmten Religiosität, bei der die Vorgänge um Saat und Ernte als numinoses Geschehen verstanden wurden. Im Laufe der religionsgeschichtlichen Entwicklung wurden die Feste dann „historisiert"; sie wurden Gedenkfeste an bestimmte „historische" Ereignisse.

Pessach – Sederabend in einer Familie

4.4.2.1 Pessach

Es ist ein Frühlingsfest und gedenkt des Auszuges der Israeliten aus Ägypten. Pessach ist ursprünglich ein mit dem nomadischen Weidewechsel verbundener Opferritus. In seinem Mittelpunkt stand das Bestreichen der Zelteingänge mit dem Blut der Opfertiere als Unheil abwehrender Ritus. Der Pessach-Ritus verschmolz mit dem kanaanäischen Ackerbaufest der ungesäuerten Brote (Mazzot) und wurde durch die Verknüpfung mit dem Exodus aus Ägypten „historisiert". Pessach bedeutet „Überschreiten", aber auch „Schonung" und spielt auf jenes biblische Ereignis an, bei dem der Würgeengel sämtliche Erstgeborenen des Landes tötete – mit Ausnahme der israelitischen Kinder, deren Häuser mit Blut gekennzeichnet waren (z.B. Ex 12). Daher wird Pessach als „Erinnerung an den Auszug aus Ägypten" bezeichnet und gilt als „Zeit unserer Befreiung".
Pessach ist traditionellerweise ein Haus- und Familienfest. Sein sozialer Charakter wird häufig hervorgehoben, wobei aber nicht nur an die eigenen Familienmitglieder, sondern auch an Fremde und in Not Geratene gedacht wird. Im Mittelpunkt

des Pessachfestes steht die Rezitation der Pessach-Haggada, der „Erzählung vom Auszug aus Ägypten". Dieses wohl populärste jüdische Buch enthält Passagen aus Talmud sowie Psalmen Davids, Hymnen, Lobsprüche und Gebete. Höhepunkt des achttägigen (in Israel siebentägigen) Festes ist der am ersten Abend nach einer bestimmten liturgischen „Ordnung" (seder) verlaufende Familiengottesdienst:

▸ „Die traditionelle Form des Seder sieht eine Anzahl symbolischer Handlungen vor. Außer der Mazza, dem ‚Brot des Elends', werden bei der Sedermahlzeit Bitterkräuter gegessen, die an Bitteres und Pein der ägyptischen Sklaverei erinnern sollen. Eine Mischung aus geriebenen Äpfeln, Rosinen, Nüssen, Feigen und Wein, die lehmartige Farbe hat, mahnt an den Frondienst der Israeliten in Ägypten. Diese findet sich neben Mazza, Bitterkräuter, einem Ei, einem großen Lammknochen, Petersilie und einem Gefäß mit Salzwasser auf einer Schüssel aus Holz, Silber oder Zinn, die vor dem Hausherrn steht. Außerdem liegt vor jedem Tischgast ein Büchlein mit liturgischen Texten, die Haggada. Denn viel soll an diesem Abend vor und nach dem Festmahl über den Auszug aus Ägypten und im Anschluß daran über jüdisches Leid und die wunderbare Errettung dieses Volkes gesungen und gesagt werden.

Vier Becher Wein werden nach vorgeschriebenem Ritual während der Mahlzeit getrunken, denn in vier Erlösungsworten spricht die Schrift von dem Auszug aus Ägypten (Ex 6,6–7). Der erste Becher dient dem Kiddusch, der Festweihe, wie er auch jeden Sabbath gesprochen wird, die anderen drei werden im Laufe des Abends geleert. Die Erinnerung an die Erlangung der Freiheit stimmt die Versam-

Darmstädter Pessach Haggada, Anfang 15. Jahrhundert. Enthält Gebete, Lieder und Texte zum Passah-Fest, zeichnet sich durch eine schöne Quadratschrift wie durch prachtvolle Randleisten und Ornamente aus.

melten froh, sie hat das Volk oft befähigt, sich trotz Leid und Pein im Laufe seiner Geschichte zu erhalten." ◂

Emanuel Schereschewski, Das jüdische Jahr. Alltag und Fest im Haus und in der Synagoge. In: Monumenta Judaica, Handbuch, Köln 1963, 725 mit Auslassungen.

4.4.2.2 Die Omer-Zeit, Lag ba-Omer und das Schawuot-Fest

Zwischen Pessach und dem 50 Tage späteren Schawuot-Fest (6. bzw. 7. Siwan = Mai/Juni) liegt die Omer-Zeit: die „Tage der Trauer". Sie umfaßt insgesamt 49 Tage, also genau sieben Wochen: daher der Name „Wochenfest". Diese Periode ist eine Trauerzeit; denn es fanden in der Vergangenheit verschiedene tragische Ereignisse statt (z.B. Tod von vielen tausend Schülern des Rabbi Akiwa in den Tagen des Bar-Kochba-Aufstandes; Massaker zur Zeit der Kreuzzüge usw.). Durch vielfältige Trauerbräuche zeichnen sich diese Wochen aus. Man heiratet unter keinen Umständen, verzichtet auf das Scheren von Bart- und Kopfhaar, zieht keine neuen Kleider an, bezieht keine neuen Häuser und unterläßt das Musizieren.
Lag ba-Omer (= der 33. Tag der Omerzeit) hingegen ist ein Tag der *Freude*. Die Trauerstimmung wird für einen Tag unterbrochen. Vorzugsweise heiratet man gerade an diesem Tag, und die dreijährigen Jungen erhalten in orthodoxen Kreisen ihren ersten Haarschnitt, der sie zu einem „richtigen" jüdischen Kind macht. Im heutigen Israel ist Lag ba-Omer vor allem ein Tag der Jugend. Die Kinder haben schulfrei, und es finden Sportwettbewerbe und Ausflüge statt. Der Tag wird am Vorabend durch Feuerwerke eingeleitet.
Das Schawuot-Fest bezeichnet nicht nur das Ende der Fastenzeit, sondern es erinnert an die Gottesoffenbarung und die Übergabe der Zehn Gebote am Sinai.

4.4.2.3 Sukkot

Das freudige „Laubhüttenfest" (15. Tischri = September/Oktober) ist seiner ursprünglichen Bedeutung nach ein großes Herbst- und Weinlesefest. Es fällt mit dem Jahreszeitenwechsel zusammen, wenn die in Palästina für Ertrag und Gedeihen so bedeutsame winterliche Regenperiode beginnt. Im Buch Leviticus 23, 39–43 wird vorgeschrieben, am ersten und achten Tag der Sukkot-Festwoche Arbeitsruhe einzuhalten. Während des achttägigen Interims sollen die Israeliten in Hütten wohnen, „damit eure Nachkommen wissen, wie ich die Kinder Israel habe in Hütten wohnen lassen, als ich sie aus Ägypten herausführte". Hier verbindet sich wieder das agrarisch-vegetationszyklische mit dem historischen Ereignis. Heute noch errichten viele Juden auf ihrem Balkon oder im Garten künstliche Hütten, deren Dach mit Zweigen bedeckt wird. Es ist üblich, einen Armen oder jemanden, der keine Laubhütte bauen kann, einzuladen.

4.4.3 Simchat Torah

Der letzte Tag des Sukkot-Festes ist das „Fest der Torahfreude". Daß der Torah überschwengliche „Freude" entgegengebracht wird, widerlegt die in christlicher Theologie so beliebte Charakterisierung des „Gesetzes" als ritualistischen Zwang. Es gibt ein Lied über die Torahfreude:

▸ „Freut euch und jubelt an Torahfreude
und gebet Ehre der Torah heute.
Besser als aller Erwerb ist's, sie zu erwerben,
köstlicher ist sie als Gold und Perlen.
Wir jubeln, der Torah freuen wir uns,
denn sie ist Kraft und Licht für uns.“ ◂

Robert Raphael Geis, a.a.O. 3.

vgl. das Bild S. 2

Die letzten beiden Zeilen kehren im Laufe des Liedes refrainartig wieder.

▸ „Aus solcher Einstellung zum Gesetz erklärt sich das seltsame und einzigartige der Gesetzesfreude... Kein Volk der Welt tanzt mit seinem Zivil- oder Strafgesetzbuch, obwohl diese doch ein unentbehrlicher Bestandteil der staatlichen Ordnung sind. Das religiöse Gesetz, obwohl auch dieses Strafbestimmungen enthält, ist aber mehr; es ist die Offenbarung der göttlichen Weisheit an die Kinder Israels, das, was im Christentum die Ausgießung des Heiligen Geistes heißt, beides geschehen am 50. Tage nach dem Pessachfest, an Schawuot, an Pfingsten“ (Nathan Peter Levinson). ◂

Am Torahfreudenfest wird das Schlußkapitel von Deuteronomium gelesen. Zuvor werden die Torahrollen aus dem Schrein ausgehoben und siebenmal durch die Synagoge getragen. Dabei wird getanzt und häufig auch dem Alkohol zugesprochen.

4.4.4 *Die kleinen Feste*

4.4.4.1 *Chanukka*

Chanukka ist ein achttägiges Lichterfest, das die „Einweihung“ des Tempels nach seiner Wiedereroberung während der Makkabäerkriege feiert. Diese Zeitspanne wird mit einer Episode aus den Makkabäerkriegen begründet: Man fand ein Fläschchen Öl, das nur für höchstens einen Tag gereicht hätte. Auf wunderbare Weise reichte es jedoch schließlich acht Tage. Deshalb hat auch der Chanukka-Leuchter (Me-

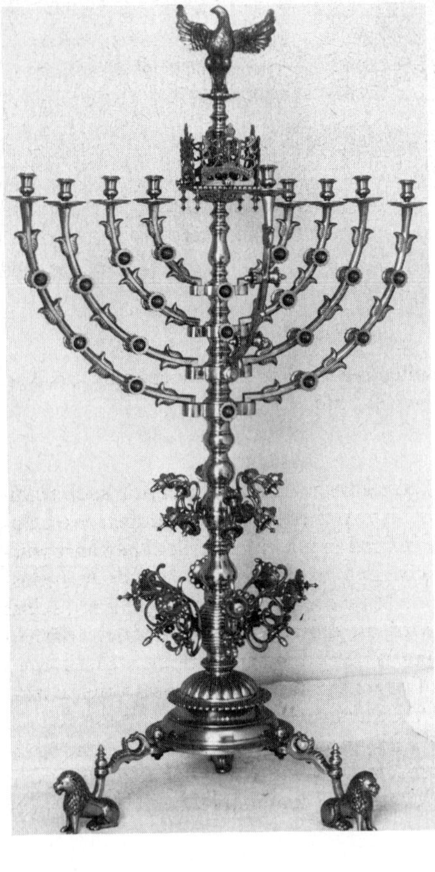

Chanukka-Leuchter

Jüdische Familie singt und feiert das Chanukka-Fest.

nora) acht Kerzenhalter. Die Kerzen sollen der Reihe nach angezündet werden, wobei detaillierte Bestimmungen einzuhalten sind.

4.4.4.2 Purim

Das Purim-Fest am 14. Adar (März) ist eine karnevalsartige Feier, die nach traditioneller Erklärung in Erinnerung an ein historisches Ereignis begangen wird. Purim gedenkt der Situation, als die Juden in Persien vor einem Unheil bewahrt wurden, das ihnen der Günstling des Perserkönigs, Haman, bereiten wollte. Ausgelassene Festumzüge finden heute statt. Viele Menschen verkleiden sich, und „selbst der nüchternste Synagogenbesucher wird an diesem Tag ein kleines Gläslein Branntwein nicht ausschlagen“ (Herman Wouk). Dies ist nach dem Urteil eines Rechtsgelehrten erlaubt, der an diesem Tag den Frommen zubilligt, so viel zu trinken, bis sie nicht mehr wissen, was der Unterschied ist zwischen „gesegnet sei Mordechai“ und „verflucht sei Haman“. Alljährlich finden Purimbälle und -parties statt, die ein gesellschaftliches Ereignis im Gemeindeleben darstellen. Bei Kinderfesten wird häufig die Haman-Geschichte als Theaterstück aufgeführt (= Purimspiele).

4.4.5 *Die öffentlichen und privaten Fastentage*

Die fünf „öffentlichen Fastentage" sind Tage des Gedenkens an besonders kritische Situationen in der altjüdischen Geschichte. Diese Tage sind der Beschaulichkeit gewidmet und dürfen nicht durch Vergnügungen entehrt werden.
Der bedeutendste Fasttag ist Tischa b' Aw, ein sehr trauriges Fest, das gleichzeitig an die Zerstörung des ersten und zweiten Tempels erinnert.
Die privaten Fasttage lassen sich zahlenmäßig nicht festlegen, da sie der Initiative des einzelnen entspringen und aus verschiedenen Anlässen begangen werden.

4.4.6 *Kleinere Feste*

4.4.6.1 *Der Holocaust-Gedenktag*

▶ „27. Nisan. Dieser Tag ist eine jüngere Hinzufügung zum jüdischen Kalender und befindet sich noch im Stadium der Entwicklung, was Riten, Liturgie und Gebräuche betrifft. Das Geschehen ist noch zu wirklichkeitsnah, um symbolisch zu sein." ◀

The Jewish Catalog, a.a.O. 148.

4.4.6.2 *Der israelische Unabhängigkeitstag*

Er wird in Israel und in der übrigen jüdischen Welt zur Erinnerung an die Unabhängigkeitserklärung des Staates Israel (14. Mai 1948) begangen. Am Vorabend findet in Jerusalem eine feierliche Zeremonie am Grabe des Zionisten Theodor Herzl statt. Der Parlamentssprecher entzündet dabei die erste von insgesamt zwölf Kerzen, welche die Stämme Israels symbolisieren. Am Feiertag selbst gibt der Staatspräsident einen Empfang für das diplomatische Corps. Ebenfalls wird der „Israel-Preis" an verdiente Bürger bzw. für außergewöhnliche Leistungen verliehen. Im Rundfunk wird der „Internationale Bibel-Wettbewerb der jüdischen Jugend" life übertragen. Außerdem findet ein hebräischer Liederwettbewerb statt. Die religiöse Bedeutung des Tages ist nicht zu übersehen: Festliche Mahlzeiten daheim, besondere Gebete in der Synagoge, Schofarblasen usw.

4.5 Essen und Trinken

▶ „In London haben sich engagierte jüdische Kreise etwas Neues ausgedacht: In Inseraten in der jüdischen Presse wurde bekanntgegeben, daß jemand, der irgendwelche Fragen auf religiösem Gebiete – also in Bezug auf Vorschriften, Traditionen oder Gebrauch – zu stellen hat, zu einer gewissen Zeit eine Sammelnummer anrufen kann, und zwei junge Rabbiner würden zwecks Beantwortung oder Beratung zur Verfügung stehen". Eine Frage z.B. lautete: „Braucht man zwei automatische Geschirrspülmaschinen, d.h. eine für milchig und eine andere für fleischig?" Antwort des Rabbiners: „Öffnen Sie den Apparat nach der Benutzung und schauen Sie hinein. Wenn – was zu vermuten ist – Speisereste darin verblieben sind, dann wissen Sie die Antwort selbst, dann müssen Sie zwei verschiedene für milchig und fleischig haben." ◀

Allgemeine jüdische Wochenzeitung vom 29. 8. 1975.

Dieser Text wirft ein Schlaglicht auf ein alltägliches jüdisches Problem, von dem der Christ schon hier und da gehört hat, dessen Kompliziertheit und unmittelbare Lebenswirklichkeit ihm aber wohl nur zum geringen Teil bewußt sind. Gewöhnlich reduzieren sich für uns Nicht-Juden die vielerlei Probleme um Essen und Trinken auf die Debatte um den Verzehr von Schweinefleisch. Dies ist aber nur ein Teilkomplex der Fragen und Probleme.

Grundsätzlich ist die jüdische Einstellung zum Essen und Trinken positiv. Das Genießen der Speisen (z.B. an Sabbath und Feiertagen) kann als religiöse Pflicht betrachtet werden. Das Judentum steht dem asketischen Fasten skeptisch gegenüber. Die Mehrheit der Juden in aller Welt, mit Ausnahme einiger assimilierter Kreise in Europa und Amerika, befolgt generell die Speisevorschriften. Lionel Blue spricht von der „Heiligkeit am Abwaschbecken“: „Dem Außenstehenden scheint die Aufmerksamkeit, die Juden auf das Essen verschwenden, übertrieben. Aber die Eingeweihten wissen, daß sie Reinheit bedeutet und das Überleben von Heiligkeit“.

Speisen müssen „koscher“ sein. Koscher bedeutet rein, tauglich, geeignet und bezeichnet die dem Juden erlaubten Nahrungsmittel. Die Speisegebote werden aus Pentateuch und Talmud abgeleitet. In Lev 11 findet sich eine längere Aufzählung aller eßbaren/nicht-eßbaren Tiere. Die verwirrend anmutenden Vorschriften lassen sich auf wenige Grundbestimmungen und Merkmale reduzieren, so daß der Jude stets in der Lage ist (vor allem bei noch nicht in der Schrift aufgeführten Tieren), selbst zu entscheiden, ob er gewisse Nahrungsmittel genießen darf oder nicht.

Grundsätzlich unterscheidet die Bibel zwischen *reinen* und *unreinen* Tieren. Ohne eine vollständige Liste erlaubter Tiere zusammenstellen zu wollen, genügt es, die folgenden Kriterien zu beachten: Von den Säugetieren gelten nur solche als rein/erlaubt, die 1. gespaltene Hufe haben und 2. zugleich Wiederkäuer sind. Das Schwein ist also unrein, und sein Fleisch darf nicht gegessen werden. Rein/unrein sind nicht im alltäglichen Sinne zu verstehen; es sind *kultische Begriffe*. Unreine Dinge enthalten negativ-numinose Macht und machen kultunfähig; sie trennen vom Bereich des Numinosen. Unrein sind z.B. Menstruation, Geburt, körperliche Ausflüsse. Unreinheit haftet in verstärktem Maße auch am Leichnam. Schließlich sind von dieser Tabuisierung bestimmte Tiere betroffen. Weshalb nun gerade dieses oder jenes Tier als unrein und dämonisch gilt, ist nicht mit letzter Bestimmtheit zu sagen. Die Vorschrift könnte ihren Ursprung darin haben, daß manche Tiere in der frühen Umwelt Israels positiv-kultische Bedeutung hatten und Israel sich davon abgrenzen wollte. Das berühmteste Beispiel ist das Schwein, das im übrigen religionsgeschichtlich sehr unterschiedlich beurteilt wird. Während einige indische Kasten dem Essen von Schweinefleisch magisch-schutzwirkende Funktion zuschreiben, gilt es dem Juden und Muslim als unrein.

Das Verbot, Schweinefleisch zu essen, mutet vielleicht wunderlich und übersteigert an; dennoch sollte man bedenken, daß hierzulande ähnliche Abwehrhaltungen und Vorurteile z.B. gegenüber Pferdefleisch bestehen. Rational einsichtig ist dies keineswegs. Psychologisch handelt es sich um eine Form des traditionellen „Speiseabscheus“. Wir sollten uns angewöhnen, fremde Sitten und Gebräuche als „normal“ zu betrachten. Was Essen und Trinken anbelangt, so werden Nahrungsmittel nämlich erst durch die jeweilige Gesellschaft als „Speisen" sanktioniert.

▸ „Nahrung ist jede eßbare Substanz, sofern sie dem Körper wirklich Nährstoffe zuführt, aber alles Eßbare muß von der Gesellschaft erst als Speise anerkannt werden, bevor es verzehrt wird. So bestimmt weitgehend die Kultur, in der wir leben, die Wahl der Speisen. Es besteht überhaupt kein Zweifel, daß Nahrungsmittel, die von Menschen einer fremden Kultur ständig als Speisen genossen werden, auch von uns – vorausgesetzt, unsere Gesellschaft würde sie akzeptieren – ohne Bedenken verzehrt werden könnten. Bevor wir solche Praktiken einfach mit dem Attribut ‚rückständig' abtun, sollten wir uns vielleicht fragen, wie unser Ernährungsverhalten wohl anderen Völkern erscheint. Der Gedanke an den Genuß von Schweinefleisch z.B. erfüllt jeden Moslem mit Abscheu, und jeder Hindu wird sich gegen den Verzehr von Rindfleisch empören, wie wir nur mit Widerwillen an das Verspeisen von Menschen denken. Für viele Menschen ist eine knusprig gebratene Heuschrecke viel schmackhafter als eine rohe Auster. Einige ostafrikanische Völker empfinden Eier als ekelerregend, und chinesischen Studenten soll bei einem Auslandsaufenthalt ganz einfach übel geworden sein, als sie Leute Milch trinken sahen." ◂

I.C. Brown, Verstehen fremder Kulturen. Ein Beitrag zur Völkerkunde, Frankfurt 1968, 30f. mit Auslassungen.

Einige Gründe für die Tabuisierung mancher Nahrungsmittel im Judentum lassen sich angeben:

- Religiös liegt die Assoziation von heilig und reiner Kost zugrunde.
- Hygienische und Gesundheitsgründe werden häufig genannt.
- Charaktertraining und Erziehung zur Willensstärke sind weitere Merkmale.
- Vor allem hört man das soziologische Argument, daß die Speisegebote die jahrhundertelang in der Diaspora zerstreuten Juden als Lebensgemeinschaft zusammenhielten. (Andere Juden hingegen meinen, die Speisegebote hätten die gesellschaftliche Absonderung und Sonderentwicklung gefördert.)

Verglichen mit dem Islam sind die Speisegebote im Judentum weitaus komplizierter. In der koscheren Küche ist der Genuß von Talg und einer bestimmten Hüftsehne verboten. Als Ursprungsmythos gilt eine Schriftstelle, nach der Jakob nachts von einem Engel überfallen wird, wobei die eben erwähnte Sehne verletzt wurde. Wichtigste Voraussetzung der koscheren Küche ist die vorschriftsmäßige Schlachtung der Tiere, die „Schächtung": die mit einem einzigen raschen Schnitt durch die Halsschlagader erfolgende Tötung. Nach der Schächtung und der unentbehrlichen Ausblutung des Tieres untersucht ein auf talmudischer Grundlage ausgebildeter Fachmann die Innereien des Tieres auf Krankheiten. Juden sind auf diese historisch weit zurückreichende Schlachtkontrolle sehr stolz. Besonders wichtig ist die Tatsache, daß das Blut (= numinoser „Sitz der Seele") aus dem Tier völlig ausgelaufen sein muß, da das Trinken oder anderweitiges Genießen von Blut verboten ist.

Eine zentrale Bestimmung ist die strikte Trennung von „Milchigem" und „Fleischigem". Diese Forderung stützt sich auf die in der Torah dreimal wiederkehrende (Ex 23,19; 4,26; Dtn 14,21) Bestimmung: „Du sollst das Böcklein nicht in der Milch seiner Mutter bereiten". Was immer der ursprüngliche Sinn dieser Forderung war (etwa die noch von jüdischen Medizinern heutzutage behauptete Unbekömmlichkeit embryonaler bzw. ganz junger Tiere; Tierschutz für die säugende Mutter usw.), so findet dieser Befehl in der koscheren Küche heute uneingeschränkte Anwendung. Die meisten israelischen Hotels und Restaurants führen koschere Küche unter Aufsicht der Rabbinate.

▸ „Verboten ist dem Juden, der nach dem Talmudgesetz lebt, nicht nur, Fleisch in Milch oder mit Milch zusammen zu bereiten – er darf auch keine Milch sofort nach einer Fleischmahlzeit zu sich nehmen, vielmehr muß er vorher eine Pause von vollen sechs Stunden einschalten. Dagegen ist es umgekehrt erlaubt, unmittelbar vor einem Fleischgericht eine milchhaltige Speise zu essen.
So kompliziert die Verordnung ist, so logisch ist sie doch: Fleisch wird weit langsamer verdaut als Milch. ... Damit sind die Komplikationen immer noch nicht erschöpft: Wenn man sogar davor zurückscheut, Milch- und Fleischspeisen im Magen miteinander in Berührung zu bringen, ist es klar, daß man sich erst recht hüten wird, sie in der Küche einander nahe zu bringen. Vorsichtshalber benützt man für ‚Milchiges' und ‚Fleischiges' nicht einmal dasselbe Geschirr und Besteck. Auch der ärmste fromme Jude besitzt daher sämtliche Küchengeräte, die je mit Speisen in unmittelbaren Kontakt kommen, doppelt." ◂

Salcia Landmann, Die koschere Küche, München 1976, 16 mit Auslassungen.

4.6 Stationen des Lebensweges

Im Leben eines Juden gibt es verschiedene Stadien, an deren Wendepunkten bestimmte Rituale begangen werden. Solche „Übergangsriten" kennzeichnen den Wechsel von einem ursprünglichen Zustand in einen qualitativ neuen. Sie stehen in enger Verbindung mit dem natürlichen Ablauf des menschlichen Lebens: von der Geburt bis zum Tode, vom Morgen bis zum Abend. Folgende Übergangsriten werden vom Juden begangen:

1. Beschneidung
2. Bar-Mizwa/Bat-Mizwa
3. Eheschließung
4. Tod und Beerdigung

4.6.1 Die Beschneidung

Die Beschneidung ist ein Ritus, der nicht allein auf das Judentum oder die Semiten beschränkt ist. Sie findet sich bei sehr vielen Völkern. Der Ursprung der Praxis ist unbekannt, und der Zeitpunkt, an dem die Handlung ausgeführt wird, variiert. Teilweise findet die Beschneidung unmittelbar nach der Geburt, oft auch während der Pubertät oder vor der Heirat statt. Religionsgeschichtlich interpretiert man die Beschneidung als „Ersatzopfer" (= pars pro toto). Seine ursprüngliche, magisch-fruchtbarkeitsfördernde Funktion diente der Sicherung der männlichen Zeu-

gungskraft und damit der Aufrechterhaltung der Lebensgemeinschaft. Auch im Islam wird die Beschneidung an Jungen und Mädchen praktiziert. Man übernahm sie von den vorislamischen Semiten.
Die Beschneidung wurde schon im ältesten Israel ausgeübt – und zwar nicht, wie später, sofort nach der Geburt, sondern während der Pubertät. Einander widersprechende Traditionen führen sie auf Mose oder Abraham zurück. Die ursprüngliche Bedeutung des Ritus wurde zunehmend vergeistigt. Fortan gilt sie als „Bundeszeichen" zwischen Gott und seinem auserwählten Volk sowie als sichtbares Zeichen der Zugehörigkeit des einzelnen zu ihm. Die physische Beschneidung (= Durchtrennen der Vorhaut) ist zwar unbedingt notwendig, doch wird sie nur als *Vorstufe* zur eigentlichen „Beschneidung des Herzens" betrachtet. Die äußere Beschneidung kann nämlich niemals die innere Bereitschaft zum Gehorsam gegenüber der Torah ersetzen.
Die Beschneidung verrät die religiöse Ungleichwertigkeit der Mädchen. Sie genießen kein der prächtigen Beschneidungsfeier vergleichbares Fest und erhalten nur ihren Namen. Der Rabbiner spricht ein kurzes Gebet bzw. Segensspruch. Auch die religiöse Erziehung der Mädchen ist weniger tiefgreifend als die der Jungen. Diese werden im Geist der Torah zu frommen und gelehrten Persönlichkeiten herangebildet, die sich aus Liebe und Ehrfurcht vor Gott um das Studium der Heiligen Schrift bemühen. Für die meisten Juden ist die Beschneidung ein zentrales, der christlichen Taufe vergleichbares familiäres Fest. Gefeiert wird es selbst noch von solchen Juden, die sonst keine Verbindung mehr mit der jüdischen Gemeinschaft haben. Bei der Beschneidung spricht der Vater die folgenden Worte:
„Gelobt seist du, Ewiger, unser Gott, König der Welt, der du uns geheiligt durch deine Gebote und uns befohlen, den Sohn in den Bund unseres Vaters Abraham aufzunehmen."

4.6.2 Bar-Mizwa / Bat-Mizwa

Die Vorstellung, daß ein 13 jähriger Junge religiös mündig wird, kennt das Judentum seit früher Zeit. In den Texten wird der 13jährige „Erwachsener" und „Sohn der Pflicht" (= strafmündig) genannt. Der Name Bar-Mizwa kommt erst gegen Ende des 13. Jh auf; die eigentlichen Festlichkeiten sind eine Schöpfung der deutschen Juden des 14. Jh, während die heute praktizierte Form gar erst ein Produkt des reformerischen 19. Jh ist. Sie wurde nachhaltig vom Vorbild der protestantischen „Konfirmation" beeinflußt. Mädchen werden gewöhnlich ein Jahr früher, also mit dem 12. Lebensjahr, religiös mündig. Sie heißen bat-mizwa (= Tochter der Pflicht).
▸ „Bekundet wird nun diese neue Stellung des Knaben als mündiges Glied der jüdischen Gemeinschaft öffentlich vor versammelter Gemeinde dadurch, daß er den Segensspruch über die geöffnete Torah ausspricht, und zwar an dem Sabbath, der seinem nach dem jüdischen Kalender errechneten 13. Geburtstage entspricht oder auf diesen folgt. Der Bar-Mizwa, der mit seinem hebräischen Namen aufgerufen wird, liest manchmal selber einen Torahabschnitt vor oder auch den ganzen Wochenabschnitt für den betreffenden Sabbath. Als besondere Leistung gilt es, wenn der Knabe überdies noch einen Sijum macht über einen Traktat des Talmuds (‚Zu

Ende Lernen' eines Traktats), im Anschluß daran eine talmudische Kontroverse bringt und beim Festmahl, das anläßlich des Ehrentages des Knaben von seinen Eltern veranstaltet wird, das Tischgebet auswendig spricht. Dem Tage der Bar-Mizwa geht stets ein besonderer Vorbereitungsunterricht in den meisten Gemeinden voraus, den der Rabbiner oder Lehrer gibt. Hier lernt der Knabe auch das Anlegen von Gebetsmantel und Gebetsriemen und das, was er über seine neuen Pflichten unbedingt wissen muß..." ◂

▸ „In neuester Zeit hat nun die Bar-Mizwa wiederum einen Gestaltwandel erfahren, ist ein Wallfahrtsfest geworden. Es handelt sich dabei um innere, vor allem aber auch um äußere Wallfahrten, das heißt aus dem Inland oder aus der Diaspora. Aus dem Inlande kommen Familien, um die Bar-Mizwa-Feier an der Westmauer in Jerusalem zu begehen. Wir sagen hier ausdrücklich nicht Klagemauer; denn bei diesem Anlaß wird naturgemäß mehr gejubelt als geklagt. Auch ganze Gruppen von Dreizehnjährigen werden zu solchen Bar-Mizwa-Feiern an die Westmauer geführt. Das ist wiederum etwas Neues, eine Reform orthodoxer Kreise. Durch diese Kollektiv-Bar-Mizwa wird die Feier der Konfirmation noch ähnlicher, wenn auch nicht in äußeren Formen." ◂

Schalom Ben-Chorin, in: Allgemeine jüdische Wochenzeitung vom 28. 2. 1975.

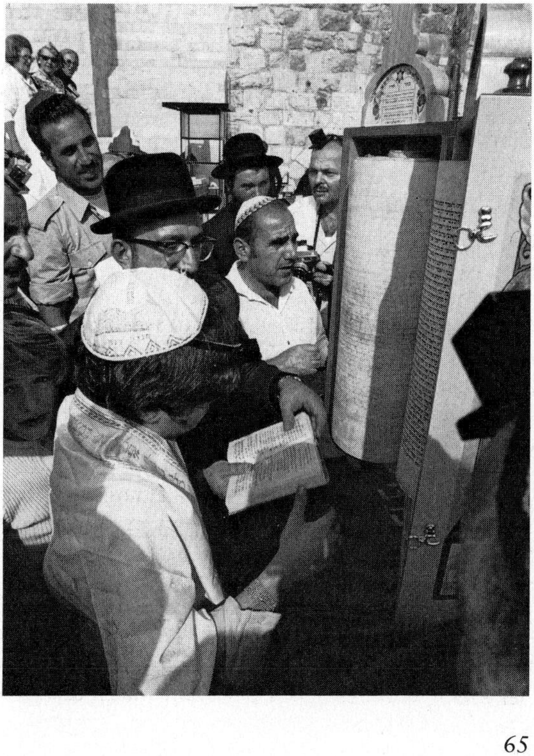

Während der „Bar Mizwa" Zeremonie wird die Torah verlesen. Der Junge im Vordergrund ist 13 Jahre alt geworden und nun ein vollwertiges Mitglied der Glaubensgemeinschaft. Am „Bar Mizwa"-Fest, einem großen Ereignis in seinem Leben, darf er erstmals die traditionelle Kleidung der gläubigen Juden tragen. Frauen dürfen an der Zeremonie nicht teilnehmen, sie schauen aus der Ferne zu.

4.6.3 *Ehe*

4.6.3.1 *Sexualität und Ehe*

Während in der christlichen Morallehre jahrhundertelang die Meinung vorherrschte, der Bereich des Sexuellen stelle eher ein notwendiges Übel aus Gründen der Fortpflanzung dar, als vielmehr eine Freude am Partner, nahmen die beiden anderen prophetischen Religionen: Judentum und Islam, von Anfang an eine uneingeschränkt positive Haltung zum Geschlechtlichen ein. Der Islam verachtet geradezu die Ehelosigkeit (Sure 24,32).
Bereits in der Bibel ist die Ehe der Garant für den Fortbestand der Familie. Sexualität, die allerdings stets von der Seite des Mannes aus begründet wird, wird nicht verurteilt, sondern als völlig normal empfunden, in ihrer Bedeutung und Notwendigkeit erkannt und gewürdigt.

▸ „Dionysischer Art ist das biblische Gebot: ‚Seid fruchtbar und mehret euch', anklingend an die den Naturreligionen eigene Vergottung des unermüdlich gebärenden Muttertums. Im Buch Henoch 10,17 freut sich der Apokalyptiker darauf, daß die Gerechten nach dem Gericht über die Gottlosen bis zu 1000 Kinder zeugen werden; man träumt davon, daß zur Zeit des Messias die Weiber täglich gebären. ... Der Same ist heilig (Esra 9,2). Kinderreichtum gilt als Segen, Unfruchtbarkeit als göttliche Strafe (IV Mak 18,9; Henoch 96,5). ... Die Vielweiberei ist gestattet (5. Mose 21, 15–17). Viele Kinder zu haben ist Pflicht, viele Frauen zu haben keine Schande. Salomo ergötzte sich an 700 Weibern und 300 Kebsen (1. Buch der Könige 11,3). Jungvermählte werden vom Heeresdienst befreit, um sich des Geschlechts zu erfreuen (5. Mose 20,7 und 24,5). ... Im ganzen läßt sich sagen, daß sich das vorchristliche Judentum einige Vorstellungen und Gepflogenheiten der Naturreligion bewahrt hat. Nur in der Gottesfrage gilt kraß und einseitig das männliche Prinzip." ◂

Walter Schubart, Religion und Eros. Hg. von Friedrich Seifert, München 1941, 34f.

▸ „Einer der bedeutendsten Unterschiede zwischen jüdischer und christlicher Ethik ist ihre Haltung zu Sexualität und Ehe. Für den Christen – hauptsächlich als Resultat Paulinischer Lehren – ist die Heirat im Grunde genommen eine Konzession an die ‚Bedürfnisse des Fleisches' sowie eine Notwendigkeit für das Überleben der Menschheit. Der sexuelle Akt dagegen wird gewöhnlich als etwas Schamloses betrachtet. Das Judentum teilt diese Auffassung nicht. Der Geschlechtstrieb ist ein Geschenk Gottes, genauso wie die übrigen physischen Bedürfnisse seinem Schöpferplan entstammen. Die Verantwortlichkeit des Menschen besteht darin, alle seine physischen und geistigen Kräfte zum Dienst Gottes und der Menschen einzusetzen. Dies gilt ebenso für die Sexualität. Schamgefühl hat dabei nichts zu suchen. Im Gegenteil, die Rabbinen hatten für dieses menschliche Verlangen Verständnis und lehrten, daß es die Pflicht des Gatten sei, die sexuellen Bedürfnisse seiner Frau zu befriedigen." ◂

Übersetzt aus: Rabbi David Goldstein, Jewish Ethics. Hg. vom Jewish Information Service, London o.J., 7f.

Es heißt: „Gäbe es kein Triebleben, dann würde der Mensch weder ein Haus bauen noch heiraten" (Bereschit Rabba 9). Oder noch deutlicher: „Je größer ein Mensch, desto größer ist auch seine Leidenschaft" (Sukka 52a). Die Rabbinen empfahlen ihren Schülern den täglichen Geschlechtsverkehr. Da Sexualität außerhalb der Ehe streng untersagt ist, wird die Ehe aus moralischen und theologischen Gründen als vornehme religiöse Pflicht betrachtet. Noch weiter als die Rabbinen gingen die Kabbalisten in ihrer Auffassung. Sie sahen im sexuellen Akt eine Art „mystischer Metaphysik" (Zwi Werblowsky).
Im zeitgenössischen Judentum gibt es analog der christlichen Moraldiskussion heftige Auseinandersetzungen um Emanzipation und Ehezweck. Konservative wie progressive Parteien begründen ihre jeweilige Position mit Bibel und Talmud. Während konservative Vertreter mehr die „Unterordnung der Frau unter dem Mann" lehren und die sexuelle Erfüllung der Frau nur während der fruchtbaren Tage gestatten, betont die andere Seite stärker die Unabhängigkeit des Geschlechtsverkehrs von der Fortpflanzung. Untreue, außereheliche Beziehungen, sexuelle Perversionen und Homosexualität lehnt das Judentum im allgemeinen streng ab.

▸ „Das traditionelle Judentum vertritt die Ansicht, daß künstliche Methoden der Empfängnisverhütung nicht angewandt werden dürfen, außer in den Fällen, wenn die Schwangerschaft oder Geburt das Leben der Mutter gefährden könnte. Auch wird immer das Leben der Mutter gerettet, wenn eine Wahl zwischen Mutter und Neugeborenem notwendig werden sollte. Abtreibung ist mit Ausnahme bestimmter Indikationen untersagt." ◂

Übersetzt aus: Rabbi David Goldstein, a.a.O. 8 f.

4.6.3.2 Trauung

▸ „Die Trauung geschieht im allgemeinen in der Synagoge und wird vom Rabbiner vorgenommen. Das Brautpaar tritt unter eine *Chuppa* (Brauthimmel), einen auf vier Stangen ruhenden Baldachin, und empfängt den Segen. Die Zeremonie schreibt eine Anzahl von Segenssprüchen und gemeinsames Trinken von Braut und Bräutigam aus demselben Becher Wein vor. Die Trauungsformel, die der Bräutigam in Gegenwart von zwei Zeugen spricht, lautet: ‚Siehe, du bist mir angeheiligt durch diesen Ring nach dem Gesetz Moses und aller Propheten.' Danach übergibt der Bräutigam der Braut den Ehering. Es folgt die Vorlesung des Ehevertrages, *Ketubba,* durch den Rabbiner. Der Text dieser Ketubba ist in aramäischer Sprache gefaßt und hat sich im Laufe der Jahrhunderte nicht verändert; erst in letzter Zeit hat man in amerikanischen liberalen Kreisen der Ketubba eine moderne Fassung gegeben. Von Bedeutung ist die altüberlieferte Formel: ‚Du sollst mein Weib sein, ich will dir dienen, dich ehren und versorgen nach der Weise jüdischer Männer, die ihren Frauen dienen, sie hochschätzen, ernähren und versorgen in Treue.'" ◂

Emanuel Schereschewski, a.a.O. 37.

Die Ehe ist zwar kein Sakrament, doch gilt sie dennoch als etwas Geheiligtes, worauf der hebräische Ausdruck kidduschin (wörtl. Heiligungen) hinweist. Bestimmte Voraussetzungen müssen für eine legitime Ehe erfüllt sein.

Jüdische Hochzeit, Deutschland, 1977

Lev 18,6–18 beschreibt detailliert das Verbot der Heirat mit nahen Blutsverwandten.
Von welch bedeutendem Einfluß das jüdische Ehegesetz auf den israelischen Alltag ist, zeigt der folgende Zeitungsartikel:

„Gehinderter Heiratswille. Kampf zweier Gerichte um eine geschiedene Israelin. Das Oberste Gericht in Israel erprobt die Durchsetzung der persönlichen Freiheit auf einem Gebiet, das ihm bisher untersagt ist. Die Richter versuchten erfolglos, einer geschiedenen Frau die Ehe mit dem Vater ihres kleinen Kindes zu ermöglichen. Denn nach dem rabbinischen Gesetz steht in der Scheidungsurkunde die Anmerkung, daß weder der geschiedene Ehemann noch der Kindesvater jemals eine Ehe mit ihr eingehen dürfen. Das Oberste Gericht forderte das Bezirksrabbinatsgericht in Beerscheba auf, diesen Passus zu streichen. Das gilt als unrechtmäßige Einmischung einer säkularen Instanz in die absolute Souveränität des Rabbinats. Dieses hat als Standesamt für Juden in Israel umfassendste Befugnisse. In einmaliger Einmütigkeit erklärten die sonst nicht miteinander kommunizierenden beiden Oberrabbiner Goren und Joseph ihre Empörung. Man befürchtet den Präzedenzfall, denn wenn dies durchkäme, könnten alle Geschiedenen, denen Ehebeschränkungen auferlegt wurden, diese streichen lassen. In der Tat würde dies zu dem Zustand führen, daß Juden in Israel die Freiheit der legalen Partnerwahl hätten, genau wie z.B. Juden in den USA. Darin sehen die orthodoxen Knesseth-Abgeordneten Dr. Ben-Meir und S. Hammer den Beginn der Trennung von Religion und Staat."

Allgemeine jüdische Wochenzeitung vom 11. 7. 1975.

4.6.3.3 *Scheidung*

Judentum wie Islam vertreten eine realitätsbetonte Einstellung zur Ehescheidung. Im Talmud, der einen Traktat mit dem Titel „Scheidebriefe" enthält, gilt sie als negativ, ja geradezu als Katastrophe: „Über einen, der seine erste Frau von sich scheidet, vergießt der Altar Tränen." Trotzdem ist eine Ehescheidung unter bestimmten Umständen möglich. Das Judentum erlaubt die Scheidung zugunsten des geschädigten oder schwächeren Partners.

▶ „Statt zwei Menschen, die nicht zueinander passen und sich nicht leiden mögen, fürs Leben aneinanderzuketten, sind in unserem Gesetz die Möglichkeiten verankert, solche Verbindungen aufzulösen. Der anerkannten Scheidungsgründe sind viele, und das Verfahren selbst ist einfach. Die Rabbiner sind strengstens verpflichtet, von der Scheidung abzuraten, sie zu verschieben und zu verhindern, so lange es nur möglich ist. Das Gesetz schreibt eine Prüfungszeit, eine Abkühlungsfrist vor, und es muß jede Möglichkeit zur Fortsetzung der Ehe genau geprüft werden. Erst wenn alle diese Mittel erschöpft sind, übergibt der Mann in Gegenwart des Rabbinatsgerichts seiner Frau ein altes gesetzliches Dokument, den Scheidungsbrief, und die Ehe ist gelöst. Die zivilgesetzliche Scheidung ist kein Ersatz für diese Zeremonie." ◀

Herman Wouk, Er ist mein Gott, Hamburg [2]1961, 204.

4.6.4 *Tod und Beerdigung*

Nach biblischer Anschauung bedeutet der Tod die Isolierung von Gott. Der Tote gilt als ein für immer von Gott Verlassener. Er wird „zu seinen Vätern versammelt" und zu Staub, hofft jedoch dereinst im Familiengrab mit seinen „Vätern" vereint zu werden. Die „Scheol" ist der Ort der Trennung vom Heiligen. Der Fromme kann seinen Gott dort nicht mehr preisen:

„Denn im Tode gedenkt man dein nicht!
In der Unterwelt, wer kann dich da preisen" (Ps 6,6).

Das Phänomen der Einsamkeit der Toten ist uns auch aus anderen Frühzeitreligionen (z.B. der ägyptischen und babylonischen) vertraut. Erst im nachexilischen Judentum dringen religionsgeschichtlich fremde (persische) Gedanken ein, die von einer *Totenauferstehung* sprechen. Die Anschauung des Judentums vom Tode wandelt sich nun gegenüber der Frühzeit in eine stärker hoffnungsvolle.

▶ „Der Korridor führt selbstverständlich zur Tür, die der Tod ist. Was jenseits davon ist, wird dogmatisch nicht beschrieben. Wie ein pharisäischer Meister sehr vernünftig sagte – es ist noch niemand von dort zurückgekommen. Aber am Eingang der jüdischen Friedhöfe steht in hebräischen Buchstaben ‚das Haus des Lebens' ... Aber es ist kein Paß nötig, um aus der menschlichen Welt in Gottes Bereich einzugehen. Die Ehrfurcht vor Gott ist groß bei den Juden, aber Furcht ist selten. Nur die Heiden, die Gottes Wesen nicht kennen, die niemals Seine Erlösung in ihrer Geschichte erfahren haben, fürchten sich vor ihren eigenen Dämonen. Das Zeichen der Gläubigen ist Vertrauen. Furcht vor Tod, Erbsünde und Hölle quälen den Juden nicht. Darum ist die christliche Botschaft, die Befreiung von diesen dreien bringt, für die jüdische Situation nicht so wichtig." ◀

Lionel Blue, Wie kommt ein Jude in den Himmel? München 1976, 114 f mit Auslassungen.

▶ „Man erwartet vom sterbenden Juden, mit dem Bekenntnis zur göttlichen Einheit auf den Lippen zu verscheiden: ‚Höre, o Israel, der Herr dein Gott, der Herr ist Einer.' Nach dem Tode übernimmt die ‚Beerdigungsbruderschaft' jeder Gemeinde die nötigen Vorkehrungen. Sie wäscht den Leichnam und kleidet ihn. Nach jüdischer Sitte wird der Tote so rechtzeitig wie möglich beerdigt, gewöhnlich am folgenden Tag nach dem Tod. Das orthodoxe Judentum erlaubt keine Kremation, da diese als despektierlich gegenüber dem Körper angesehen wird und zur körperlichen Auferstehung in Widerspruch steht. Im progressiven Judentum dagegen ist Verbrennung erlaubt... Es ist religiöse Pflicht (mizwa), den Toten auf seinem letzten Wege zu begleiten, und die Trauernden zu trösten. Der Beerdigungsgottesdienst beginnt in der Gebetshalle am Friedhof mit einer Reihe von Gebeten und Lesungen, die in den Worten gipfeln: ‚Der Herr hat es gegeben, der Herr hat es genommen, der Name des Herrn sei gepriesen.' Der Sarg wird in das Grab gelassen, danach bedecken ihn die Umstehenden mit Erde. Die Trauergemeinde kehrt dann zur Gebetshalle zurück und setzt den Gottesdienst fort.
Die ersten sieben Tage nach dem Begräbnis sind als Schiwa-Periode bekannt. Während dieser Zeit enthalten sich die unmittelbar Betroffenen (Ehegatte, Ehefrau, Kinder, Eltern, Brüder und Schwestern) von allen weltlichen Aktivitäten. Gewöhnlich werden daheim Gebete verrichtet, und die Trauernden sprechen das Kaddish-Gebet. Eine Gedenkkerze brennt während dieser Zeit.
Nach der Schiwa-Periode folgt ein zweites Trauerstadium, das den ersten Monat nach dem Tode umfaßt. Während dieser Zeit dürfen die Trauernden zwar wieder ihrer Arbeit nachgehen, doch müssen sie bestimmte religionsgesetzliche Vorschriften beachten. Das dritte Stadium umfaßt das gesamte erste Jahr. Während dieser Zeit normalisiert sich das Leben weithin. Vor dem Ende dieser Periode ist es üblich, in einem einfachen Gottesdienst den Grabstein einzusegnen." ◀

Übersetzt aus: Rabbi Dow Marmur, Stages in the Life of a Jew. Hg. vom Jewish Information Service London, o.J. 7 f mit Auslassungen.

4.7 Ergänzendes Quellenmaterial

Das Sch'ma Israel

Höre, Israel,
der Ewige, unser Gott, der Ewige ist einzig!
Gelobt sei der Name der Herrlichkeit seines Reiches immer und ewig.
Du sollst den Ewigen, deinen Gott, lieben mit deinem ganzen Herzen und deiner ganzen Seele und deinem ganzen Vermögen.

Es seien diese Worte, die ich dir heute befehle in deinem Herzen.
Schärfe sie deinen Kindern ein und sprich von ihnen, wenn du in deinem Hause sitzest und wenn du auf dem Wege gehst, wenn du dich niederlegst und wenn du aufstehst.
Binde sie zum Zeichen auf deinen Arm, und sie seien zum Denkband auf deinem Haupte.
Schreibe sie auf die Pfosten deines Hauses und deiner Tore!
Und es sei, wenn ihr auf meine Gebote hört, die ich euch gebiete, den ewigen, euren Gott, zu lieben und ihm zu dienen mit eurem ganzen Herzen und eurer ganzen Seele. So werde ich den Regen eures Landes zu seiner Zeit geben, Frühregen und Spätregen, du wirst dein Getreide einsammeln und deinen Most und dein Öl. Ich werde Gras deinem Felde geben für dein Vieh, du wirst essen und satt werden. Hütet euch, daß euer Herz nicht verführt werde und ihr abweichet und fremden Göttern dient und euch vor ihnen bückt. Da würde der Zorn des Ewigen wider euch entbrennen, er würde den Himmel verschließen, daß kein Regen fällt und die Erde ihren Ertrag nicht gibt, und ihr würdet bald zugrunde gehen aus dem guten Lande, das der Ewige euch gibt.
Legt diese meine Worte in euer Herz und in eure Seele, bindet sie zum Zeichen auf euren Arm, und sie seien zum Denkband auf eurem Haupte.
Lehret sie eure Kinder, davon zu sprechen, wenn du in deinem Hause sitzest und wenn du auf dem Wege gehst, wenn du dich niederlegst und wenn du aufstehst.
Schreibe sie auf die Pfosten deines Hauses und deiner Tore.
Auf daß sich eure Tage vermehren und die Tage eurer Kinder auf dem Erdboden, den der Ewige euren Vätern zugeschworen, ihnen zu geben, wie die Tage des Himmels über der Erde.
Und der Ewige sprach zu Mosche also:
Sprich zu den Kindern Israel und sage ihnen, sie sollen sich Schaufäden machen an die Ecken ihrer Kleider für ihre Geschlechter und sollen an den Schaufäden der Ecke einen Faden von himmelblauer Wolle anbringen. Sie seien euch zu Schaufäden, ihr sollt sie sehen und aller Gebote des Ewigen gedenken und sie erfüllen, auf daß ihr nicht eurem Herzen und euren Augen nachspähet, denen ihr nachbuhlet.
Auf daß ihr gedenket und alle meine Gebote erfüllet und heilig seiet eurem Gotte.
Ich bin der Ewige, euer Gott, der ich euch aus dem Lande Mizraim (Ägypten) geführt, euch zum Gotte zu sein, ich bin der Ewige, euer Gott.

Sidur Sefat Emet, mit deutscher Übersetzung von S. Bamberger, Basel 1956–1964, 36–38.

Schemone Esre

I. Gelobt seist du, Ewiger, unser Gott und Gott unserer Väter, Gott Abrahams, Gott Isaaks und Gott Jakobs, großer starker und furchtbarer Gott, höchster Gott, der du beglückende Wohltaten erweisest und Eigner des Alls bist, der du der Frömmigkeit der Väter gedenkst und einen Erlöser bringst ihren Kindeskindern um deines Namens willen in Liebe. König, Helfer, Retter und Schild! Gelobt seist du, Ewiger, Schild Abrahams!

II. Du bist mächtig in Ewigkeit, Herr, belebst die Toten, du bist stark zum Helfen. Du ernährst die Lebenden mit Gnade, belebst die Toten in großem

Erbarmen, stützest die Fallenden, heilst die Kranken, befreist die Gefesselten und hältst die Treue denen, die im Staube schlafen. Wer ist wie du, Herr der Allmacht, und wer gleichet dir, König, der du tötest und belebst und Heil aufsprießen läßt. Und treu bist du, die Toten wieder zu beleben. Gelobt seist du, Ewiger, der du die Toten wieder belebst!

III. Du bist heilig, und dein Name ist heilig, und Heilige preisen dich jeden Tag. Selah! Gelobt seist du, Ewiger, heiliger Gott!

IV. Du begnadest den Menschen mit Erkenntnis und lehrst den Menschen Einsicht, begnade uns von dir mit Erkenntnis, Einsicht und Verstand. Gelobt seist du, Ewiger, der du mit Erkenntnis begnadest!

V. Führe uns zurück, unser Vater, zu deiner Lehre, und bringe uns, unser König, deinem Dienst nahe und laß uns in vollkommener Rückkehr zu dir zurückkehren. Gelobt seist du, Ewiger, der du an der Rückkehr Wohlgefallen hast!

VI. Verzeihe uns, unser Vater, denn wir haben gesündigt, vergib uns, unser König, denn wir haben gefrevelt, denn du vergibst und verzeihst. Gelobt seist du, Ewiger, der du gnädig immer wieder verzeihst!

VII. Schaue auf unser Elend, führe unseren Streit und erlöse uns rasch um deines Namens willen, denn du bist ein starker Erlöser. Gelobt seist du, Ewiger, der du Israel erlösest!

VIII. Heile uns, Ewiger, dann sind wir geheilt, hilf uns, dann ist uns geholfen, denn du bist unser Ruhm, und bringe vollkommene Heilung allen unseren Wunden, denn Gott, König, ein bewährter und barmherziger Arzt bist du. Gelobt seist du, Ewiger, der du die Kranken deines Volkes Israel heilst!

IX. Segne uns, Ewiger, unser Gott, dieses Jahr und alle Arten seines Ertrages zum Guten, gib Segen der Oberfläche der Erde, sättige uns mit deinem Gute und segne unser Jahr wie die guten Jahre. Gelobt seist du, Ewiger, der du die Jahre segnest!

X. Stoße in das große Schofar zu unserer Befreiung, erhebe das Panier, unsere Verbannten zu sammeln, und sammle uns insgesamt von den vier Enden der Erde. Gelobt seist du, Ewiger, der du die Verstoßenen deines Volkes Israel sammelst!

XI. Bringe unsere Richter wieder wie früher und unsere Ratgeber wie ehedem, entferne von uns Seufzen und Klage, regiere über uns, Ewiger, allein in Gnade und Erbarmen und rechtfertige uns im Gericht. Gelobt seist du, Ewiger, König, der du Gerechtigkeit und Recht liebst!

XII. Den Verleumdern sei keine Hoffnung, und alle Ruchlosen mögen im Augenblick untergehen, alle mögen sie rasch ausgerottet werden, und die Trotzigen schnell entwurzle, zerschmettre, wirf nieder und demütige sie schnell in unseren Tagen. Gelobt seist du, Ewiger, der du die Feinde zerbrichst und die Trotzigen demütigst!

XIII. Über die Gerechten, über die Frommen, über die Ältesten deines Volkes, des Hauses Israel, über den Überrest ihrer Gelehrten, über die frommen Proselyten und über uns sei dein Erbarmen rege, Ewiger, unser Gott, gib guten Lohn allen, die auf deinen Namen in Wahrheit vertrauen, und gib unseren Anteil mit dem ihrigen zusammen in Ewigkeit, daß wir nicht zuschanden werden, denn auf dich vertrauen wir. Gelobt seist du, Ewiger, Stütze und Zuversicht der Frommen!

XIV. Nach deiner Stadt Jeruschalaim kehre in Erbarmen zurück, wohne in ihr, wie du gesprochen, erbaue sie bald in unseren Tagen als ewigen Bau, und Davids Thron gründe schnell in ihr. Gelobt seist du, Ewiger, der du Jeruschalaim erbaust!

XV. Den Sprößling deines Knechtes David laß rasch emporsprießen, sein Horn erhöhe durch deine Hilfe, denn auf deine Hilfe hoffen wir den ganzen Tag. Gelobt seist du, Ewiger, der das Horn der Hilfe emporsprießen läßt!

XVI. Höre unsere Stimme, Ewiger, unser Gott, schone und erbarme dich über uns, nimm mit Erbarmen und Wohlgefallen unser Gebet an, denn Gott, der du Gebete und Flehen erhörst, bist du, weise uns, unser König, nicht leer von dir hinweg. Denn du erhörst das Gebet deines Volkes Israel in Erbarmen. Gelobt seist du, Ewiger, der du das Gebet erhörst!

XVII. Habe Wohlgefallen, Ewiger, unser Gott, an deinem Volke Israel und ihrem Gebete, und bringe den Dienst wieder in das Heiligtum deines Hauses, und die Feueropfer Israels und ihr Gebet nimm in Liebe auf mit Wohlgefallen, und zum Wohlgefallen sei beständig der Dienst deines Volkes Israel. Und unsere Augen mögen schauen, wenn du nach Zion zurückkehrst in Erbarmen. Gelobt seist du, Ewiger, der seine Majestät nach Zion zurückbringt.

XVIII. Wir danken dir, denn du bist der Ewige, unser Gott und der Gott unserer Väter, immer und ewig, der Fels unseres Lebens, der Schild unseres Heils bist du von Geschlecht zu Geschlecht. Wir wollen dir danken und deinen Ruhm erzählen für unser Leben, das in deine Hand gegeben, und unsere Seelen, die dir anvertraut, und deine Wunder, die uns täglich zuteil werden, und deine Wundertaten und Wohltaten zu jeder Zeit, abends, morgens und mittags. Allgütiger, dein Erbarmen ist nie zu Ende, Allbarmherziger, deine Gnade hört nie auf, von je hoffen wir auf dich. Für alles sei dein Name gepriesen und gerühmt, unser König, beständig und immer und ewig. Alle Lebenden danken dir, Selah, und rühmen deinen Namen in Wahrheit, Gott unserer Hilfe und unseres Beistandes, Selah! Gelobt seist du, Ewiger, Allgütiger ist dein Name, und dir ist schön zu danken.

XIX. Verleihe Frieden, Glück und Segen, Gunst und Gnade und Erbarmen uns und ganz Israel, deinem Volke, segne uns, unser Vater, uns alle vereint durch das Licht deines Angesichts, denn im Lichte deines Angesichtes gabst du uns, Ewiger, unser Gott, die Lehre des Lebens und die Liebe zum Guten, Heil und Segen, Barmherzigkeit, Leben und Frieden, und gut ist es in deinen Augen, dein Volk Israel zu jeder Zeit und jeder Stunde mit deinem Frieden zu segnen. Gelobt seist du, Ewiger, der du dein Volk Israel mit Frieden segnest.*

Ebd. 40–49.

* Im Laufe der Zeit wurde dem Gebet eine 19. Bitte hinzugefügt; der Name Achtzehnbittengebet blieb erhalten.

Alenu

An uns ist es, zu preisen den Herrn des Alls.
Huldigung darzubringen dem Schöpfer des Anbeginns,
daß er uns nicht erschaffen gleich den Völkern der Länder
und uns nicht gleichgemacht den Familien der Erde,
daß er nicht unseren Anteil gleichgemacht hat mit dem ihren und unser Los gleich dem all ihrer Menge...
Wir knien nieder, bücken uns und danken dem König aller Könige, dem Heiligen, gelobt sei er,
er wölbte den Himmel und gründete die Erde,
der Sitz seiner Ehre ist im Himmel oben
und die Stätte seiner Macht in den höchsten Höhen.
Er ist unser Gott, keiner sonst, in Wahrheit unser König,
keiner außer ihm, wie in seiner Lehre geschrieben:
Du wirst heute erkennen und deinem Herz klarmachen,
daß der Ewige Gott ist im Himmel oben
und auf der Erde unten, keiner sonst.
Darum hoffen wir auf dich, Ewiger, unser Gott,
bald die Herrlichkeit deiner Macht zu schauen,
daß die Greuel von der Erde schwinden und die Götzen vertilgt werden,
die Welt gegründet wird auf das Reich des Allmächtigen und alle Menschenkinder deinen Namen anrufen,
daß sich dir zuwenden alle Frevler der Erde,
erkennen und einsehen alle Bewohner der Welt,
daß sich vor dir jedes Knie beugen, jede Zunge schwören soll.
Vor dir, Ewiger, unser Gott, werden sie knien und sich niederwerfen und der Majestät deines Namens Ehre darbringen, alle nehmen sie die Anerkennung deines Reiches auf sich, und du regierst bald über sie immer und ewig, denn das Reich ist dein, und in allen Ewigkeiten regierst du mit Ehre.
Wie in deiner Lehre geschrieben: Der Ewige regiert immer und ewig!
Ferner heißt es: Und der Ewige wird zum König über die ganze Erde sein, an jenem Tage wird der Ewige einzig und sein Name einzig sein.

Ebd. 65.

5. GESCHICHTE DES JÜDISCHEN VOLKES

In der christlichen Bibelwissenschaft unterscheidet man zwischen einer Geschichte Israels und einer Geschichte des Judentums. Das christliche Interesse richtet sich überwiegend auf die Darstellung der Geschichte Israels, während das Judentum als „etwas wesenhaft Neues" bezeichnet und weitgehend aus der Betrachtung ausgeschlossen wird.
Die jüdische Auffassung betont dagegen die Kontinuität zwischen den Epochen und spricht in einer Gesamtschau von einer Geschichte des *jüdischen* Volkes, die ungefähr vier Jahrtausende umfaßt, mit den Patriarchen beginnt und bis in die Gegenwart andauert. Bezüglich der Legitimität dieser Auffassung sei hier vergleichsweise darauf hingewiesen, daß auch die Darstellung der deutschen Geschichte bekanntlich nicht erst bei dem Auftauchen des Begriffs „deutsch" im 9. Jh einsetzt.

5.1 Die Entwicklung zum staatlichen Leben

5.1.1 Die Anfänge: Das Zeitalter der Patriarchen

Das jüdische Volk stammt nach den Aussagen der Bibel von den Patriarchen Abraham, Isaak und Jakob ab. Lange war man in der christlichen Bibelwissenschaft der Überzeugung, daß die Patriarchen oder Erzväter keine geschichtlichen Persönlichkeiten gewesen seien. Heute ist man jedoch geneigt, in ihnen geschichtliche Einzelpersonen zu sehen, die zu jenen Clans gehörten, welche in den ersten Jahrhunderten des 2. Jahrtausend vChr nach Palästina einwanderten. Die Patriarchen waren also Anführer von halbnomadischen Clans, die nach den biblischen Berichten aus Mesopotamien kamen und aramäischer Herkunft waren. Darauf verweisen nicht nur ihre Namen, sondern auch das uralte kultische Bekenntnis in Dtn 26,5: „Ein umherirrender Aramäer war mein Vater..". Überdies führt der Vergleich der biblischen Berichte mit den archäologischen und literarischen Dokumenten des Alten Orients zu der berechtigten Annahme, daß den Erzählungen der Bibel uralte und glaubwürdige Überlieferungen über Herkunft, Wanderungen und Brauchtum der Vorfahren der Hebräer zugrunde liegen.

5.1.2 Die Hebräer und der Exodus aus Ägypten

Die Bibel leitet das Wort „Hebräer" von Eber, einem der Stammväter, ab (vgl. Gen 11, 14–17.26; 14,13). Hierbei handelt es sich um eine volkstümliche Erklärung. Denn es dürfte als sicher gelten, daß die Hebräer zu jener großen Gruppe gehörten, die in Texten aus Mesopotamien Chabiru und in ägyptischen Quellen Apiru genannt werden. Es handelt sich bei diesen um eine Klasse von Menschen ohne Bürgerrecht, die teils als Halbnomaden, teils als Söldner, Arbeiter oder Sklaven ihr

Dasein fristeten. In Ägypten wurden solche Apiru als Arbeiter zu verschiedenen königlichen Bauvorhaben herangezogen. Auf diesem Hintergrund gewinnt auch die Geschichte von Joseph an Glaubwürdigkeit, zumal die Erzählung viele Einzelzüge ägyptischer Färbung enthält.
Bei Ausbleiben der winterlichen Regenfälle kam es in Palästina zu Hungersnöten, die die hebräischen Halbnomaden des öfteren zwangen, im fruchtbaren Niltal Zuflucht zu suchen (vgl. Gen 12,10 ff; 26,1 ff; 42,1 ff; 43,1 ff; 46,1 ff). Es ist auch durchaus glaubwürdig, daß die Hebräer bei einem längeren Aufenthalt in Ägypten dort zu Frondiensten beim Bau der Städte Pithom und Ramses gezwungen wurden (Ex 1,11). Zwar haben einige Gelehrte die Geschichtlichkeit des ägyptischen Aufenthaltes der israelitischen Vorfahren bestritten, aber die meisten haben sich durch die bemerkenswerte Tatsache überzeugen lassen, daß viele Namen von Personen der nachfolgenden Zeit ägyptischen Ursprungs sind, z.B. Mose, Hophni, Pinechas, Merari u. a. m.
Über den Exodus oder Auszug aus Ägypten gibt es keine außerbiblischen Zeugnisse. Für seine Geschichtlichkeit spricht jedoch, daß er von Anfang an im Mittelpunkt des Glaubensbekenntnisses Israels stand (vgl. Ex 15,1–18; Dtn 6,20–25; 26,5–10; Jos 24,2–13). Für alle Zukunft gedachte Israel des Exodus als des grundlegenden Ereignisses, durch das es zu einem Volk wurde. Als Zeitpunkt des Exodus nimmt man heute allgemein das 13. Jh vChr an.

5.1.3 Die Religionsstiftung Moses

Die geschichtliche Bedeutung von Person und Werk Moses ist in der Bibelwissenschaft umstritten. Einige deutsche Gelehrte haben Mose eine ziemlich unbedeutende Rolle zugewiesen und den Exodus und die Sinaiereignisse als Vorgänge dargestellt, die verschiedenen Gruppen zu verschiedenen Zeiten widerfahren seien. Dagegen vertreten andere Gelehrte überzeugend die Ansicht, daß die Sinaiüberlieferung ebenso alt ist wie die Exodustradition, mit dieser immer verbunden und Mose die hervorragende Gestalt in diesen Geschehnissen war. Mose erscheint demnach als eine in Umrissen faßbare historische Gestalt, als Führer des Volkes beim Exodus und in der Wüste und als Stifter der israelitischen Religion. Beim Bundesschluß am Sinai trat er als Mittler zwischen Gott und Israel (zum Namen siehe Gen 32) auf, indem er dem Volke den Willen Jahwes (wörtlich: „Ich bin der ich bin“) kundtat (vgl. Dekalog in Ex 20 und Dtn 5) und es auf ihn verpflichtete (vgl. Ex 24,1–15). Weiter wird man sagen können, daß Mose auch die Grundlagen zu den großen Institutionen Israels gelegt hat, zu Priestertum und Bundeslade sowie zum Stämmebund.

5.1.4 Landnahme und Richterzeit

Die Eroberung des Landes Kanaan im 13. Jh vChr durch die israelitischen Stämme muß im Zusammenhang mit der sogenannten aramäischen Völkerwelle gesehen werden. Nicht nur die Israeliten drangen in dieses fruchtbare Land ein, sondern auch die Moabiter, Ammoniter, Edomiter, Aramäer und Midianiter erschienen in den angrenzenden Gebieten. Überdies drangen vom Mittelmeer her seit etwa

1200 v Chr die „Seevölker" („Philister") in die Küstenebenen ein; Kanaanäer und Neuankömmlinge traten dann als Phönizier in die Geschichte ein.
Die Landnahme vollzog sich stufenweise und erstreckte sich über einen längeren Zeitraum. Sie begann zunächst friedlich mit der Besiedelung von Gebirgsgegenden. Erst in einem späteren Stadium waren die israelitischen Stämme in der Lage, die zwischen ihren Stammesgebieten liegenden kanaanäischen Ebenen zu erobern. Es stellt eine außerordentliche Kraftleistung des kleinen israelitischen Volkes dar, daß es sich im Kampf mit den Kanaanäern und den anderen Völkern im Besitz des Landes zu behaupten vermochte. Ein festgefügtes Staatsgebilde gab es noch nicht. Gewählte Oberhäupter, „Richter", sorgten für einen lockeren Zusammenhalt des Stämmebundes. Da sie nur eine begrenzte Gewalt innehatten, war diese Einrichtung auf die Dauer nicht wirksam genug.

5.2 Die israelitische Königszeit

Während die oben genannten aramäischen Völker nach ihrer Landnahme bereits Staaten auf nationaler Grundlage gegründet hatten, entstand in Israel erst um 1010 vChr – angesichts der Bedrohung durch die Philister – eine vergleichbare Staatsgründung. Es war dies das auf nationaler Grundlage gebildete Heerkönigtum Sauls.
Unter Davids und Salomos Herrschaft kann man von einem Großreich Israel sprechen, das auch Gebiete des heutigen Jordanien und Syrien umfaßte. Nicht von ungefähr ist daher der spätere nationalpolitische Messiasgedanke mit dem Namen Davids verknüpft.
Aber bereits nach Salomos Tod (926 vChr) zerfiel das Großreich in den Südstaat Juda und den Nordstaat Israel. Aus dem Königreich Israel wurde 200 Jahre später die Provinz Samaria, als es der assyrischen Reichsausdehnung zum Opfer fiel. Die Massendeportation der zehn israelitischen Nordstämme nach Mesopotamien und Medien wurde von Sargon II. befohlen (720 vChr).
Dem Südreich blieb nur noch eine kurze Zeitspanne, bis es von dem neuen babylonischen Reich erobert wurde. Als Nebukadnezar Jerusalem 587 vChr eroberte, wurde der salomonische Tempel zerstört und ein großer Teil der Bevölkerung ins Exil geführt (vgl. 2 Kön 25, 1ff).

5.3 Exil und nationaler Wiederaufbau

Das babylonische Exil des jüdischen Volkes hatte eine religiöse Erneuerung zur Konsequenz. An die Stelle des Opferdienstes im Tempel (z.B. Tieropfer) trat die Lesung und Auslegung der Torah. Als Ort der gottesdienstlichen Zusammenkünfte diente die Synagoge. Die Verbundenheit mit dem Lande Israel blieb jedoch ungebrochen (vgl. Ps 137).

Schon bald fand das Exil sein Ende. Denn das babylonische Großreich wurde vom persischen Großreich abgelöst, dessen Begründer Kyros den Juden durch ein Edikt 538 vChr die Rückkehr erlaubte (siehe Esr 1). Infolge der religiösen Toleranz des Kyros, der sich selbst zur Religion des Zarathustra bekannte, gelang es den Juden, in der Jerusalemer Region wieder ein Staatswesen aufzubauen sowie den Tempel neu zu errichten (um 516 vChr). Das Volk wurde gleichsam in einem neuen Bunde auf die Torah Moses verpflichtet (vgl. Neh 8–9). Diese Zeit der „Restauration" ist mit den Namen Nehemias und Esras verbunden.
Aber nicht alle Juden kehrten aus Babylonien zurück. In der Folgezeit entstand auch in Ägypten eine große jüdische Gemeinschaft. Die Volkszugehörigkeit mußte folglich anders definiert werden, und zwar im Sinne gemeinsamer Abstammung, Religion und Kultur. In diese Zeit fällt auch der Bruch mit den Samaritanern, jener jüdischen Restbevölkerung im ehemaligen Nordstaat Israel, die sich mit Umsiedlern aus dem assyrischen Reiche vermischt hatte.
Juda selbst bestand in den folgenden 300 Jahren, bis zur Errichtung des hasmonäischen Königtums, als Theokratie, d.h. als eine vom Gottesgesetz regierte Provinz mit einem zivilen Oberhaupt in der Person des vom persischen König ernannten Gouverneurs und einem religiösen Oberhaupt in der Person des Hohenpriesters aus der Linie des Zadok.

5.4 Hellenistische Unterdrückung und hasmonäischer Nationalstaat

Infolge der Eroberung des persischen Reiches durch Alexander den Großen geriet auch Judäa von 332–323 vChr unter griechische Herrschaft, die von den hellenistischen Diadochenreichen abgelöst wurde. Auf die milde Herrschaft der ägyptischen Ptolemäer folgte ab 198 vChr die Oberherrschaft der religiös intoleranten syrischen Seleukiden. Schon bald verbot Antiochus IV. Epiphanes (175–164 vChr) die Erfüllung jüdischer Religionsgesetze, z.B. die Sabbathbeobachtung und Beschneidung der jüdischen Knaben. Ähnlich zwang er die jüdische Bevölkerung zu heidnischen Riten und verbotener Nahrung, z.B. zum Essen von Schweinefleisch. Der Tempel wurde entweiht und nach dem olympischen Zeus benannt (167 vChr).
Eine breite Aufstandsbewegung erhob sich gegen die bedrohliche Politik des Antiochus. Ihre Führung übernahmen die Hasmonäer, ein priesterliches Geschlecht aus Modi'in. Judas, auch „Makkabäus" genannt, konnte 164 vChr Jerusalem befreien. Der Tempel wurde gereinigt und neu konsekriert (vgl. Chanukka). Die Seleukiden erkannten 142 vChr die Unabhängigkeit Judäas an, das hinfort von den hasmonäischen Königen regiert wurde. Doch die Unabhängigkeit des hasmonäischen Nationalstaates sollte nicht lange währen, eine neue Macht drängte in den Nahen Osten: Rom.

5.5 Die römische Herrschaft in Judäa

Der Bürgerkrieg zwischen den hasmonäischen Rivalen Aristobul II. und Hyrkan II. gab dem in Syrien weilenden Konsul Pompeius den willkommenen Anlaß, sich in die inneren jüdischen Angelegenheiten einzumischen. Er eroberte Jerusalem und ließ den Tempelberg stürmen (63 vChr). Die nationale Souveränität wurde den Juden genommen, Hyrkan amtierte nur noch als Hoherpriester und Ethnarch (Volksoberhaupt).

Herodes, der Sohn des Idumäers Antipater, erlangte jedoch später von Rom wieder den Titel eines Königs. Während seiner Regierungszeit (37–4 vChr) konnte er aufgrund seiner Stellung als „Freund und Verbündeter des römischen Volkes" das Herrschaftsgebiet von Judäa auf angrenzende Gebiete ausdehnen. Als Herodes der Große ist er in die Geschichte eingegangen. Die Liebe und Zuneigung seiner Untertanen vermochte er nicht zu gewinnen, auch nicht durch den überaus prächtigen und in der damaligen Welt bewunderten Tempelneubau.

Nach seinem Tode wurde sein Reich unter seinen Söhnen aufgeteilt. Judäa wurde wieder Ethnarchie, bis es 6 nChr schließlich einem römischen Statthalter unterstellt wurde. Lediglich von 41–44 waren die jüdischen Lande noch einmal vereinigt unter Agrippa I., einem persönlichen Freund des römischen Kaisers Claudius. Als der Prokurator Gessius im Jahre 66 den heiligen Tempelschatz beschlagnahmte, griff das Volk unter der Führung des Zeloten Eleasar ben Chananja zu den Waffen. Es entbrannte ein siebenjähriger Krieg, in dem Rom schließlich aufgrund seiner Überlegenheit an Menschen und Kriegsmaterial siegte. Im Jahre 70 fiel Jerusalem unter dem Ansturm des Titus – der herodianische Tempel ging in Flammen auf – und 73 der letzte Stützpunkt der Zeloten, die Bergfestung Masada am Toten Meer. Judäa wurde nun kaiserliche Provinz.

Die Römer stimmten jedoch der Errichtung eines neuen Sanhedrin (Gerichtshof) in Jawne zu. Dieser Sanhedrin entwickelte sich in der Folgezeit zur Geburtsstätte eines neuen Judentums. Bald kam es jedoch zu einem erneuten zelotischen Aufstand.

Dieser neuerliche Aufstand brach im Jahre 132 aus. Die militärische und politische Führung hatte der Fürst Simeon ben Kossiba inne, während Rabbi Akiwa den Vorsitz im Sanhedrin ausübte. Es war Rabbi Akiwa, der für Simeon die messianische Würdebezeichnung „Bar Kochba", „Sternensohn" (vgl. Num 24,17) vorgeschlagen hatte. Er starb 135 den Märtyrertod.

In demselben Jahr wurde der Aufstand niedergeschlagen und die Überlebenden aus Jerusalem und Umgebung vertrieben. Judäa wurde in „Syria Palaestina" umbenannt, um alle Erinnerung an jüdische Nationalstaatlichkeit zu tilgen. Dennoch blieb den Zeloten trotz aller Niederlagen ein geschichtlicher Erfolg nicht versagt. Dieser besteht darin, daß das jüdische Volk sich aus der Schicksalsgemeinschaft der antiken Völker herauslöste und sich auf seine eigenen religiösen und geistigen Traditionen konzentrierte. Auf diese Weise war es möglich, daß die Juden den Untergang der antiken Welt überlebten und ihre nationale Eigenart wahrten.

Ein neuer Sanhedrin wurde in der galiläischen Stadt Uscha errichtet. Sein Vorsitzender, der Patriarch, übte die Funktionen eines nationalen Oberhauptes aller Juden aus. Dazu zählten auch die unter parthischer Herrschaft in Babylonien lebenden Juden. Auch besserte sich in der Folgezeit das jüdisch-römische Verhältnis zunehmend. Im 3. Jh wurde der Patriarch rechtlich als Oberhaupt und Sprecher des jüdischen Volkes von Rom anerkannt.

5.6 Christentum und Judentum in der griechisch-römischen Welt

Das gute Einvernehmen zwischen römischem Staat und jüdischem Volk fand nach der Einführung des Christentums als Staatsreligion (391) sein Ende. Mit Theodosius II. (408–450) setzte eine den Juden feindliche Gesetzgebung ein. 438 wurden sie zu Staatsfeinden erklärt und aus allen öffentlichen Ämtern ausgeschlossen. Den Juden wurde der Volkscharakter abgesprochen. Das Judentum wurde zu einer Sekte herabgewürdigt. Folglich wurde auch das Patriarchat abgeschafft (425).

Auch die byzantinische Herrschaft, unter die Palästina nach der Reichsteilung von 395 geriet, brachte keine Änderung der Lage. Kaiser Justinian (527–565) schloß die Juden sogar aus dem bürgerlichen Leben aus und förderte die christliche Besiedlung Palästinas.

Als 614 die Perser, die seit 603 einen erbitterten Angriffskrieg gegen das römische Reich führten, in das Heilige Land einfielen, schlugen sich die von Kirche und Reich entrechteten Juden auf die Seite der Perser. Als diese sich 627 zurückziehen mußten, waren die Juden dem Haß der Christen ausgesetzt. Erst die arabische Eroberung nach 634 brachte der jüdischen Bevölkerung eine Erleichterung.

5.7 Die Juden in der islamischen Welt

5.7.1 Die Abbasiden- und Fatimiden-Herrschaft in Palästina

Die von der christlichen Herrschaft zutiefst enttäuschten Juden begrüßten die arabische Eroberung Palästinas. Denn die Araber lehnten, im Gegensatz zu den Christen, die Zwangsbekehrung von Juden ab. Sie sahen die heiligen Schriften der Juden als göttliche Offenbarung an und forderten daher ihre Gläubigen auf, mit den Juden Verträge zu schließen und sie unter ihren Schutz zu stellen. Auf diese Zeit weitgehender religiöser Toleranz folgte die Herrschaft der Abbasiden-Dynastie (750–969), die eine zunehmend antijüdische Politik betrieb. Jerusalem und Palästina wurden zum „heiligen Gebiet" des Islam erklärt. Die Lage der Juden befand sich in einem Zustand fortschreitender Verschlechterung. Dies erklärt, warum sie die Eroberung des Landes durch die Dynastie der Fatimiden (969–1099) unterstützten. Die Fatimiden räumten den Juden dafür führende Stellungen in der zivilen und militärischen Verwaltung des Landes ein. Auch wurde die Stadt Haifa, wo sich der Sitz des Sanhedrin befand, an die Juden zurückgegeben.

5.7.2 Das goldene Zeitalter der Juden in Spanien

Zu einem Höhepunkt geistigen und religiösen Lebens gelangten die jüdischen Gemeinden auf der von den Muslimen eroberten iberischen Halbinsel. Die Zeit von etwa 900 bis zur Mitte des folgenden Jahrhunderts war das goldene Zeitalter der spanischen Juden. Wie ihre muslimischen Nachbarn förderten die prominenten und reichen jüdischen Führer Wissenschaft und Poesie. Zu jener Zeit begann die große humanistische Tradition der hebräischen Gelehrsamkeit. Es gab eine ununterbrochene Einwanderung von Gelehrten aus allen Teilen der Diaspora. Spanien erreichte eine Vorherrschaft in der jüdischen Welt der Wissenschaft, besonders im humanistischen Bereich, die es nicht so schnell aufgab. Auch in politischer und gesellschaftlicher Hinsicht befand sich das Leben auf seinem Höhepunkt. Denn jene Beschränkungen, die die muslimische Praxis in Hinblick auf die Juden seit dem 8. Jh vorschrieb, wurden nicht mit strengen Mitteln durchgesetzt.

5.7.3 Die Kreuzritter im Heiligen Land

Der Aufruf Papst Urbans II. zur Befreiung des Heiligen Landes führte im Jahre 1099 zu einer durch unbarmherzige Roheitsakte gekennzeichneten Eroberung Palästinas. Bei der Einnahme Jerusalems kam es zu einem blutigen Massaker, dem zwischen 20000 und 30000 Einwohner zum Opfer fielen. Schon damals erfuhren die Juden von christlicher Seite eine Sonderbehandlung: sie wurden in eine Synagoge getrieben, die man dann anzündete. Später wurden die Juden von den überlebenden Gefangenen abgesondert und als Sklaven nach Europa gebracht.
Die Gewaltherrschaft der Kreuzritter im Heiligen Land konnte nicht von langer Dauer sein, da sich kein Verhältnis zur einheimischen Bevölkerung entwickelte. Bereits 1187 eroberte der ägyptische Sultan Saladin Jerusalem und Teile des Landes zurück. Unverzüglich rief er in einer Proklamation alle Juden und Flüchtlinge der Kreuzzüge zur Rückkehr auf. Bald gab es wieder eine jüdische Gemeinde in Jerusalem. Aber in der Folgezeit wechselte die Stadt noch mehrmals den Besitzer. Als dann der Mamelucken-Sultan Al-Malik al-Ashraf 1291 den letzten Kreuzritterstützpunkt Akko eroberte, nahm der christliche Traum von der Eroberung des Heiligen Landes ein unrühmliches Ende.

5.7.4 Palästina unter der Herrschaft der Mamelucken und Osmanen

Die Herrschaft der Mamelucken in Palästina währte von 1291 bis 1516. Obwohl die Juden in dieser Zeit vergleichsweise sicher leben konnten, kam es dennoch zu einem Niedergang des jüdischen Lebens. Aber die Judenverfolgungen im christlichen Europa veranlaßten die Einwanderung von europäischen Juden, die wesentlich zur Erneuerung des Gemeindelebens beitrugen.
So führte z. B. Rabbi Istori Hafari 1306 eine Gruppe französischer Juden ins Land, die sich in Betschean niederließ. In der zweiten Hälfte des 14. Jh kamen viele Juden aus Deutschland, die bald die Mehrzahl in der Jerusalemer Gemeinde bildeten. Im 15. Jh erfolgte eine bedeutende Einwanderung aus Italien. Da der Papst 1428 den italienischen Städten, die den Seehandel mit Palästina betrieben, die Überführung von Juden in das Heilige Land verboten hatte, kamen die jüdischen Einwanderer mit türkischer Hilfe ins Land. Überhaupt entwickelte sich das Osmanische Reich nach der Eroberung des Balkans und der Einnahme Konstantinopels (1453) gegen Ende des 15. Jh zu einer bedeutenden jüdischen Zufluchtsstätte. Denn die grau-

samen Beschlüsse der Inquisition in Spanien und Portugal hatten Hunderttausende von Juden gezwungen, ihre iberische Heimat zu verlassen. Viele von ihnen zogen in die islamischen Länder Nordafrikas. Diejenigen, die dort keine Aufnahme fanden, zogen weiter, einige nach Italien, andere in die Türkei. Hier empfing sie der Sultan Bajesid II. (1447–1512) mit großem Wohlwollen. Sie erhielten freies Siedlungsrecht und durften entsprechend ihren Riten, Sitten und Bräuchen leben.
Nach der türkischen Eroberung Palästinas im Jahre 1517 erlebten die dortigen jüdischen Gemeinden einen neuen Aufschwung. Die obergaliläische Stadt Safed entfaltete im 16. Jh eine einzigartige wirtschaftliche und geistige Blüte. Sie wurde zu einem Zentrum kabbalistischer Studien, das zu Hunderten Studenten aus der Diaspora anzog. 1577 wurde hier die erste Buchdruckpresse aufgestellt. Hier in Safed lebte auch Rabbi Josef Karo (1488–1575), der Verfasser des „Schulchan Aruch" („gedeckter Tisch"). Die türkische Herrschaft in Palästina währte bis zum Jahre 1917.

5.8 Die Juden in der christlichen Welt

5.8.1 Die Juden im feudalistischen Europa

Der Zusammenbruch des römischen Reiches und die islamischen Eroberungen wiesen den Juden, die sowohl in der islamischen Welt als auch in der christlichen zuhause waren, die Rolle des internationalen Vermittlers und Händlers zu. Das trug zu einer Verbesserung ihrer Lage in den folgenden Jahrhunderten bei.
Zur Zeit der ottonischen Könige und Kaiser erlebten die deutschen Juden eine Zeit wirtschaftlicher und kultureller Blüte. In den großen Bischofsstädten im Rheingebiet, in Köln, Mainz, Worms und Speyer, entstanden bedeutende jüdische Gemeinden. Obwohl die Juden eine religiöse Sonderstellung mit eigenem Recht und Gesetz einnahmen und auch in gesonderten Vierteln lebten, gestaltete sich das Leben mit den christlichen Nachbarn denkbar harmonisch. Das zeigt sich auch darin, daß man sich bestimmten Lebensformen der christlichen Umwelt anpaßte. So wurde z.B. die Polygamie von Rabbi Gerschom ben Jehuda (960–1040), der mit Jehuda ben Meir die berühmte Mainzer Talmudschule begründete, verboten. Einen ähnlichen Aufschwung konnten auch die jüdischen Gemeinden in Frankreich und Italien – dieses diente als Brücke zwischen Ost und West – verzeichnen. Zu jener Zeit kam auch die Bezeichnung Aschkenasim für die deutschen und nordfranzösischen Juden auf. Als die westeuropäischen Juden später nach Osteuropa auswanderten, nahmen sie diese Herkunftsbezeichnung mit. Die Gruppe der Aschkenasim ist zahlenmäßig weitaus größer als die der Sephardim, d.h. der Nachkommen der gegen Ende des 15. Jh aus Spanien und Portugal vertriebenen Juden.

5.8.2 Der Ausbruch des Judenhasses

Der erste Kreuzzug 1096 gab das Signal zu abscheulichen Blutbädern unter den Juden, insbesondere unter denen des Rheinlandes (vgl. 6.2.2.2). Der zweite

Kreuzzug (1147) schloß bereits das nördliche Frankreich in das Massenmorden mit ein. Der dritte Kreuzzug führte zu dem in die Geschichte eingegangenen Massaker von York, das am Tag vor Palmsonntag 1190 stattfand. 1290 sollten die Juden vollständig aus England vertrieben werden. Die aufgestaute Unzufriedenheit der Bevölkerung infolge der wirtschaftlichen und sozialen Mißstände im feudalistischen Europa entluden sich in einem wilden Judenhaß, der in der Form der unsinnigen Ritualmordanklage immer wieder aufloderte.
Mit der Einführung der Inquisition als ständiger Einrichtung 1232 führte der Staat die gesetzliche Todesstrafe für Häresie ein. Juden und Christen durften jetzt nicht mehr zusammenleben; Ungläubige hatten sich außerdem durch die Kleidung kenntlich zu machen. Diese Entwicklung führte im 16. Jh zur Einrichtung des Ghettos, eines abgesonderten und oft auch verschließbaren Stadtteils nur für Juden.
Der Höhepunkt gesellschaftlicher Entrechtung folgte für die Juden aus dem Verfall der kaiserlichen Macht, die den Juden im 12. Jh als „Kammerknechte" einen gewissen Schutz verliehen hatte (vgl. 6.3).
Noch beschämender für die christliche Gesellschaft jener Zeit ist das Auftreten der „Judenschläger", die in den Jahren von 1336 bis 1338 im Elsaß und am Mittelrhein wüteten. Als die Pest zehn Jahre später, 1348/49, Europa heimsuchte, begann die umfassendste und blutigste Verfolgung der Juden im mittelalterlichen Deutschland (vgl. 6.2.2.2).
Aber nicht nur das deutsche Judentum am Rhein befand sich um diese Zeit im Niedergang, sondern auch das spanische infolge der Rückeroberung spanischen Bodens aus muslimischer Hand. Obwohl die Juderías, d.h. die Judenviertel und jüdischen Gemeinden, eine großzügige Autonomie besaßen, wurden sie seit 1391 von einer fanatischen Welle des Judenhasses überrollt. Viele Juden retteten ihr Leben durch die Annahme der Taufe. Oft stand auch die Androhung von Gewalt im Hintergrund. Andererseits wurden die neuen Christen wiederum verdächtigt, ihrer alten Religion in heimlicher Treue anzuhängen. Das religiöse Vorurteil nahm nunmehr Züge an, die man heute „rassistisch" nennen würde. Seit 1478 versuchte die Kirche mit der Inquisition gegen die getauften Juden, die boshaft „Marranos" („Schweine") genannt wurden, vorzugehen. Eine solche Maßnahme war jedoch zum Scheitern verurteilt, so daß man 1492 – nach der Eroberung Granadas, des letzten islamischen Stützpunktes – sämtliche Juden des Landes verwies. Bis 1496 konnten diese noch Aufnahme in Portugal finden. Danach mußten sie sich wieder zwischen Taufe und Exil entscheiden.
Im Italien des 15. und 16. Jh konnten die Juden mehr oder minder ruhig neben ihren christlichen Nachbarn leben, sieht man einmal von der Vertreibung der Juden aus dem Königreich Neapel 1541 ab. Die Renaissance hatte in den Stadtstaaten die Entstehung einer toleranten Haltung gegenüber den Juden, die selbst einen bedeutenden Beitrag zur italienischen Renaissance geleistet hatten, gefördert. Allerdings verlief jüdisches Leben seit dem 16. Jh nur noch in den Ghettos der Städte.
Die Reformation brachte für die Juden keine Besserung ihrer Lage. Besonders die Altersschriften Martin Luthers legen beredte Kunde für den tief verwurzelten Antijudaismus der Zeit ab. Sachsen und Brandenburg haben die Juden aus ihrem Bereich vertrieben, die skandinavischen Länder schlossen ihre Grenzen vor diesen.

Die Vertreibung der Juden aus Spanien

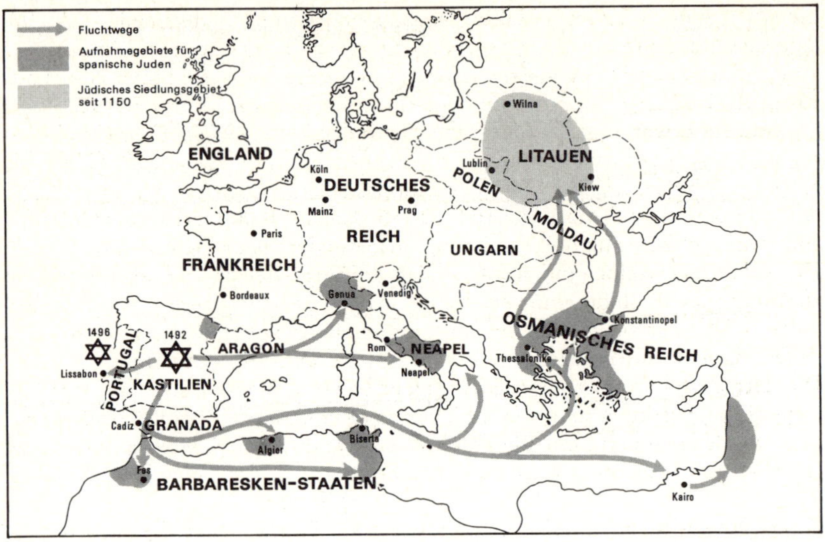

Die Vertreibung der Juden aus Mitteleuropa und die Ausbreitung der Pest

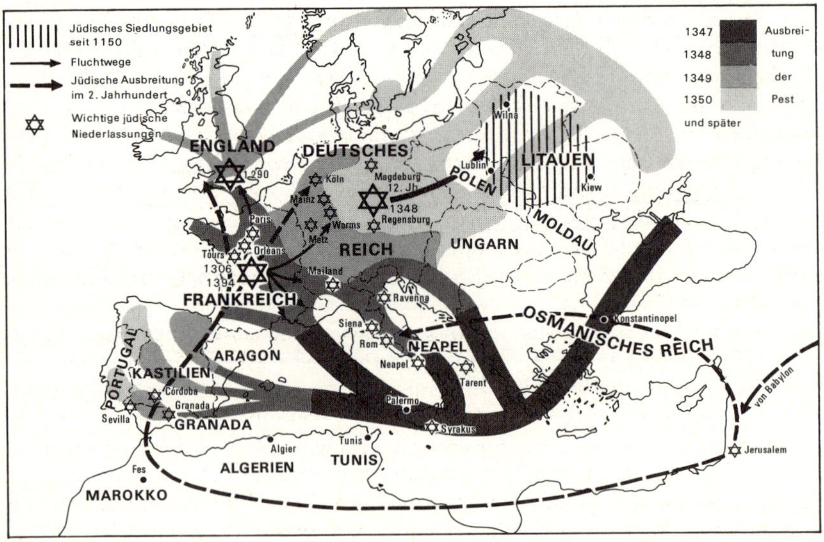

5.8.3 *Das Zeitalter der Aufklärung*

Eine Ausnahme christlicher Haltung gegenüber den Juden bildeten im 17. Jh Holland und Hamburg, die die Einwanderung von Juden gestatteten. Insbesondere Amsterdam war seit dem ausgehenden 16. Jh infolge des Aufkommens des Toleranzgedankens eine Zufluchtsstätte für Flüchtlinge aus ganz Europa. Auch Venedig verdient Erwähnung. Die hier lebenden Juden konnten sich, ohne Gefahr der Ausweisung, offen zu ihrem Judentum bekennen. Eine größere jüdische Gemeinde gab es in Böhmen. Die meisten Juden Europas lebten jedoch inzwischen in Polen. Aber die Chmielnizki-Massaker 1648–1656, denen 100.000 Juden zum Opfer fielen, zwangen diese zur Auswanderung, insbesondere nach Deutschland.
Hier gelang es einzelnen Juden aufgrund ihrer Fähigkeiten gegen Ende des 17. und zu Anfang des 18. Jh führende Positionen an den Fürstenhöfen zu erringen („Hofjuden"). Diese privilegierten Stellungen konnten jederzeit mit einem tiefen Sturz enden, da man Juden gegenüber keine Loyalität aufbringen mußte.
Die Herrschaft Oliver Cromwells in England bewirkte indessen eine Änderung der englischen Einstellung zu den Juden. Die von einer Endzeiterwartung erfaßten Puritaner luden den berühmten holländischen Mystiker Rabbi Manasse ben Israel (1604–1657) nach England ein. Seinem Einsatz ist es zu verdanken, daß die Juden wieder in einem gewissen Umfang einwandern durften.
Das bedeutendste innerjüdische Ereignis des 17. Jh war jedoch die messianische Bewegung des Sabbatai Zewi (1626–1676). Sein späterer Übertritt zum Islam führte zu einer Erschütterung und Spaltung der jüdischen Gemeinden in Europa.

5.8.4 *Die innerjüdische Aufklärung (Haskala)*

Im 18. Jh konnten sich in Europa, z.B. in Preußen, nur reiche Juden nach Erwerb eines Privilegs, das 12.000 Taler und mehr kostete, niederlassen. Nur solche Inhaber von Schutzbriefen durften heiraten und Kinder haben. Die deutschen Kleinstaaten schlossen sich dieser Praxis an. Die Juden blieben allenthalben Fremde. Der bejammernswerte Zustand der Juden wurde zu einem europäischen Problem und fand die Aufmerksamkeit von aufgeklärten Staatsmännern und Philanthropen. Soweit Deutschland betroffen war, wurde es in gewissem Maße offenkundig durch die bemerkenswerte Karriere von Moses Mendelssohn (1729–1786). Er überwand die Nachteile seiner Herkunft aus dem Ghetto und wurde einer der führenden deutschen Philosophen und Literaten. Mendelssohn diente seinem Freund Gotthold Ephraim Lessing (1729–1781) als Vorbild der zentralen Figur in seinem der religiösen Toleranz dienenden Schauspiel „Nathan der Weise" (1779).
Das persönliche Vorbild Mendelssohns, dessen Humanität und Bürgersinn das christliche Zerrbild des Juden widerlegte, verhalf der Haskala, der innerjüdischen Aufklärung, zum Durchbruch. Wie seine aufgeklärten christlichen Zeitgenossen sprach er von einer natürlichen Religion der Vernunft und stellte das sittliche Handeln, das den Juden mehr Bürgerrechte bringen sollte, in den Vordergrund. Die Emanzipation der Juden ließ jedoch auf sich warten. Wohl brachte das Toleranzedikt des österreichischen Kaisers Joseph II. (1741–1790) vorübergehend eine Erleichterung, doch die völlige Emanzipation brachte erst die Französische Revo-

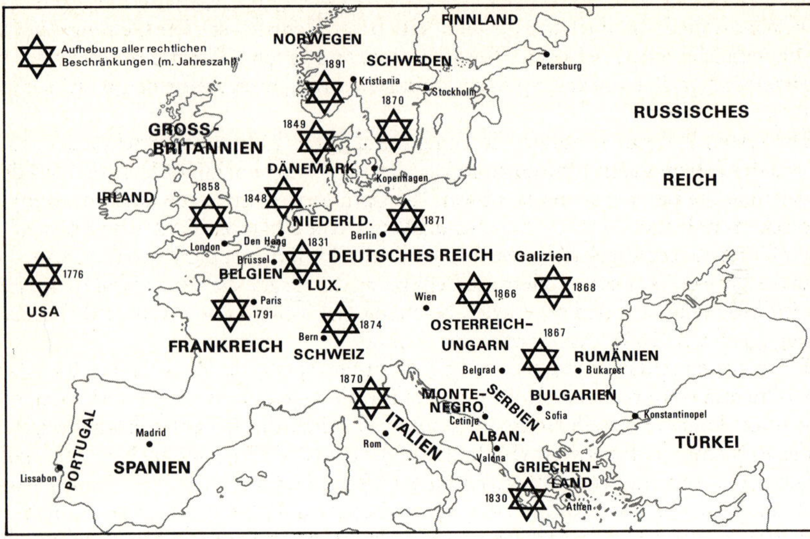

lution. Die Nationalversammlung verlieh den Juden am 28. September 1791 die uneingeschränkten Bürgerrechte. Überall, wohin die französischen Heere marschierten, wo dann Napoleon Bonaparte seine Vasallen-Königreiche errichtete, wurden die Juden zu gleichberechtigten Bürgern. So auch in Preußen durch das Edikt vom 11. März 1812.
Nach Waterloo (1815) zog in die europäischen Staaten die Reaktion ein, und die Juden verloren wieder die Bürgerrechte. Zwar brachten die liberale Bewegung von 1830 und die Revolution von 1848 ihnen wieder die bürgerliche Anerkennung, dennoch fielen die letzten Beschränkungen für Juden in ganz Deutschland erst mit der Gründung des Deutschen Reiches 1871. Das Gesetz des Norddeutschen Bundes vom 3. Juli 1869 über die rechtliche und politische Gleichheit aller Bürger, unabhängig vom Glaubensbekenntnis, wurde nun Reichsgesetz. Inzwischen waren aber schon viele Juden nach Übersee, nach Nord- und Südamerika, ausgewandert. In den USA war seit der Unabhängigkeitserklärung von 1776 die bürgerliche Gleichberechtigung aller Landesbewohner verbürgt. Aber auch hier wie in Europa blieb dennoch eine gesellschaftliche und berufliche „Apartheidsschranke" bestehen.

5.8.5 Reformbewegungen und Assimilation im 19. Jahrhundert

Die Haskala (innerjüdische Aufklärung), die den damals allgemein verbreiteten Glauben an einen moralisch-kulturellen Fortschritt der Menschheit teilte, und die Unterstellung der Juden unter das für alle Bürger geltende staatliche Recht führten zu einem Wandel des religiösen Weltbildes. In vielen Bereichen des praktischen Lebens war es nicht mehr oder nur unter schwierigen Umständen möglich, die Vorschriften der Halacha zu erfüllen (z.B. beim Wehrdienst). Die Geltung der Torah wurde in einschneidender Weise begrenzt und zum „Zeremonialgesetz" herabgewürdigt. Die Forderung nach praktischen religiösen Reformen wurde erhoben.

Die ersten Reformen hatten die Umgestaltung des jüdischen Erziehungswesens und der synagogalen Liturgie zum Ziel. Den Anfang machte in Deutschland der westfälische Bankier Israel Jacobson. 1801 gründete er in Seesen am Harz eine jüdische Schule und 1810 auf dem Schulgelände eine Synagoge, in der ein reformierter Gottesdienst abgehalten wurde. Neben der Einführung der deutschen Sprache in die Liturgie war es vor allem die Benutzung der Orgel, die den Unwillen der traditionsbewußten Juden hervorrief. Nach und nach entstanden weitere Reformsynagogen, z.B. 1818 der Hamburger Tempel.

Einen neuen Aufschwung nahm die Reformbewegung in den 40er Jahren. Man wollte nun weitergehende Reformen, mußte aber gleichzeitig die bestehenden gegen die Angriffe der Orthodoxie verteidigen. Einer der bedeutendsten Vertreter des Reformjudentums war Abraham Geiger (1810–1874), der auch zu den maßgebenden Vertretern der „Wissenschaft des Judentums" zählte. Nach seiner Vorstellung ist die Tradition als ein dynamischer und daher nie abgeschlossener Prozeß zu verstehen. Und indem die Geschichte zu höheren Stufen fortschreitet, muß auch die Tradition in eine neue Gestalt einmünden, um den Forderungen der Zeit zu entsprechen. Langsam trat die Reform jedoch in eine gemäßigte Phase ein, aus der das Liberale Judentum hervorging, das im 20. Jh unter der Führung Leo Baecks (1873–1956) die Mehrheit der deutschen Juden erfassen sollte.

Im 19. Jh wanderten viele deutsche Reformrabbiner nach Amerika aus, wo sie ihre Vorstellungen freier entwickeln konnten. Bereits gegen Ende des Jahrhunderts gab es in den USA annähernd 100 reformierte Synagogen („Tempel"). Hier nahm man jedoch nicht die Bezeichnung „liberal" an, sondern nannte sich „Reformed".

Die Reformbewegungen zwangen die Altgläubigen bzw. Orthodoxen zu einer Auseinandersetzung mit den neuen Tendenzen. Ihr überragender Vertreter war Samson Raphael Hirsch (1808–1888). Er anerkannte die Notwendigkeit einer Reform, wollte aber nicht die Torah der Zeit anpassen, sondern die Zeit zur Torah hin erziehen. Die Verbindung mit Gott durch die Erfüllung der in der Torah vorgeschriebenen Pflichten sah er als die Aufgabe des „Israel-Menschen" an. Als er 1851 Rabbiner der neugegründeten Israelitischen Religionsgemeinschaft in Frankfurt wurde, setzte er sich wie die Reformer für eine Neuordnung des jüdischen Schulwesens und Synagogengottesdienstes ein. Die von ihm begründete Neu-Orthodoxie mündete aber in eine Trennungs-Orthodoxie ein, d.h. in eine vom übrigen Judentum abgesonderte Orthodoxie.

Die Orthodoxie insgesamt ging jedoch nicht diesen Weg, sondern versuchte mit mehr oder weniger geeigneten Mitteln, der Reform zu begegnen. Die rabbinische Orthodoxie in Osteuropa, die erst spät mit der Haskala konfrontiert wurde, erlebte dagegen im 19. Jh einen neuen Aufschwung. Die Gründung zahlreicher Jeschiwot (Talmudhochschulen) förderte das rabbinische Lernen und errichtete ein Bollwerk gegen die Haskala. Die gegen Ende des Jahrhunderts von Litauen ausge-

hende Musar-Bewegung wollte möglichst weiten Kreisen die Kenntnis des Talmuds vermitteln, ohne die Lernenden von der Berufsarbeit zu entfremden. Deshalb legte ihr Begründer, Israel Lipkin (Salanter) (1810–1883), besonderes Gewicht auf Selbstdisziplin und „Musar" („Ethik"). Ein weiteres Bollwerk gegen die Haskala war in Osteuropa der Chassidismus.
Als dritte Kraft neben Reformern und Orthodoxen müssen die Konservativen angeführt werden. Sie kritisierten einerseits Chassidismus und Orthodoxie, andererseits die übereilte Aufgabe von Traditionen durch die Reformer. Aufgrund der in konservativen Kreisen betriebenen geschichtlichen Erforschung des Judentums orientierte man sich an einem „positiv-geschichtlichen Judentum". 1854 gründete Zacharias Frankel (1801–1875) in Breslau das Jüdisch-theologische Seminar, das erste Rabbinerseminar Deutschlands. Frankel wollte mit der Wissenschaft des Judentums dem Innewerden jüdischen Geistes und dem Gefühl der Verbundenheit mit dem Volk Israel dienen. Auf den Grundsätzen Frankels basierte auch das um die Jahrhundertwende entstehende Judentum Amerikas.
Kennzeichnend für das 19. Jh ist neben den religiösen Auseinandersetzungen auch die weit um sich greifende Assimilationsbewegung. Unter Assimilation versteht man die Anpassung der Juden an die Sprache, das soziale Verhalten und Brauchtum des jeweiligen Gastlandes. Im Zuge der Emanzipation verstand man sich als Engländer, Franzose oder Deutscher „jüdischen" oder „mosaischen" Glaubens. Das jeweilige Land wurde zum Heimatland; die Hoffnung auf eine Rückkehr nach Zion fand keinen Eingang mehr in die revidierten Gebetbücher. Man wollte an der europäischen Kultur teilhaben. In vielen Fällen führte die Assimilation über die Mischehe zur Aufgabe des Judentums. Viele brachen offen mit dem Judentum und ließen sich taufen, um dann wie Heinrich Heine (1797–1856) feststellen zu müssen, daß auch der getaufte Jude diskriminiert blieb. Der in der 2. Hälfte des 19. Jh offen auftretende Antisemitismus führte dann zu einer Rückbesinnung assimilationswilliger Juden auf ihr Judentum. Die in den Jahren 1881/82 im zaristischen Rußland wütenden Pogrome hatten eine Massenauswanderung der Juden zur Folge. Ein Teil der Auswanderer begab sich nach Palästina (Erste Alija).

5.8.6 Die Zerstörung des europäischen Judentums: das Holocaust

Seine größte Katastrophe erlebte das jüdische Volk unter der nationalsozialistischen Gewaltherrschaft. Schon wenige Wochen nach Adolf Hitlers Ernennung zum Reichskanzler am 30. Januar 1933 wurden die Juden aus den öffentlichen Ämtern vertrieben. Am 15. September 1935 folgten die Nürnberger Rassengesetze. Mit dem Pogrom der „Kristallnacht" vom 9./10. November 1938 war der Schritt in die Barbarei endgültig vollzogen. 1940 wurde das Vernichtungslager Auschwitz errichtet, und am 31. Juli 1941 beauftragte Hermann Göring den Chef des Reichssicherheitshauptamtes, Reinhard Heydrich, mit der Ausführung der „Endlösung des jüdischen Problems". Die ersten großen Massaker der „Einsatzgruppen" erfolgten in Osteuropa. Die Wannsee-Konferenz vom 20. Januar 1942 sah schließlich die Ermordung von 11 Millionen Juden in ganz Europa vor. Danach begann die Todesmaschinerie auf Hochtouren zu laufen: ein System von 395 Männer- und 17 Frauenlagern, in denen Menschen aller europäischen Nationalitäten gefoltert, zu Tode gequält, brutal ermordet und in die Gaskammern ge-

schickt wurden. Unter den 7 Millionen Opfern befinden sich über 6 Millionen Juden – ein Drittel des jüdischen Volkes.
Die freie Welt erwies sich als unfähig, den Juden zu Hilfe zu kommen: die Evian-Konferenz von 1938 und die Bermuda-Konferenz von 1943 kamen über organisatorische Fragen nicht hinaus. Den Versuchen palästinensischer Juden, ihren europäischen Volksangehörigen zu helfen, war nur wenig Erfolg beschieden, da ihnen die Unterstützung der Alliierten fehlte.
Die folglich in Europa auf sich selbst gestellten Juden traten den Widerstandsbewegungen bei, bildeten Partisaneneinheiten oder leisteten bewaffneten Widerstand in den Ghettos und Lagern. Der größte und bekannteste jüdische Aufstand erfolgte 1943 im Warschauer Ghetto. Es war der erste bewaffnete Widerstand gegen die Nationalsozialisten im besetzten Europa überhaupt.

5.9 Die Entstehung des Staates Israel

5.9.1 Der Beginn der nationalen Bewegung

Die auf den Tod von Zar Alexander II. folgenden Pogrome von 1881/1882 ließen die Auswanderung der Juden vordringlich werden und führten zum Entstehen der Ersten Alija („Hinaufzug"). In jenen Jahren nahm die Zionsverbundenheit unter der Bezeichnung „Zionsliebe" organisatorische Formen an. Zahlreiche Vereine wurden gegründet, aus deren Mitte dann viele „Zionsfreunde" nach Palästina auswanderten. Unter diesen verdienen besondere Erwähnung die „Biluim", eine Gruppe von fast völlig russifizierten jüdischen Studenten, die 1884 in Palästina eintraf und dort als landwirtschaftliche Tagelöhner arbeitete. Die Bezeichnung Biluim leitet sich ab aus den hebräischen Anfangsbuchstaben ihrer enthusiastischen Parole: „Haus Jakobs, laßt uns ziehen!"
Im Jahre 1882 veröffentlichte in Berlin Leon Pinsker (1821–1891), ein jüdischer Arzt und russischer Patriot aus Odessa, seine Broschüre „Autoemanzipation. Mahnruf an seine Stammesgenossen von einem russischen Juden". Seine Schrift war eine grundsätzliche Absage an die Emanzipation. Angesichts des unausrottbaren Judenhasses forderte er, wie schon Moses Hess (1812–1875) vor ihm, die Schaffung eines jüdischen Nationalbewußtseins als Mittel der Selbstbefreiung der Juden sowie die Erwerbung einer eigenen Heimat, um die Gleichstellung als Nation unter Nationen zu erreichen. Das nationalstaatliche Denken der europäischen Völker jener Zeit forderte Pinsker auch für das eigene Volk.
Die in Palästina siedelnden Pioniere mußten jedoch bald erkennen, daß der Enthusiasmus der „Zionsliebe" nicht ausreichte, um dauerhafte Siedlungen zu begründen: es fehlten die Geldmittel. In jener Stunde der wirtschaftlichen Not fanden sie die großzügige Unterstützung des Baron Edmond de Rothschild (1845–1934) aus Paris. Wie kein anderer Jude zuvor und nach ihm investierte er hohe Summen in den Aufkauf von Ländereien und in die Anlage ganzer Dörfer. Sein Grundbesitz wurde später dem Staat Israel übereignet.

5.9.2 Theodor Herzl und die zionistische Bewegung

Der österreichische Journalist Theodor Herzl (1860-1904) veröffentlichte 1896 unter dem Eindruck der Dreyfuß-Affäre ein mit Leidenschaft geschriebenes Buch:

„Der Judenstaat. Versuch einer modernen Lösung der Judenfrage." In der Einleitung heißt es:

▸ „Die Judenfrage besteht. Es wäre töricht sie zu leugnen. Sie ist ein verschlepptes Stück Mittelalter, mit dem die Kulturvölker auch heute beim besten Willen noch nicht fertig werden konnten... Ich glaube, den Antisemitismus, der eine vielfach komplizierte Bewegung ist, zu verstehen. Ich betrachte diese Bewegung als Jude, aber ohne Haß und Furcht. Ich glaube zu erkennen, was im Antisemitismus roher Scherz, gemeiner Brotneid, angeerbtes Vorurteil, religiöse Unduldsamkeit – aber auch was darin vermeintliche Notwehr ist. Ich halte die Judenfrage weder für eine soziale, noch für eine religiöse, wenn sie sich auch noch so und anders färbt. Sie ist eine nationale Frage, und um sie zu lösen, müssen wir sie vor allem zu einer politischen Weltfrage machen, die im Rate der Kulturvölker zu regeln sein wird.

Wir sind ein Volk, *ein* Volk." ◂

Zitiert nach der 6. Auflage, Köln 1908, 10f.

Theodor Herzl wurde zum eigentlichen Vorkämpfer eines jüdischen Nationalstaates. „Zionismus" – der von Nathan Birnbaum bereits 1890 geprägte Begriff wurde durch das persönliche Engagement Theodor Herzls zu einem politischen Programm. 1897 organisierte er in Basel den ersten Zionistenkongreß, den er mit den Worten eröffnete: „Wir wollen den Grundstein legen zu dem Haus, das dereinst die jüdische Nation beherbergen wird." Das Basler Programm formulierte Max Nordau (1849–1923) folgendermaßen: „Der Zionismus erstrebt für das jüdische Volk die Schaffung einer öffentlich-rechtlich gesicherten Heimstätte in Palästina." Nach dem Kongreß begann der Aufbau einer zionistischen Weltorganisation.

Zeitweilig wurde auch die Frage eines Siedlungsprojektes in Uganda erwogen. Der Beginn der Zweiten Alija 1904, zu deren Entstehen der Zionismus wesentlich beigetragen hatte, ließ derartige Erwägungen schnell in Vergessenheit geraten. Ein neuer Pioniergeist ließ das jüdische Gemeinwesen (Jischuw) in organisatorischer Hinsicht feste Formen annehmen.

Der Zionismus der Gegenwart sieht seine Aufgabe in der Einigung und Sammlung des jüdischen Volkes in seiner historischen Heimat, in der Stärkung des Staates Israel und in der Erhaltung der jüdischen Volkseigenart sowie im weltweiten Schutz jüdischer Rechte.

5.9.3 Der I. Weltkrieg und die Balfour-Erklärung

Der I. Weltkrieg brachte das jüdische Gemeinwesen in arge Bedrängnis, da Palästina, das sich unter türkischer Herrschaft befand, ebenfalls zu einem Kriegsschauplatz wurde. Doch wurde das Kriegsjahr 1917 für das jüdische Volk zu einem geschichtlich äußerst bedeutsamen Jahr. Denn am 2. November überreichte die britische Regierung nach vorausgegangenen Beratungen mit den verbündeten Mächten, insbesondere mit dem amerikanischen Präsidenten Thomas Woodrow Wilson, dem Präsidenten der „English Zionist Federation", Lionel Walter Lord Rothschild, die folgende Erklärung:

▸ „Werter Lord Rothschild,
mit großem Vergnügen übermittle ich Ihnen namens der Regierung Sr. Majestät folgende Sympathieerklärung mit den jüdisch-zionistischen Bestrebungen, die dem Kabinett unterbreitet und von diesem genehmigt wurde:
Die Regierung Sr. Majestät betrachtet mit Wohlwollen die Errichtung einer nationalen Heimstätte für das jüdische Volk in Palästina und wird die größten Anstrengungen machen, um die Erreichung dieses Zieles zu erleichtern, wobei selbstverständlich nichts unternommen werden soll, was den bürgerlichen und religiösen Rechten bestehender nichtjüdischer Gemeinschaften in Palästina oder der staatsbürgerlichen Rechtsstellung der Juden in irgendeinem anderen Lande Abbruch tun könnte.
Ich wäre Ihnen dankbar, wenn Sie diese Erklärung zur Kenntnis der zionistischen Föderation bringen wollten.

Ihr ergebener
Arthur James Balfour" ◂

Zitiert nach: Ismar Elbogen, Ein Jahrhundert jüdischen Lebens, Frankfurt am Main 1967, 437 f.

Die Balfour-Erklärung löste eine allgemeine Begeisterung unter den Juden in aller Welt aus und führte Anfang 1918 zur Bildung einer „Jüdischen Legion" in der britischen Armee, der auch Freiwillige aus Amerika beitraten.
Bei Kriegsende ließen die Briten, nunmehr im Besitz des Landes Palästina, eine Zionisten-Kommission ins Land. Ihr Führer, Chaim Weizmann (1874-1952), traf im Juni 1918 in Akaba mit Emir Feisal, dem Sohn des Scherif Hussein von Mekka, zusammen. Am 3. Januar 1919 unterzeichneten beide in Paris ein Abkommen über die enge Zusammenarbeit beider Völker. In demselben Jahr setzte auch die Dritte Alija ein, die hauptsächlich aus osteuropäischen Landwirtschaftspionieren bestand.

5.9.4 Die britische Mandatszeit

Der Völkerbund bestätigte 1922 das britische Mandat über Palästina. In diesem Jahr billigte die britische Mandatsregierung die Bildung eines jüdischen „Nationalrates", der aus freien Wahlen hervorging. Die Vertretung des Jischuw sowie der Juden in aller Welt vor den britischen Behörden bzw. dem Völkerbund übernahm jedoch ab 1929 die in diesem Jahr von Chaim Weizmann gegründete Jewish Agency. Im Jahre 1922 wurde auch das Land östlich des Jordans abgetrennt und das Emirat Transjordanien errichtet.
Die 1924 einsetzende Vierte Alija, deren Teilnehmer hauptsächlich aus Polen kamen, und die zwischen 1933 und 1939 erfolgende Fünfte Alija deutscher Juden führten zu einem Anwachsen der jüdischen Bevölkerung. Als die britische Regierung 1939 die zukünftige jüdische Einwanderung auf insgesamt 75.000 Personen begrenzen wollte und die Gründung eines arabischen Staates nach Ablauf von zehn Jahren in Aussicht stellte, kam es in Palästina zu zahlreichen Demonstrationen gegen die Briten. Der offene Konflikt mit der Mandatsmacht wurde aber infolge des Ausbruchs des II. Weltkriegs verhindert.

Die Jahre von 1936 bis 1939 waren auch noch insofern bedeutsam, als die blutigen Zusammenstöße zwischen Arabern und Juden deutlich zeigten, daß ein Zusammenleben beider Nationen in einem Staat unmöglich war.
Der II. Weltkrieg sah die Juden Palästinas auf Seiten Großbritanniens, das 1942 eine „Jüdische Brigade" aus Freiwilligen zusammenstellte. Nach dem Ende des Kriegs kam es wieder zu einer umfassenden Opposition gegen die Briten. Die Araber ihrerseits übten ebenfalls eine starke Opposition aus. Beiden Gruppen war klar, daß nach dem Ende der britischen Verwaltung, am 15. Mai 1948, Null Uhr, die Entscheidung über den Besitz des westlichen Palästina fallen würde.
Währenddessen hatte eine Sonderausschuß der UN im Juni 1947 die Teilung des restlichen Palästina in einen jüdischen und arabischen Staat, die eine Wirtschaftsunion eingehen sollten, mit Jerusalem unter internationaler Kontrolle, beschlossen. Auf der UN-Vollversammlung vom 29. November 1947 wurde dieser Plan mit Zweidrittelmehrheit – darunter die USA und die UdSSR – angenommen. Unter den ablehnenden Voten befanden sich die arabischen Staaten Ägypten, Syrien, Libanon, Irak, Saudi-Arabien und die Türkei.

5.9.5 Die nationale Wiedergeburt

Am 5. Ijjar 5708 (= 14. Mai 1948) traf die provisorische Regierung Israels um 16 Uhr heimlich im Museum von Tel Aviv zusammen, um die offizielle Gründungserklärung des Staates Israel zu verkünden. In derselben Nacht noch traf die Anerkennung des jungen Staates durch den amerikanischen Präsidenten Harry S. Truman ein. Eine Welle der Freude erfaßte die gesamte jüdische Welt. Aber in derselben Nacht begann auch der erste arabisch-israelische Krieg. Als am 7. Januar 1949 die Kampfhandlungen eingestellt wurden, hatte der neue Staat Israel seine erste Bewährungsprobe bestanden.
In den folgenden Monaten wurden mit den arabischen Staaten Waffenstillstandsabkommen geschlossen. Danach stimmte Israel einer Zusammenführung von arabischen Familien zu, die durch den Krieg getrennt worden waren. So wurden 120.000 Araber israelische Staatsbürger, während der jüdische Bevölkerungsteil sich auf rund 710000 Juden belief.
Auch wenn in den folgenden Jahren Kampfhandlungen an den Grenzen die Regel waren und weitere Kriege folgten – 1956, 1967 und 1973 –, fand der neue Staat dennoch zu einer fortschreitenden Konsolidierung. Einen wesentlichen Anteil daran hatte ohne Zweifel David Ben-Gurion, der bis 1953 und dann wieder von 1955 bis 1963 das Amt des Ministerpräsidenten inne hatte. Dem neuen Staat kam auch das Ansehen zugute, das sein erster Staatspräsident, Chaim Weizmann, in der internationalen Diplomatie genoß.
Nach der Staatsgründung stellte sich für Israel auch die Aufgabe, mit der Masseneinwanderung von Juden aus Europa und den arabischen Ländern fertig zu werden. In der Zeit vom 15. Mai 1948 bis Ende 1972 wanderten 1400000 Juden nach Israel ein. Es war nur natürlich, daß die dem Holocaust entronnenen Juden den Boden Europas verlassen wollten. Ein Exodus von Juden aus der Tschechoslowakei, Bulgarien, Jugoslawien, Polen, Rumänien und Ungarn bewegte sich nach Israel. Aber auch Tausende verließen infolge arabischer Bedrohung die Türkei, den Iran, Marokko, Algerien, Tunesien, Libyen und Ägypten. Besonders

Orthodoxe Juden an der Klagemauer

dramatisch gestaltete sich der Auszug der Juden aus dem Irak und Jemen, die über Luftbrücken ausgeflogen werden mußten. Gegen Ende des Jahres 1951 gab es in den arabischen Staaten kaum noch jüdische Gemeinden.

Die Sowjetunion dagegen ließ ihre Juden nicht auswandern. Am Ende der zwanziger Jahre hatte sie selbst versucht, im fernsten Teil Asiens, in Birobidschan – es liegt zwischen dem Fluß Amur und der mandschurisch-chinesischen Grenze – einen autonomen jüdischen Staat zu begründen. Der stalinistische Terror nach 1948 ließ dieses Projekt, das schon vorher wenige Juden angezogen hatte, endgültig scheitern. Zur Zeit darf jährlich nur eine begrenzte Zahl von Juden aus der Sowjetunion auswandern.

5.9.6 Der arabisch-israelische Konflikt

Nach vier arabisch-israelischen Kriegen stellt der Abschluß eines Friedens zwischen Israel und seinen arabischen Nachbarn die vordringliche Aufgabe politischen Handelns im Nahen Osten dar. Dabei spielen religiöse Faktoren eine gewisse Rolle. Denn die Errichtung eines jüdischen Nationalstaates in Palästina steht in direktem Zusammenhang zu der religiösen und historischen Überlieferung des jüdischen Volkes.

In Hinblick auf Jerusalem spielt der religiöse Aspekt eine sehr große Rolle. Jerusalem ist ja nicht nur die heiligste Stadt der Juden, sondern auch die drittheiligste der Muslime und darüber hinaus auch eine Stadt von besonderer Heiligkeit für die Christen.

In jüngster Zeit hat die Vollversammlung der UN, als sie am 10. November 1975 den Zionismus als „eine Form des Rassismus" verurteilte, zur Ideologisierung des Nahostkonfliktes beigetragen. Der Beschluß kam auf Betreiben der arabischen

Staaten und mit Unterstützung des Ostblocks und vieler nichteuropäischer Mitgliedstaaten zustande. Da der Zionismus jedoch wesentlich auch als Antwort auf die rassistischen Angriffe des neuzeitlichen Antijudaismus zu verstehen ist, entbehrt der Rassismus-Vorwurf jeglicher Grundlage.

Wesentlich für eine Verständigung zwischen Juden und Arabern ist nach den Vorstellungen der ägyptischen Journalistin Sana Hassan, die 1974 Israel bereiste, der Prozeß des Umdenkens.

▸ „Eine vollständige Umerziehung auf beiden Seiten der Grenze ist notwendig. Beide Seiten müssen verstehen und sich ändern.

Hierbei handelt es sich nicht um Politik. Man könnte sagen, die Politik der arabischen Führer war schlimmer als die der Israelis, aber das ist ein anderes Problem. Ich spreche von Grundhaltungen. Man muß beide Völker dazu bringen, daß sie begreifen, daß eine gegenseitige Verantwortung besteht, daß sie zugeben, Rechte zu haben, gleiche Rechte. Dazu ist eine vollständige Erziehung notwendig, die man dem größten Teil der Bevölkerung vermitteln muß. Ich glaube, in jedem Konflikt versucht jede Partei, den Feind zu entmenschlichen. Auf arabischer Seite dadurch, daß man die Israelis haßt, auf israelischer Seite durch Mißachtung der Araber.“ ◂

Aus: Emuna/Israel-Forum 1976, Heft 1, VIII.

6. ANTIJUDAISMUS

„Denn wir werden ja um Deinetwillen, o Gott, täglich erwürgt und sind geachtet wie Schlachtschafe."

Ps 44,23.

6.1 Vorbemerkung

Das folgende Kapitel beschränkt sich auf die Darstellung jener Typen von Antijudaismus, die im vom Christentum geprägten Abendland in den unterschiedlichsten Epochen seiner Geschichte immer wiederkehren. Wohl gab es schon vor der christlichen Zeitrechnung antijudaistische Strömungen. Auch der Islam hat sich gelegentlich antijudaistisch gezeigt. Doch hat diese Feindschaft für das jüdische Volk nie zu den Schrecknissen geführt, die der christliche Antijudaismus zur Folge hatte. Seine Wurzeln reichen tief und sind auch heute noch nicht abgestorben. Im folgenden ist gewöhnlich von Antijudaismus und nicht von Antisemitismus die Rede. Denn der Begriff Antisemitismus stammt erst aus der zweiten Hälfte des 19. Jahrhunderts, als zum Antijudaismus die Komponente der Rassenideologie hinzukam. Obwohl aber zu den Semiten viele Völker zählen, zielte auch der Antisemitismus fast ausschließlich auf die Juden.

6.2 Antijudaismus aus religiösen Beweggründen

6.2.1 Theologischer Aspekt

6.2.1.1 Die Grundlagen im Neuen Testament

Ein erster Typ des Antijudaismus argumentiert aus religiösen Beweggründen. Er versucht dabei nicht selten, sich auf das Neue Testament zu gründen. Das Neue Testament kommt ihm dabei entgegen, enthält es doch eine Reihe deutlicher Formulierungen gegen die Juden. Dazu gehört u. a. auch die Polemik gegen die Pharisäer in den synoptischen Evangelien. Wir wissen heute, daß sich darin gewöhnlich Abgrenzungsprobleme der jungen Kirche widerspiegeln. In der Jerusalemer Urgemeinde war es anfangs durchaus noch üblich, daß auch die Anhänger Jesu Christi am jüdischen Tempelgottesdienst und den jüdischen Opfern teilnahmen, wie Apg 21,15 ff zeigt. Sehr bald aber war man auf beiden Seiten an einer deutlichen Scheidung interessiert, und dies vor allem deshalb, weil die Christen mehr und mehr den Anspruch erhoben, das wahre Israel und das eigentlich von Gott erwählte Volk zu sein, dem die Verheißungen der Schrift galten (vgl. z.B. Apg 15,14; Röm 9,2f; 2 Kor 6,16; Hebr 8,10; 1 Petr 2,9f.).

Vertreter der Bibelwissenschaften erklären, daß viele Stellen des Neuen Testaments ursprünglich nicht den judenfeindlichen Klang hatten, der ihnen später gegeben wurde. Der von Mattäus (27,25) den Juden in den Mund gelegte Ausspruch: „Sein Blut komme über uns und unsere Kinder" ist zum Beispiel eine Formel aus dem Rechtsleben des Alten Orients, die eine andere Bedeutung hatte, als ihr seit dem 4. Jahrhundert unterschoben wurde, nämlich eine Rechtfertigung der Bedrückung der Juden zu sein. Solche Erklärungen können dazu beitragen, spätere Mißverständnisse auszuräumen; sie ändern jedoch nichts daran, daß viele neutestamentliche Texte für die Juden eine verhängnisvolle Wirkungsgeschichte hatten und christlicher Antijudaismus zu allen Zeiten sich auf die Schrift berief. Die neutestamentliche Argumentation und Polemik gegen die Juden ist oft sehr vielschichtig und kompliziert. Am deutlichsten zeigen das die Kapitel 9–11 im Römerbrief des Paulus. Paulus wähnt einerseits die Angehörigen des Volkes Israel mit Blindheit geschlagen, versichert aber anderseits sofort, daß sie weiterhin „um der Väter willen" Geliebte Gottes seien.

6.2.1.2 *Die Ersetzung Israels durch die Kirche und der Vorwurf des Gottesmordes*

Der im 1. Petrusbrief (2,9f) mit alttestamentlichen Begriffen erhobene Anspruch des jungen Christentums, das neue Volk des Bundes mit Gott zu sein, bestimmt bereits im 2. Jahrhundert die theologische Auseinandersetzung mit den Juden und zieht sich durch die Geschichte des Christentums als ein roter Faden bis in unsere Tage (vgl. 8.2.2). Im Schrifttum der Apologeten des 2. und 3. Jahrhunderts, im Barnabasbrief, bei Justin dem Märtyrer, bei Tertullian und Origenes, wird der Versuch gemacht, die Juden als die Enterbten hinzustellen. Weil sie Christus abgelehnt und die Verheißungen der Schrift nicht erkannt haben, haben sie kein Anrecht mehr auf die Bibel. Sie sind, nach einem späteren Wort Augustins (354–430), die blinden Bücherträger, die den Christen die Bibel reichen, ohne selbst ihren Sinn zu verstehen. Der tiefere geistliche Sinn bleibt ihnen verborgen. Selbst ihre Lebensordnung, das ‚Gesetz' (die Torah), wissen sie nicht richtig auszulegen. Als Schuldige am Tode Jesu hat Gott sie verworfen. Schuld und Sünde aber bedeuten Unfreiheit. In diesem Gedankengang taucht schon früh das Bild von der Knechtschaft der Juden auf, das besonders seit dem 13. Jahrhundert, als sich die Institution der Kammerknechtschaft herausbildete, für die gesellschaftliche Stellung der Juden schwerwiegende Konsequenzen haben sollte (vgl. 6.3).

▸ „Ihr habt euer *Gesetz* nicht erkannt. Sonst würdet ihr euch vor Gottes Zorn fürchten und wäret nicht die gesetzlosen, irrenden Söhne. Denn immer wieder bekommt ihr sein Wort zu hören: ‚Söhne, denen der Glaube fehlt', und: ‚Wer ist blind, wenn nicht meine Söhne?... Geblendet wurden die Diener Gottes. Vielfach habt ihr gesehen, aber nicht Obacht gegeben; geöffnet wurden eure Ohren, aber ihr habt nicht gehört'... ihr schämt euch nicht, und mag Gott auch drohen, ihr erschrecket nicht. Ja, fürwahr, ein törichtes und hartherziges Volk seid ihr! ‚Darum siehe – spricht der Herr –, werde ich weiterhin dieses Volk versetzen, versetzen werde ich sie; vernichten werde ich die Weisheit der Weisen und verhüllen das Verständnis der Verständigen.' Ein treffliches Wort! Denn nicht weise seid ihr und nicht verständig, sondern verschmitzt und verschlagen... Aber unfähig seid ihr,

Kirche und Synagoge, Straßburger Münster, um 1230.
Die Kirche erscheint hier als königliche Frau mit Kreuzfahne und Kelch, Inbegriff staufischer Klassik. Die Synagoge ist gekennzeichnet (durch zerbrochene Lanze, entgleitende Gesetzestafeln, den fehlenden Mantel und das zu Boden gesenkte Haupt mit verschleierten Augen und herabfallender Krone) als die Überwundene und Verblendete.

Gottes verborgenen Ratschluß zu erkennen oder des Herrn unlösbaren Bund oder ewige Pfade zu finden.“ ◀

Justin, Dialog mit dem Juden Tryphon. Zit. nach: Bibliothek der Kirchenväter, Bd 33, Kempten-München 1917, 201.

Aus dem Vorwurf einer Schuld am Tode Jesu wurde schon im 2. Jahrhundert der Vorwurf des Gottesmordes. Als griffiges Schlagwort sollte ‚Gottesmörder‘ den Juden in ihrer Geschichte besonders gefährlich werden. Dort, wo man es nicht ‚nur‘ unüberlegt benutzte, sondern auch theoretisch rechtfertigte, argumentierte man wieder mit dem Neuen Testament und konstruierte zudem eine Alleinschuld der Juden am Tod Jesu, obwohl die neutestamentlichen Texte dem widersprechen.

▸ „Hört es, alle Geschlechter der Völker, und seht es: Ein nie gewesener Mord geschah in Jerusalem, in der Stadt des Gesetzes, in der hebräischen Stadt, in der Stadt der Propheten, in der Stadt, die als gerecht angesehen wurde!... Der, welcher die Erde aufgehängt hat, ist selbst aufgehängt worden; der, der die Himmel anheftete, ist angeheftet worden; der, der das All festgemacht hat, ist am Holz festgemacht worden!... Gott ist getötet, der König Israels ist durch Israels Rechte beseitigt worden.“ ◂

Melito von Sardes, Passah-Homilie, 94 ff. (Text nach B. Lohse).

Einer derart radikalen Auslegung neutestamentlicher Texte entsprach sehr bald eine ungezügelte Sprache, wie sie dann durch die Jahrhunderte über Luther bis in die Neuzeit üblich wurde. – So bezichtigt etwa schon Johannes Chrysostomos (‚Goldmund‘) 386 in acht Predigten die Juden des Raubes und Diebstahls. Ihre Synagoge nennt er mit Berufung auf die Bibel ein Theater, ein Hurenhaus, eine Mördergrube, eine Herberge wilder Tiere und des Teufels. Die Juden sind nach ihm „nicht besser als Schweine und Böcke“.

6.2.1.3 *Jüdischer Glaube als Fehlform von Religion*

Westeuropa erlebte seit Ende des 18. Jahrhunderts die Emanzipation der Juden. Doch war der Aufklärungsprozeß, der dazu führte, häufig auf die Gebildeten beschränkt.

Im Volk lebten die über Jahrhunderte genährten und gehegten Vorurteile weiter, besonders das von den Juden als dem Volk der Gottesmörder, weshalb z.B. der Karfreitag im christlichen Mittelalter für sie nur zu oft zu einem Tag des Grauens wurde. Bis ins 19. Jahrhundert kommt es deshalb auch in Deutschland immer wieder zu Pogromen aus ‚christlichem Geist‘ – so z.B. 1819; die Hetze dazu nahm von Würzburg ihren Ausgang.

Das unterschwellige Fortwirken antijüdischer Tendenzen aus der Theologie läßt sich jedoch bis in die Neuzeit und neueste Zeit selbst bei ihren führenden Geistern verfolgen. Die alten Argumente erscheinen allerdings in einem der neuen Zeit entsprechenden Gewand. So wurde im Gefolge der Aufklärung z.B. aus dem Vorwurf des Unglaubens nicht selten eine Abwertung des Judentums als Fehlform von Religion überhaupt. In diesem Sinn äußerte sich der sonst keiner Judenfeindschaft verdächtige Wilhelm von Humboldt (1767–1835). Bei Verbreitung der aufklärerischen Ideen würden die Juden sehr bald gewahr werden, „daß sie nur ein Ceremonial-Gesetz und eigentlich keine Religion hatten“, und würden, „getrieben von dem angeborenen menschlichen Bedürfnis nach einem höheren Glauben, sich von selbst zu der christlichen wenden.“

Ein ähnliches Unverständnis findet sich – wenn auch aus anderem Geist – bei Humboldts Zeitgenossen Friedrich Schleiermacher (1768–1834).

▸ „Der Glaube an den Messias war ihre letzte, mit großer Anstrengung erzeugte Frucht: ein neuer Herrscher sollte kommen, um das Zion, wo die Stimme des Herrn verstummet war, in seiner Herrlichkeit wieder herzustellen, und durch die Unterwerfung der Völker unter das alte Gesetz sollte jener einfache Gang wieder allgemein werden in den Begebenheiten der Welt, der durch ihre unfriedliche Gemeinschaft, durch das Gegeneinandergerichtetsein ihrer Kräfte und durch die Verschiedenheit ihrer Sitten unterbrochen war. Er hat sich lange erhalten, wie oft eine einzelne Frucht, nachdem alle Lebenskraft an einem welken Stiel hängen bleibt und an ihm vertrocknet. Der eingeschränkte Gesichtspunkt gewährte dieser Religion, als Religion, eine kurze Dauer. Sie starb, als ihre heiligen Bücher geschlossen wurden, da wurde das Gespräch des Jehova mit seinem Volk als beendigt angesehen; die politische Verbindung, welche an sie geknüpft war, schleppte

Theologische Vorurteile in einem mittelalterlichen Holzschnitt. Die Taufe der Christen steht gegen das Werk des Teufels: die Beschneidung der Juden.

noch länger ein sieches Dasein, und ihr Äußeres hat sich weit später erhalten, die unangenehme Erscheinung einer mechanischen Bewegung, nachdem Leben und Geist längst gewichen ist." ◀

Friedrich Schleiermacher, Über die Religion. Reden an die Gebildeten unter ihren Verächtern, hg. von Rudolf Otto, Göttingen [6]1967, 193.

6.2.2 *Wirkungsgeschichte theologischer Vorurteile*

6.2.2.1 *Der Vorwurf des Hostienfrevels, des Ritualmords und der Brunnenvergiftung*

Die fast nur negative Auseinandersetzung der Gebildeten mit den Juden führte besonders im Mittelalter bei den Ungebildeten zu einer gefährlichen Verbindung theologischer Vorurteile mit Affekten aus abgründigen Daseinsängsten, in deren Gefolge man den Juden z. B. Kinderraub zum Zweck des Ritualmords andichtete. Als 1348/49 in ganz Europa die Pest wütete, machte man dafür die Juden verantwortlich. Sie sollten die Brunnen vergiftet haben. – Aus der Vielzahl von Legendenbildungen über die angeblichen Greuel der Juden im Mittelalter bildet der sogenannte Pariser ‚Hostienfrevel' vom Jahr 1290 ein besonders drastisches Beispiel. Er wird im Chronicon des Johannes von Tilrode (gestorben nach 1298) geschildert.

▶ „Wir wollen euch berichten, daß ein Pariser Jude um zehn Pfund von seiner christlichen Magd eine konsekrierte Hostie kaufte... Er legte sie auf einen Tisch und sagte zu den herbeigerufenen Glaubensgenossen: ‚Sind die Christen nicht dumm, die an diese Hostie glauben?' Darauf nahmen sie Messer, Stiletts und andere Instrumente, um die Hostie zu vernichten, konnten aber diesen Zweck nicht erreichen. Schließlich ergriff einer von ihnen ein ganz großes Messer und durchstach die Hostie, worauf sie sich in drei Stücke teilte und sofort Blut ausströmte. Daraufhin bekehrten sich viele. Außerdem legten sie die Hostie noch in ein Gefäß siedenden Wassers, um sie auf diese Weise zu zerstören; sie verwandelte sich aber durch Gottes Kraft in Fleisch und Blut. Auf dieses Wunder hat sich Johannes, der Schreiber dieses Berichtes, mit seiner ganzen Familie zum katholischen Glauben bekehrt. Geschehen ist das im Jahre 1290 am Auferstehungstage unseres Herrn." ◀

Zitiert nach: Kirche und Synagoge, hg. von Karl Heinrich Rengstorf und Siegfried von Kortzfleisch, Band I, Stuttgart 1968, 270.

– Noch 1891 mußten sich Juden in Xanten und 1900 in Konitz in Schlesien in Ritualmordprozessen verantworten, die vom Geist und der Atmosphäre der mittelalterlichen Inquisition geprägt waren.

6.2.2.2 *Praktische Konsequenzen für die Juden*

Augustins Wort: „Gibt es überhaupt einen gefährlicheren Mörder der Seele als die Freiheit zu irren?" zeitigte für die Juden durch die Jahrhunderte blutige Folgen, zumal das Mittelalter weitgehend von der rationalen Einsichtigkeit der Argumente für den christlichen Glauben und seine Begründung überzeugt war. Man erwartete darum, daß Israel sich endlich bekehren würde. Deshalb konnte man den Juden das Beharren in ihrem Glauben nur als Verstocktheit anrechnen und bestritt häufig nicht nur dem Irrtum ein Existenzrecht, sondern auch dem Irrenden – wenn man ihnen nicht an's Leben ging, so doch an die Existenzgrundlagen. Die obskuren Vorurteile taten dabei das Ihre.

1348/49 wurden die Juden in ganz Europa als die Brunnenvergifter gemordet. In der weiteren Geschichte überragt in Deutschland nur das Dritte Reich an Grausamkeiten die Pestzeit. Vor ihr aber hatte schon die Kreuzzugsbewegung die Juden in Angst und Bangen um Existenz und Leben gehalten. In ihrem Gefolge kam es besonders in den großen Städten wie Metz, Trier, Worms, Mainz, Regensburg, Prag u. a. zu Judenmorden und Vertreibungen. Die Prediger des Kreuzzugs lieferten die Argumente dazu, auch wenn sie nicht die Taten des Mobs dabei im Auge hatten. 1096 schrieb Peter von Cluny, der den 1. Kreuzzug vorbereitete, an Ludwig VII.:

▸ „Was nützt es aber, die Feinde des christlichen Glaubens in fernen Landen aufzusuchen und zu bekämpfen, wenn die liederlichen und lästernden Juden, die weitaus übler als die Sarazenen sind, nicht in fernen Landen, sondern (hier) in unserer Mitte so ungehemmt und so verwegen Christentum und alle christlichen Sakramente ungestraft schmähen, mit den Füßen treten, verächtlich machen? Wie soll Gottes Eifer die Kinder Gottes beseelen, wenn die Juden, diese schlimmsten Feinde Christi und der Christen, so ganz ungeschoren davonkommen?“ ◂

Kirche und Synagoge I, a.a.O. 120.

Vertreibungen waren das ganze Mittelalter hindurch an der Tagesordnung. In der zweiten Hälfte des 15. Jahrhunderts wird dann die Errichtung von Ghettos üblich. Die Inquisition beansprucht zu Ende des 14. Jahrhunderts auch Juden zu richten, die in ihren Lehren nicht mit dem Geist des Alten Testaments übereinstimmen. Es kommt in diesem Klima zu Zwangspredigten und Zwangstaufen und zur theologischen Befehdung des Talmuds mit Bücherverbrennungen im Gefolge. Dieser christliche Antijudaismus kann sich bis zur Emanzipation immer wieder ausleben. Wohl führte die Reformation in vielen zentralen Fragen christlichen Glaubens zu einem Bruch mit einer suspekt gewordenen Theologie und Frömmigkeit. In der Judenfrage hat sie jedoch nichts Neues gebracht. Der christliche Antijudaismus wird auch von den reformatorischen Bewegungen theologisch und praktisch gefördert. Das läßt sich bei Luther am deutlichsten verfolgen. Seine theologischen Grundpositionen gegenüber den Juden liegen schon in seiner ersten Psalmenvorlesung (1513–1515) fest. Für ihn ist der nachbiblische Jude die Verkörperung des Menschen, der im Kampf gegen Gott steht: ungläubig, aus sich selbst heraus unbelehrbar, ständig Gott lästernd. Diese Haltung mußte in einer rein christlichen Gesellschaft fast zwangsläufig zu praktischen Konsequenzen führen. Luther empfiehlt solche selbst. Seine berüchtigste Schrift zu unserem Problem stammt aus dem Jahr 1543 und trägt den Titel „Von den Juden und ihren Lügen“. Darin fordert er:

▸ „Daß man ihre Synagogen oder Schulen mit Feuer anstecke, und was nicht verbrennen will, mit Erde überhäufe und beschütte, daß kein Mensch einen Stein oder Schlacke davon sehe ewiglich. Und solches soll man tun unserem Herrn und der Christenheit zu Ehren, damit Gott sehe, daß wir Christen seien und solch öffentlich Lügen, Fluchen und Lästern seines Sohnes und seiner Christen wissentlich nicht geduldet noch gebilligt haben... Daß man auch ihre Häuser desgleichen zerbreche und zerstöre. Denn sie treiben dasselbige drinnen, was sie in ihren Schulen treiben. Dafür mag man sie etwa unter ein Dach oder Stall tun, wie die Zigeuner, auf daß sie wissen, sie seien nicht Herrn in unserem Lande, wie sie rühmen, sondern im Elend und gefangen, wie sie ohn' Unterlaß vor Gott über uns Zeter schreien und klagen... Daß man ihnen nehme alle ihre Betbüchlein und Talmudisten, darin solche Abgötterei, Lügen, Fluch und Lästerung gelehrt wird... Daß man ihren Rabbinern bei Leib und Leben verbiete, hinfüro zu lehren... Daß man ihnen verbiete, bei uns öffentlich Gott zu loben, zu danken, zu beten, zu lehren, bei Verlust Leibes und Lebens." ◀

Weimarer Ausgabe, Bd. 53, 522 f.

6.3 Antijudaismus aus ökonomischen Beweggründen

Zu den religiösen Komponenten des Antijudaismus gesellen sich im Mittelalter sehr bald wirtschaftlicher Neid und wirtschaftliche Ausbeutung. Letztere erhielt seit dem 13. Jh in der rechtlichen Konstruktion der Kammerknechtschaft eine entscheidende Stütze. Die Kammerknechtschaft bedeutete eine Veränderung früherer Schutzrechte der Fürsten gegenüber den Juden; sie folgte theologisch aus der Anschauung von der Sündenknechtschaft. Sie gab den Mächtigen, d.h. Kaiser, Landesherrn und Städten, die Möglichkeit, die Juden als persönliches Eigentum zu behandeln. Die ‚Diener der kaiserlichen Kammer' konnten nach Willkür besteuert und ihr Eigentum jederzeit beschlagnahmt werden. Auch konnten sie nach Belieben verliehen, verkauft, verpfändet oder verschenkt werden. Das führte dazu, daß die Juden in Deutschland in ihrer übergroßen Zahl auf der untersten Stufe des sozialen Lebens standen. Dennoch übernahmen sowohl das Jahrhundert der Reformation als auch die ihm folgenden vom Mittelalter das Bild vom Wucherjuden. Was es mit dem Wucher und dem daraus entspringenden Reichtum wirklich auf sich hatte, zeigt ein Dokument aus den Übergangsjahren zur Reformation. Es handelt sich um ein Privileg Friedrichs III. aus dem Jahr 1470.

▶ „Wo der Christ 10 Schock nimmt, soll der Jude 20 im Jahre nehmen dürfen, weil, wenn er so wenig nehmen würde wie der Christ, er nicht leben könnte, da er zuerst Uns gegenüber seinen Pflichten nachkommen muß, zweitens dem Herrn, dessen Schutz er sich empfohlen hat, zahlen muß, drittens selbst die Interessen zu berichtigen hat, viertens selten ein Amt, dessen Dienst er nötig hat, ihn umsonst entläßt, und er endlich selbst etwas haben muß, um davon mit Weib und Kindern leben zu können." ◀

Bei H. G. Adler, Die Juden in Deutschland, München 1960, 24 f.

Die mit Abgabenforderungen überhäuften Juden waren im Mittelalter in ihrer Tätigkeit weitgehend auf das Geld- und Zinsgeschäft beschränkt. Juden hatten zum Beispiel keinen Zugang zu öffentlichen Ämtern; sie waren von vielen gewerblichen und handwerklichen Betätigungen ausgeschlossen, weil der Zunftzwang dies nicht zuließ und die Zünfte zudem als christliche Bruderschaften organisiert waren. Auch wurde der jüdische Fernhandel durch den erstarkenden Stand christli-

cher Fernhändler beeinträchtigt. Bei diesen eingeengten Möglichkeiten bedeutete das Wucherverbot des IV. Laterankonzils (1215) für die Juden eine Steigerung der allgemeinen Existenzbedrohung, unter der sie ohnehin das ganze Mittelalter zu leiden hatten.
Eine Schambarriere scheint die Menschen daran zu hindern, wirtschaftliche Habsucht und wirtschaftlichen Neid offen zu zeigen. Sie verbergen ihre Antriebe hinter ideologischen Argumenten. Die Nationalsozialisten rechtfertigten die Konfiszierung jüdischen Besitzes mit ihrer rassistischen Ideologie, im Mittelalter lieferte die Theologie die Argumente. Im schon oben zitierten Brief Peter von Clunys an Ludwig VII. zur Vorbereitung des 1. Kreuzzugs empfiehlt er nach langen theologischen Erörterungen für die Juden:

▸ „Das Leben mag ihnen bewahrt bleiben, aber ihr Geld soll ihnen weggenommen werden, damit (so) durch die Arme der Christen, die durch das Geld der lästernden Juden unterstützt werden, die Verwegenheit der ungläubigen Sarazenen bekämpft werde…" ◂

Kirche und Synagoge I, a.a.O. 121.

Noch der Nationalsozialismus machte sich in seiner antisemitischen Propaganda die historisch bedingte starke Stellung der Juden in Handel und Geldwesen zunutze. Dabei spielten auch die sogenannten ‚Hofjuden' des 17. und 18. Jahrhunderts eine Rolle, allen voran der Finanzmann Joseph Süß Oppenheimer („Jud Süß"). Oppenheimer war Hoffaktor des Herzogs Karl Alexander von Württemberg. Nach dem Tod des Souveräns wurde er wegen Betrugs und wegen Münzvergehens angeklagt und ohne Schuldbeweis 1738 am Galgen hingerichtet. Das Rechtsmittel war der verweigerte Übertritt zum Christentum. – In der Propaganda konnte man an die Mystifizierung anknüpfen, die das Geld und der Umgang mit ihm dort erfährt, wo nähere Kenntnisse um wirtschaftliche Vorgänge fehlen – was nicht nur zur Bewunderung, sondern ebenso leicht auch zur Verteufelung derer führen kann, die sich auf Geldgeschäfte verstehen.

6.4 Antijudaismus aus nationalistischen und rassistischen Beweggründen

In Deutschland schaffte vor allem die Privilegierungspolitik des Kurfürsten Friedrich Wilhelm (1640–1688) von Brandenburg-Preußen gegenüber reichen Juden die Voraussetzungen dafür, daß es in einem allmählichen Prozeß unter Führung des Berliner Judentums in der 2. Hälfte des 18. Jh zu Bestrebungen der Emanzipation kommen konnte, die, von den aufgeklärten Geistern der Zeit unterstützt, 1871 den Juden die volle Gleichberechtigung brachte. Es blieb jedoch nicht aus, daß eben dies auch zu neuem Haß führte, der sich die Argumente schuf, deren sich im 20. Jahrhundert noch der Nationalsozialismus bedienen sollte. Es war für den Juden in Europa allgemein zum Nachteil, für die in Deutschland aber verhängnisvoll, daß die Emanzipation zeitlich mit der vollen Entfaltung des Nationalstaats einherging. Zu den alten religiösen und ökonomischen Motiven der antijüdischen Kräfte kamen nun solche aus nationalstaatlichem und, in der zweiten Hälfte des 19. Jahrhunderts, rassistischem Denken. Die Zusammenhänge zwischen Rassismus und Antisemitismus sowie der Antisemitismus des Dritten Reichs sind heute Gegenstand der Geschichtsbücher. Deswegen beschränkt sich das Folgende auf wenige Hinweise. Es ist übrigens nicht von ungefähr, daß für die Judenvernichtung Hitlers in heutiger wissenschaftlicher Literatur zunehmend der ursprünglich griechische Begriff ‚Holocaust' verwendet wird. Holocaustum bezeichnet zunächst eine im Alten Testament häufig anzutreffende Opferart, bei der das Opfertier zur Gänze verbrannt wurde und in Rauch aufstieg.

6.4.1 Der Antisemitismus in der 2. Hälfte des 19. Jahrhunderts

Nach 1871 gab es im neugegründeten Reich eine Vielzahl innenpolitischer Schwierigkeiten, u. a. den sogenannten Kulturkampf, politische Gegensätze, wirtschaftliche Sorgen und soziale Mißstände. Die Antijudaisten verstanden es, einen Teil des Unmuts, der daraus in breiten Schichten der Bevölkerung entstand, auf die nun völlig gleichberechtigten Juden abzuleiten, zumal sie es dabei leicht hatten, an alte, tiefsitzende Antipathien zu appellieren. Der starke Drang zur Assimilation und das besonders auffällige hohe Bildungsstreben der Juden stießen ganz allgemein auf wenig Gegenliebe. 1881 kam es zur Gründung einer Antisemiten-Liga, die nicht nur internationale Kongresse ausrichtete und Parteien ins Leben rief, sondern auch durch Wanderagitatoren zum Beispiel in Kleinstädten Pommerns, Westpreußens und Brandenburgs für Unruhen mit Brandstiftungen und Plünderungen sorgte.

Ein solcher Antisemitismus verstand es, sich gelegentlich mit der Sorge um den Staat zu verbrämen. So überreichten im April 1881 Antisemiten Bismarck eine Petition mit 267 000 Unterschriften, in der u. a. eine Einschränkung der Einwanderung der Juden, ihre Verdrängung aus verantwortlichen Staatsämtern und aus den Lehrberufen verlangt wurden. Dies wurde mit der Besorgnis um ein Überhandnehmen des Rasse-fremden jüdischen Elements innerhalb der deutschen Kultur und Religion begründet.

Der Antijudaismus jener Jahre wirkte über die deutschen Grenzen hinaus, z.B. nach Rußland, wo er die blutigen Pogrome von 1881 mitbestimmte.
1898 erschienen von Houston Stewart Chamberlain ‚Die Grundlagen des neunzehnten Jahrhunderts'. Der Autor behauptet darin, daß der Gegensatz zwischen Juden und Deutschen über die nationale Frage hinaus als Gegensatz der Rassen zu verstehen sei. Chamberlain deutet die Kulturgeschichte als Kampf zwischen den tugendhaften Ariern und den lasterhaften Semiten, insbesondere den Juden. Auch das Christentum kommt bei ihm als Abkömmling des Judentums schlecht weg. Chamberlain genoß als nachmaliger Schwiegersohn R. Wagners großes Ansehen im Kreis von Bayreuth. Sein Werk hat maßgeblich Adolf Hitlers ‚Mein Kampf' und Alfred Rosenbergs ‚Der Mythos des 20. Jahrhunderts' beeinflußt. Wilhelm II. empfahl das Buch zur Lektüre an den höheren Schulen.
Bei Chamberlain kehrt der alte Vorwurf, das Judentum sei eine Fehlform von Religion, in rassistischem Gewand wieder. In der Einleitung schreibt er:
▸ „Keine Seelen dürsten mehr nach Religion als die der Slaven, der Kelten und der Teutonen: ihre Geschichte beweist es; an dem Mangel einer wahren Religion krankt unsere ganze germanische Kultur ..., daran wird sie noch, wenn nicht beizeiten Hilfe kommt, zu Grunde gehen. Den in unserem eigenen Herzen sprudelnden Quell haben wir verstopft und uns abhängig gemacht von dem spärlichen, brackigen Wasser, das die Wüstenbeduinen aus ihren Brunnen ziehen. Keine Menschen der Welt sind so bettelarm an echter Religion wie die Semiten und ihre Halbbrüder, die Juden; und wir, die wir auserkoren waren, die tiefste und erhabenste religiöse Weltanschauung als Licht und Leben und atemgebende Luft unserer gesamten Kultur zu entwickeln, wir haben uns mit eigenen Händen die Lebensader unterbunden und hinken als verkrüppelte Judenknechte hinter Jahve's Bundeslade her!" ◂

Houston Stewart Chamberlain, Die Grundlagen des neunzehnten Jahrhunderts, Volksausgabe München 1906, 19.

Nach der Jahrhundertwende wurde der Antisemitismus in Deutschland gewissermaßen zu einem Bestandteil des allgemeinen Bewußtseins. Wurde im Mittelalter der Jude aus Gründen der Theologie und mit ihr verknüpfter dunkler Vorurteile zu einem Gegenbild wahren Menschseins, so nun vor allem aus politisch-rassistischen. Der Judenhaß war zum „einzigen zentralen Beziehungspunkt aller Werturteile" (W. Michel) geworden. Er vertrat bei vielen die Stelle der Religion. In den Tagen von Weimar wurden die Juden zum bevorzugten Sündenbock für die Übel der Zeit: für den verlorenen Weltkrieg, die Inflation und die Arbeitslosigkeit. Da sie in Deutschland nicht selten in wirtschaftlich und gesellschaftlich angesehenen Stellungen anzutreffen waren, paarten sich mit den allgemeinen Vorurteilen Neid und Mißgunst.

6.4.2 Auf dem Weg zur ‚Endlösung'

Die Nationalsozialisten orientierten ihre Propaganda von Anfang an am Judenhaß und schrieben den Juden einen Einfluß zu, den sie nachweislich nie hatten. Sie agitierten auch ungehindert mit den sogenannten *‚Protokollen der Weisen von Zion'*, die nach dem Ersten Weltkrieg in Deutschland in Umlauf gebracht wurden und lange auf breite Resonanz stießen, obwohl eine Londoner Zeitung sie bereits 1921 als Fälschung entlarvte. In den ‚Protokollen' wird erzählt, daß „300 Weise von Zion" die Schicksale der Welt lenken. In den antisemitischen Kreisen der Weimarer Zeit hielt man Rathenau für einen der ‚Weisen', die Deutschland vernichten und die jüdische Weltherrschaft errichten wollten.

In Goebbels' ‚Angriff' hieß es am 21. Januar 1929:

▸ „Gegen alle Injurien ist der Jude immunisiert: Lump, Parasit, Betrüger, Schieber, das geht ihm herab wie Wasser an der Teerjacke. Nenne ihn Jude, und du wirst mit Erstaunen feststellen, wie er betroffen wird, wie er plötzlich ganz klein in sich zusammensinkt: Ich bin erkannt!... Wir Nationalsozialisten, wir sind bis ins letzte über seine Wesenheit orientiert und haben den Mut..., unsere radikalen Schlüsse zu ziehen. Und die sind: Man kann den Juden nicht positiv bekämpfen. Er ist ein Negativum, und dieses Negativum muß ausradiert werden aus der deutschen Rechnung... Man kann sich nicht mit dem Juden über die Judenfrage auseinandersetzen. Man kann ja doch niemandem nachweisen, daß man das Recht und die Pflicht habe, ihn unschädlich zu machen... Der Jude hat in deutschen Fragen nichts mitzureden. Er ist Ausländer, Volksfremder, der nur Gastrecht unter uns genießt, und zwar ausnahmslos in mißbräuchlicher Weise. Die sogenannte religiöse Moral des Juden ist keine Moral, sondern eine Anleitung zum Betrug. Deshalb hat sie auch kein Recht auf Schutz und Schirm der Staatsgewalt... Wer den Juden schont, der versündigt sich am eigenen Volk. Man kann nur Judenknecht oder Judengegner sein. Die Judengegnerschaft ist eine Sache der persönlichen Sauberkeit." ◂

Im März 1930 beantragte die NSDAP im Reichstag ein ‚Gesetz zum Schutz der deutschen Nation'. Artikel 4 und 5 lauteten:

▸ „Wer es unternimmt, deutsches Volkstum und deutsche Kulturgüter fremdrassigen Einflüssen auszuliefern, wird wegen Kulturverrates mit Zuchthaus bestraft. Wer durch Vermischung mit Angehörigen der jüdischen Blutgemeinschaft oder farbigen Rassen zur rassischen Verschlechterung und Zersetzung des deutschen Volkes beiträgt oder beizutragen droht, wird wegen Rassenverrats mit Zuchthaus bestraft." ◂

Bei H. G. Adler, Die Juden in Deutschland, 147.

6.5 Religiöser, ökonomischer und politisch-rassistischer Antijudaismus als Einheit

6.5.1 *Die Haltung der Kirchen zum Holocaust*

Ohne einen fast zweitausendjährigen christlichen Antijudaismus hätte es nicht zu Hitlers Völkermord kommen können. Die christlichen Kirchen versagten in dieser Situation. Die Führung der katholischen Kirche reagierte mit Schweigen. Die Haltung der protestantischen Kirche war zwiespältig; wohl gab es die Bekennende Kirche; die der NS-Ideologie ergebenen Kreise aber gaben dem Regime mehr, als ihnen vom Regime selbst abverlangt wurde. Bis an die Schwelle des Dritten Reiches aber lebte sich in beiden Kirchen offen oder unterschwellig ein Antijudaismus aus religiösen Wurzeln aus, der sich der Zeit entsprechend nicht selten mit dem aus ökonomischen und politisch-rassistischen Gründen verband.

Um die Jahrhundertwende fand in Österreich ein immer noch religiös motivierter Antijudaismus großen Widerhall. Dort tat sich besonders die Partei der ‚Christlichsozialen' um Karl Lueger hervor, die sich gegen die „judenliberale Verfolgung des katholischen Volks" wandte. In Angelegenheiten, die sich gegen die Juden richteten, verband sie sich schnell mit den ihnen sonst wenig nahestehenden Parteien der ‚Deutschnationalen' und der sogenannten ‚Antisemiten'. Aus diesem Geist sagte am 21. Januar 1933 der Linzer Bischof Gföllner in einem Hirtenbrief, der im übrigen zur Abwehr national-sozialistischen Geistes verfaßt war:

▸ „Zweifellos üben viele gottentfremdete Juden einen überaus schädlichen Einfluß auf fast allen Gebieten des modernen Kulturlebens ... Das entartete Judentum im Bunde mit der Weltfreimaurerei ist auch vorwiegend der Träger des mammonistischen Kapitalismus ... Diesen schädlichen Einfluß des Judentums zu bekämpfen und brechen, ist nicht nur gutes Recht, sondern strenge Gewissenspflicht eines jeden überzeugten Christen, und es wäre zu wünschen, daß auf arischer und christlicher Seite diese Gefahren und Schädigungen ... nicht, offen oder versteckt, gar nachgeahmt und gefördert würden. In früheren Zeiten hat man ... der jüdischen Bevölkerung ein eigenes Wohngebiet, ein sogenanntes Ghetto angewiesen, um jüdischen Geist und Einfluß tunlichst zu bannen; die moderne Welt braucht zwar die Juden nicht des Landes zu verweisen, sollte aber in der Gesetzgebung und Verwaltung einen starken Damm aufrichten gegen all den geistigen Unrat und die unsittliche Schlammflut, die vorwiegend vom Judentum aus die Welt zu überschwemmen drohen." ◂

Zitiert nach H. G. Adler, a.a.O. 154.

In der Evangelischen Kirche schuf man 1933 einen Arierparagraphen, in dem es heißt, daß Personen nichtarischer Abstammung nicht als Geistliche und Beamte der allgemeinen kirchlichen Verwaltung berufen werden können und Geistliche und Beamte arischer Abstammung, die mit einer Person nichtarischer Abstammung die Ehe eingehen, zu entlassen sind. 1939 kam es in den evangelisch-lutherischen Kirchen Thüringens, Mecklenburgs, Anhalts und Sachsens zu antijüdischen Kirchengesetzen. In Thüringen lautete der § 1:

„Juden können nicht Mitglieder der Thüringer evangelischen Kirche werden."

Und zu Ende 1941 gaben die nationalkirchlichen evangelischen Kirchenführer eine Bekanntmachung über die kirchliche Stellung evangelisch getaufter Juden heraus. Sie lautete:

▸ „Die nationalsozialistische deutsche Führung hat mit zahlreichen Dokumenten unwiderleglich bewiesen, daß dieser Krieg in seinen weltweiten Ausmaßen von *den Juden* angezettelt worden ist. Sie hat deshalb im Inneren wie nach außen die zur Sicherung des deutschen Lebens notwendigen Entscheidungen und Maßnahmen gegen das Judentum getroffen. Als Glieder der deutschen Volksgemeinschaft stehen die unterzeichneten deutschen Evangelischen Landeskirchen und Kirchenleiter in der Front dieses historischen Abwehrkampfes, der u. a. die Reichspolizeiverordnung über die Kennzeichnung der Juden als der *geborenen Welt- und Reichsfeinde* notwendig gemacht hat, wie schon Dr. Martin Luther nach bitteren

„Die Gezeichneten: Das deutsche Volk hat jetzt einen endgültigen Strich gezogen zwischen sich und zwischen den Juden. Die hetzerischen Betrüger, die immer wieder versuchten unter der Maske der Scheinheiligkeit und Harmlosigkeit sich unter deutsche Menschen zu mischen, tragen nun das Kennzeichen, den Judenstern, der sie von allen anständigen Menschen unterscheidet. Sie haben jahrelang Deutschland beherrscht und ausgesogen. Nun haben sie die klare gekennzeichnete Stellung, die ihnen zukommt als fremde Parasiten in einem gesunden Volk."
Dieses ist der Originaltext, wie er von der damaligen Bildagentur 1941 vorgesehen war.

Erfahrungen die Forderung erhob, schärfste Maßnahmen gegen die Juden zu ergreifen und sie aus deutschen Landen auszuweisen.
Von der Kreuzigung Christi bis zum heutigen Tage haben die Juden das Christentum bekämpft oder zur Erreichung ihrer eigennützigen Ziele mißbraucht oder verfälscht. Durch die christliche Taufe wird an der rassischen Eigenart eines Juden, seiner Volkszugehörigkeit und seinem biologischen Sein nichts geändert. Eine deutsche Evangelische Kirche hat das religiöse Leben deutscher Volksgenossen zu pflegen und zu fördern. *Rassejüdische Christen haben in ihr keinen Raum und kein Recht.*
Die unterzeichneten deutschen Evangelischen Kirchen und Kirchenleiter haben deshalb jegliche Gemeinschaft mit Judenchristen aufgehoben. Sie sind entschlossen, keinerlei Einflüsse jüdischen Geistes auf das deutsche religiöse und kirchliche Leben zu dulden." ◀

Bei Joachim Beckmann, Kirchliches Jahrbuch für die Ev. Kirche in Deutschland: Evangelische Kirche im Dritten Reich, Gütersloh 1948, 481.

Konzentrationslager in Bergen-Belsen. Die Aufnahme entstand nach der Befreiung, am 15. 4. 1945.

6.5.2 *Das Holocaust*

▸ „... Unzählige Freunde und Bekannte wurden weggeholt in der grauenhaften Erwartung eines schrecklichen Loses. Abend für Abend rasen die grauen und grünen Militärautos durch die Straßen. Die ‚Grünen' (das ist die deutsche SS) und die ‚Schwarzen' (die holländische Nazi-Polizei) suchen nach Juden. Wo sie einen finden, nehmen sie die ganze Familie mit. Sie schellen an jeder Tür, und ist es vergeblich, gehen sie ein Haus weiter. Manchmal sind sie auch mit namentlichen Listen unterwegs und holen dann systematisch die ‚Gezeichneten'. Niemand kann diesem Schicksal entrinnen, wenn er nicht rechtzeitig untertaucht. Manchmal lassen sie sich auch Lösegeld bezahlen. Sie kennen die Vermögenslage ihrer Opfer.

Es ist wie eine Sklavenjagd in früherer Zeit. Ich sehe es oft im Geiste vor mir: Reihen guter, unschuldiger Menschen mit weinenden Kindern, kommandiert von ein paar furchtbaren Kerlen, geschlagen und gepeinigt und vorwärtsgetrieben, bis sie beinahe umsinken. Niemand ist ausgenommen. Die Alten, Babys, schwangere Frauen, Kranke, Sieche… alles, alles muß mit in diesem Todesreigen!"◂

Das Tagebuch der Anne Frank, Frankfurt/M 1955 u.ö., 51.

Die Vernichtung der Juden („Endlösung"), 1939–1944

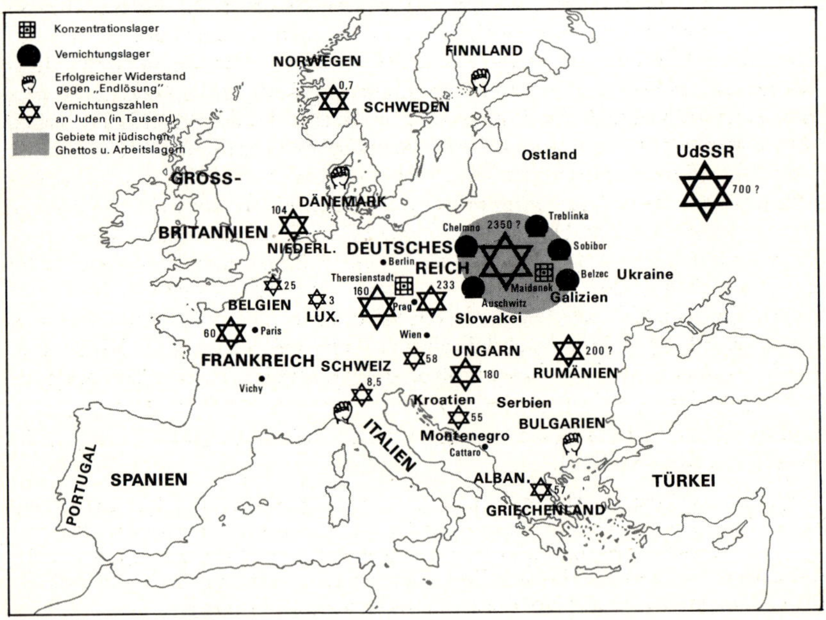

6.6 Ergänzendes Quellenmaterial

Antijudaismus in Antike und Mittelalter

Augustinus (354–430) setzt sich mit den Juden rein theologisch auseinander. Sein Antijudaismus ist theoretisch, nicht praktisch. Gerade deswegen aber ist seine Wirkung so entscheidend gewesen. Er lieferte den nachfolgenden Jahrhunderten den prägnant formulierten Beweisgrund, daß die Zerstreuung der Juden in alle Welt zur Zeugenschaft für die Christen und ihren allein wahren Glauben geschehen sei. Zum jüdischen Anspruch der Auserwähltheit äußert Augustinus:

„Wenn aber die Juden dies hören (die biblischen Zeugnisse zum Lobe Israels), antworten sie mit erhobenem Haupte: ‚Wir sind es. Von uns ist es gesagt. Denn wir sind Israel, Gottes Volk, und uns erkennen wir in seinen Worten, wenn er sagt: ‚Höre mein Volk, und ich will zu dir sprechen, Israel, und ich will dir Zeugnis geben‘ (Ps 50, 7). Wir können folgendes in Kürze zu ihnen sagen, wie wenn sie vor uns stünden: Ihr also gehört zu jenem Volke, welches ‚der Gott der Götter berufen hat von Sonnenaufgang bis Sonnenuntergang‘ (Ps 50,1, vgl. 107,3). Seid ihr nicht aus Ägypten ins Land Kanaan geführt worden? (Aber ihr seid) nicht dorthin berufen, sondern von dort zerstreut. Gehört ihr nicht eher zu den Feinden dessen, der im Psalm spricht: ‚Mein Gott hat mir an meinen Feinden bewiesen: Töte sie nicht, damit sie nicht dein Gesetz vergessen; zerstreue sie in deiner Macht‘ (Ps 59,11,12)? Deshalb vergeßt ihr nicht das Gesetz Gottes, sondern tragt es überall hin, den Völkern zum Zeugnis, euch zur Schmach, und ohne es zu verstehen, reicht ihr es dem Volke, das von Sonnenaufgang bis Sonnenuntergang berufen ist. Oder wollt ihr etwa leugnen? Und was mit solcher Autorität vorhergesagt ist und sich mit solcher Augenscheinlichkeit erfüllt hat – ist so groß eure Blindheit, daß ihr es nicht seht, oder so unfaßbar eure Schamlosigkeit, daß ihr es nicht wahr haben wollt?... Wenn ihr mit Recht sagen wollt: ‚Wir sind es‘, so sagt es dort, wo ihr hört: ‚Für die Sünden meines Volkes ist er zum Tode geführt worden‘ (Jes 53,8). Über Christus ist dies nämlich gesagt, den ihr in euren Eltern zum Tode geführt habt; wie ein Lamm wurde er zur Opferung geführt, damit ihr das Passah, das ihr ohne Einsicht feiert, ohne Einsicht durch euer Wüten erfüllet. Wenn ihr mit Recht sagen wollet: ‚Wir sind es‘, sagt es dann, wenn ihr hört: ‚Verstocke das Herz dieses Volkes, und verhärte ihre Ohren, und blende ihre Augen‘ (Jes 6,10). Dann sagt: ‚Wir sind es‘, wenn ihr hört: ‚Den ganzen Tag strecke ich meine Arme aus zu dem ungläubigen und störrischen Volke‘ (Jes 65,2). Dann sagt: ‚Wir sind es‘, wenn ihr hört: ‚Ihre Augen mögen umdüstert werden, daß sie nicht sehen, und ihr Rücken sei stets gebeugt‘ (Ps 69,24). Bei diesen und ähnlichen Prophezeiungen saget: ‚Wir sind es‘, wo ihr es ohne jeden Zweifel seid. Aber so blind seid ihr, daß ihr behauptet, ihr seiet es, wo ihr es nicht seid, und euch nicht erkennt, wo ihr es seid.“

Augustinus, Tract. adv. Iudaeos 7,9,10. In: PL 57–59, zitiert nach: Kirche und Synagoge I, 94 f mit Auslassungen.

Die praktischen Konsequenzen einer Haltung wie der Augustins lassen sich an einem Zeugnis des 5. Jahrhunderts ablesen, dessen Verfasser wir nicht kennen, das aber das Mittelalter hindurch Augustinus zugeschrieben wurde, weswegen es eine entsprechende Autorität besaß. In einer Disputation (‚Altercatio Ecclesiae et Synagogae‘) spricht die allegorische Figur der Kirche zur allegorischen Vertreterin des Judentums, der Synagoge:

„Du kannst dich nicht ändern, immer verneinst du und in Falschheit streitest du darüber, was falsch ist. Gewiß habe ich zuvor gesagt, daß du regiert hast, als das Volk Israel ein großes Reich besaß. Wenn du ständig noch regierst, will ich zugeben, daß du frei bist und noch nicht mir zum Dienst unterworfen bist. Schau auf die Feldzeichen der Legionen, und du findest dort den Namen des Erlösers: siehe, die Bekenner Christi sind die Herrscher, und erkenne, daß du von der Regierung ausgeschlossen bist, und gestehe, daß du uns – gemäß dem Versprechen des Testaments – dienst: du zahlst mir Tribut, du hast keinen Zugang zur Regierung, du kannst keine Präfektur innehaben; ein Jude kann nicht Comes sein, der Eintritt in den Senat ist dir untersagt... Du wirst in den Militärdienst nicht aufgenommen, zur Tafel der Reichen wirst du nicht zugelassen, du hast den Ritterstand verloren, alles ist dir verboten; selbst zum Essen, damit du dein Leben fristen kannst, erhältst du von uns das Nötigste. Da du also des Höchsten und Bedeutendsten ermangelst, lies, was der Rebekka gesagt worden ist, als sie die Zwillinge gebar: ‚Zwei Stämme sind in deinem Schoß und zwei Völker werden sich scheiden aus deinem Leibe, und ein Volk wird dem anderen überlegen sein, und der Ältere wird dem Jüngeren dienen' (Gen 25,23)."

Altercatio Ecclesiae et Synagogae. In: PL 42, 1132f, zitiert nach: Kirche und Synagoge I, 100f.

Im Jahrhundert der Konstantinischen Wende wirft eine Episode aus dem Jahr 388 ein bezeichnendes Licht auf den Wandel in den Beziehungen zwischen Christen und Juden. In dem Grenzstädtchen Kallinikon in Mesopotamien hatte die von ihrem Bischof aufgehetzte Menge die Synagoge in Brand gesteckt und geplündert. Auf eine Anfrage des zuständigen Statthalters hin gibt Kaiser Theodosius die Weisung, daß nach den Gesetzen die Schuldigen bestraft und die Synagoge auf Kosten des verantwortlichen Bischofs wieder aufgebaut werde. Als *Ambrosius*, Bischof von Mailand (339–397), davon erfährt, ist er über die Haltung des Kaisers empört. Er stellt sich auf die Seite der Brandstifter und erklärt höhnend, alle Verantwortung zu übernehmen; dann möge der Kaiser ihn nur strafen.

„Das, o Kaiser, wünsche ich, daß du an mir eher ahndest, und, wenn du das für ein Verbrechen ansiehst, du mich dafür verantwortlich machest. Warum gegen Abwesende ein Gerichtsverfahren anstrengen? Hier hast du einen gegenwärtigen und einen geständigen Angeklagten. Ich erkläre, daß ich die Synagoge in Brand gesteckt habe, daß jedenfalls ich es ihnen zu tun befohlen habe, um den Ort zu beseitigen, an dem Christus geleugnet wird. Wenn mir entgegengehalten wird, warum ich nicht hier (in Mailand die Synagoge) in Brand gesteckt habe? Sie ist schon dank einem göttlichen Urteilsspruch (durch Blitzschlag) verbrannt, und damit ist mein Werk überflüssig geworden. Und wenn nach der Wahrheit geforscht wird, (so gebe ich zu): ich habe es (zu tun) vernachlässigt, da ich nicht geglaubt habe, daß es bestraft würde.... Soll denn der Ort des jüdischen Unglaubens aus der bei den Christen gemachten Beute erbaut werden, soll das dank Christi Wohlwollen gesammelte Geld in den Besitz der Ungläubigen überführt werden? Ehemals sind Götzentempel, wie wir lesen, aus der bei den Kimbern und anderen Feinden gemachten Beute erbaut worden. Sollen nun die Juden an die Front ihrer Synagoge schreiben (können): ‚Tempel des Unglaubens, errichtet aus der bei den Christen gemachten Beute'?... Dies ist kein genügender Grund für solche Erregung, daß wegen eines verbrannten Gebäudes das Volk so streng bestraft werden soll, und

um so weniger, da eine Synagoge eingeäschert worden ist, dieser... Ort des Unglaubens, diese Heimstatt der Gottlosigkeit, dieser Schlupfwinkel des Wahnsinns, der von Gott selbst verdammt worden ist...
Willst du den Juden diesen Triumph über die Kirche gewähren, diesen Sieg über das christliche Volk, diesen Jubel, o Herrscher, den Ungläubigen, diese Glorie der Synagoge und diese Trauer der Kirche?...
Was hat der Fromme gemein mit dem Ungläubigen? Mit dem Ungläubigen müssen auch die Bezeugungen des Unglaubens ausgerottet werden..."

Ambrosius, Epist. 40. In: PL 16, 1104ff, zitiert nach: Kirche und Synagoge I, 91f.

Die Auseinandersetzung zwischen Kaiser und Bischof führte bis zur Verweigerung des Abendmahls durch Ambrosius. Theodosius kapitulierte schließlich und gewährte die Amnestie.

Aus der Speyrer Juden- und Ghetto-Ordnung, in der Bischof Matthias den Juden gebot:

„1. daß alle Juden von über fünf Jahren den gelben Ring und die Frauen zwei blaue Streifen tragen müssen;
2. daß die Kleidung von derjenigen der Christen unterschieden sein muß;
3. daß die Juden jeden Umgang mit Christen meiden sollen;
4. daß sie ohne Sondergenehmigung keine Synagogen oder Schulen erbauen oder die vorhandenen nicht gebrauchen dürfen;
5. daß sie abgesonderte und entlegene Wohnplätze haben sollen;
6. daß sie keinerlei Geschäfte an christlichen Feiertagen betreiben dürfen;
7. daß sie keinen Zinseszins nehmen dürfen;
8. daß sie sich in der Karwoche in der Öffentlichkeit nicht zeigen sollen;
9. daß sie dem bischöflichen Richter unterworfen sind."

Monumenta Judaica, 2000 Jahre Geschichte und Kultur der Juden am Rhein, Köln 1963, B 316.

Der Antisemitismus des 20. Jahrhunderts

Der folgende Text zum Gegensatz von Christentum und Judentum stammt von einem Nationalökonomen, der erklärter Katholik war und sich häufig im katholischen Pressewesen zu Wort meldete. Der Text spiegelt ein weit verbreitetes Denken zur Kaiserzeit wider.

„Das jüdische Wesen ist eben dem deutschen völlig entgegengesetzt... deutsche Innigkeit, deutsches Gemütsleben, deutscher Glaube, deutscher Idealismus können mit jüdischem Sarkasmus, jüdischem Spotte, jüdischem Skeptizismus, jüdischem Materialismus keinen Bund eingehen. Christentum und Judentum sind in gleichem Maße Gegenpole, wie Deutschtum und Judentum. Die moderne jüdische Weltanschauung verlegt den Schwerpunkt des Daseins ins Diesseits, das Christentum ins Jenseits."

Hans Rost, Gedanken und Wahrheiten zur Judenfrage, Trier 1907, 66.

Die Äußerungen Hans Hauptmanns, eines sich nicht erklärt, aber doch auch christlich verstehenden Schriftstellers aus der Zeit unmittelbar vor der Machtergreifung Hitlers zeigen, wie fragwürdig es ist, religiösen, ökonomischen und rassistischen Antijudaismus voneinander scharf zu trennen.

„Dennoch neigen die meisten Menschen immer noch dazu, anzunehmen, daß

diese ungeheuerliche Tatsache der Beherrschung der gesamten Menschheit durch die winzigen Häuflein ihr zwar beigemischter, sich jedoch innerlich streng von ihr absondernder Fremdlinge das Ergebnis einer elementaren Wirtschaftsgestaltung, keineswegs das eines mit imponierender Zähigkeit durch Jahrhunderte verfolgten Planes sei, der die zahllosen Judensplitter in allen Völkern zu einigem Wollen und Handeln zusammengeballt hat. Ganz begreiflich, besonders bei deutschen Menschen, die sogar in ihrer staatlich geschlossenen Volksmasse bis heute noch nicht zu einer gemeinsamen Lebenslinie sich haben durchringen können. Diese Menschen lehnen die Behauptung, daß ‚deutsche', ‚französische', ‚englische' usw. Staatsbürger jüdischen Glaubens nach einem für ihr Kollektiv gültigen Einheitsgesetze sich betätigen, als einen phantastisch-illusionistischen Unsinn ab.
Dazu kommt bei den Christgläubigen die unsinnige Gleichsetzung des jüdischen Nationalgottes Jehova mit dem Allvater und der Vorstellung Jesu und das unfügliche Dogma von einer jüdischen Abstammung des großen Galiläers, aus welchen zu Kirchenlehren erhobenen Unterstellungen durch Anerkennung des Alten Testaments als eines heiligen Buches die irreführende und verderbliche Konstruktion einer gemeinsamen Wurzel des Christentums mit dem Judentum hergeleitet wird. Die natürliche Folge dieser Unwahrhaftigkeit ist es, daß die Anmaßung von der Gotterwähltheit des Judentums auch in den Köpfen der Christenheit spukt und alle in der Kirchenlehre Befangenen verhindert, dem feindseligen Wirken der jüdischen Gastsplitter im Fleische der christlichen Völker die so bitter notwendige Abwehr entgegenzusetzen.
So ist Juda seit jeher in der glücklichen Lage gewesen, sich innerhalb seiner arischen Wirtsvölker passiven Mehrheiten gegenüber zu wissen, deren Einstellung der Judenheit sogar ermöglichte, so große Geltung bei ihnen zu erlangen, daß sie, bewußt und unbewußt, zu eifrigen Fürsprechern und Förderern der jüdischen Vernichtungsziele mit Erfolg mißbraucht werden konnten. Das ist vornehmlich… in den christlichen Kirchen selbst, im ganz vom Judengeiste durchtränkten Jesuitenorden und in besonders nachdrücklicher Weise in den Freimaurerlogen geschehen.
Schon in früheren Jahrhunderten, als das noch lebendigere Rassegefühl der Arier sie in den Juden eine minderwertige Menschenklasse erfühlen ließ und ihnen instinktmäßig zur Notwendigkeit machte, diese unerwünschten Mitläufer streng von sich abzusondern, ist es einigen Exponenten des Judentumes, trotz Ghetto und verächtlicher Einschätzung, gelungen, großen und der Allgemeinheit schädlichen Einfluß an Fürstenhöfen, in Staat und Wirtschaft zu gewinnen. Die ganze Furchtbarkeit der im Judentume lebendigen destruktiven Kräfte aber konnte sich erst auszutoben beginnen, als mit dem Humanitätsdusel des aufgeilenden Liberalismus der selbstmörderische Wahnsinn der Judenemanzipation in den arischen Kulturvölkern einsetzte…
Die wenigen, die klar zu sehen vermochten und nunmehr mit größerem oder geringerem Geschick den Kampf gegen das Judentum aufnahmen, stießen nicht nur auf die ungemein elastische jüdische Abwehrfront, sondern sahen sich sogar von der Mehrheit der Nichtjuden teils angegriffen, teils verspottet, so, als wäre ihr Vorhaben nicht etwa zum Nutzen, sondern zum größten Nachteile des vom Judentume ausgebeuteten und vergewaltigten Wirtsvolkes gedacht.

Die christlichen Kirchen, auf den trügerischen Lehrsatz der Gleichheit alles dessen, ‚das Menschenantlitz trägt', eingeschworen, erwiesen sich ebenso als Schützer und Verteidiger der Juden, wie die freidenkerischen und die in einem verschwommenen Kosmopolitismus sich gefallenden Kreise..."

Hans Hauptmann, Die systematische Vernichtung der arischen Kulturgüter. In: Der Jud ist schuld ...? Ein Diskussionsbuch, Basel-Berlin 1932, 152–154.

7. ZUR GEGENWÄRTIGEN LAGE DES JUDENTUMS

7.1 Diaspora und Israel

▸ „Die große Katastrophe, die das europäische Judentum heimgesucht hat und deren Ausmaße ohne Präzedenzfall in der Geschichte sind, hat die Beschaffenheit des jüdischen Volkes, vor allem in zahlenmäßiger Hinsicht, merklich verändert. Infolge der Vernichtung des europäischen Judentums durch die Nazis und ihre Bundesgenossen während des Zweiten Weltkrieges ist das jüdische Volk um ein volles Drittel reduziert worden. Im Jahre 1946 betrug die Anzahl der Juden wie im Jahre 1900 nur 11 Millionen, nachdem die gesamte natürliche Vermehrungsziffer der vorhergehenden 46 Jahre durch einen noch nie dagewesenen, systematischen Massenmord zunichte gemacht worden war. ... die Zahl der europäischen Juden seit 1939 auf mehr als zwei Drittel zusammengeschrumpft ist und ... die Judenheit Europas, die im Jahre 1840 87% und im Jahre 1939 56% der Weltjudenheit ausmachte, im Jahre 1946 nur noch etwas über ein Viertel der Weltjudenheit betrug. Das jüdische Volk ist demnach nunmehr zu einem ‚amerikanischen' Volk geworden, nachdem es vorher ein europäisches Volk gewesen war." ◂

Zvi Rudy, Soziologie des jüdischen Volkes, Reinbek bei Hamburg 1965, 17.

Von den 14230000 Juden in der ganzen Welt leben heute 5,8 Millionen in den USA, 305000 in Kanada und 475000 in Argentinien. In Europa leben rund 2,7 Millionen in der UdSSR, 550000 in Frankreich und 410000 in Großbritannien. In allen anderen europäischen Staaten stellen die Juden in zahlenmäßiger Hinsicht nur noch eine kleine Minderheit dar. So leben in der Bundesrepublik rund 27300, in der DDR gar nur noch etwa 500 Juden, während es in den Grenzen des Deutschen Reiches 1933 noch rund 600000 waren. In Israel (mit Einschluß Ost-Jerusalems) leben etwa 3 Millionen Juden. Trotz der Gründung des jüdischen Nationalstaates gibt es also noch eine große Diaspora, die zahlenmäßig größer ist als die jüdische Bevölkerung Israels. Das Leben in der Diaspora unterscheidet sich auch grundlegend von dem in Israel.

▸ „Die Diaspora bestimmt nicht nur die Beziehungen von Mensch zu Mensch im Innern, sondern auch die Beziehungen der Gesamtgruppe nach außen. Verstärktes Zusammengehörigkeitsgefühl im Innern bedeutet Abgeschlossenheit nach außen – beides vorwiegend als Schutz, obwohl sich die örtliche Abgeschlossenheit nach einiger Zeit auch in psychologischer, gesellschaftlicher und kultureller Hinsicht bemerkbar macht. So entsteht die eigentümliche Welt des Diaspora-Judentums: zusammengeschlossen, mit eigener gesellschaftlicher und sogar politischer Struktur, voller Lebenskraft – im Innern; nach außen aber abgeschlossen, ohne Verbindung mit der Außenwelt und zumeist auch ohne den Wunsch, eine solche Verbindung aufzunehmen. Soweit solche Beziehungen bestehen, sind sie in der Regel durch ein Gefühl der Fremdheit und Spannung gekennzeichnet. Hierbei handelt es sich nicht nur um Tatsachen, welche die Gegenwart betreffen. Die soziale Logik bringt die Ereignisse einer gewissen Epoche ohnehin in Zusammenhang mit Entwicklungen in der Vergangenheit und denen, die man für die Zukunft erhofft. Die Frage, die sich der Jude – und mitunter auch der Nichtjude – stellt, ist: Wie und warum ist das eingetreten, was eingetreten ist? Und zweitens: Wie und wann wird das Problem der Diaspora seine Lösung finden? Schließlich ist die Diaspora kein Phänomen, das sich als Folge einer natürlichen Entwicklung erklärt und immer bestehenbleiben muß." ◀

Zvi Rudy, a.a.O. 203 f.

Dennoch hat sich das Selbstverständnis der Diaspora seit dem Bestehen Israels grundlegend gewandelt: Man spricht nicht mehr von einer „Verstreuung" (Gola) der Juden, sondern von „Verbreitung" (Tefuza). Ein weiterer Sinneswandel steht im Zusammenhang mit Hitlers „Endlösung", für die Auschwitz als Symbol steht.

▶ „Für einen Juden ist nach Auschwitz nur eines sicher: er darf nicht Partei nehmen für die Mörder und tun, was sie unvollendet hinterlassen haben. Der religiöse Jude, der die Stimme vom Sinai gehört hat, muß im Zuhören verweilen, während er die befehlende Stimme von Auschwitz vernimmt. Und der verweltlichte Jude, der Sinai längst vergessen hat und nun die Stimme von Auschwitz hört, darf diese Stimme nicht als Weg mißbrauchen, um 4000 Jahre jüdischen Glaubensbekenntnisses zu zerstören. Die Rabbinen behaupten, daß der erste Tempel infolge Idolatrie (= Götzendienst) zerstört wurde. Juden dürfen nicht den Tempel, der aus den Tränen von Auschwitz besteht, zerstören, indem sie wissentlich oder unwissentlich Hitlers Werk tun." ◀

Übersetzt aus: Emil L. Fackenheim, God's Presence in History: Jewish Affirmations and Philosophical Reflections, New York-London 1970, 89.

Für den Diaspora-Juden folgt daraus die Verpflichtung, nicht den Weg der Assimilation zu gehen. Denn die „Stimme von Auschwitz" befiehlt den Juden, ihr Judentum nicht aufzugeben, wenn sie nicht Hitlers „Endlösung" nachträglich siegen lassen wollen. In diesem Zusammenhang ist auch Israel, das Symbol jüdischer Wiederauferstehung, das auf Auschwitz, dem Symbol jüdischen Todes, folgte, von der „Stimme von Auschwitz" mit einer messianischen Aura umgeben. Denn das jüdische Überleben, eine allen sichtbare und unleugbare Tatsache, ist ein Zeichen dafür, daß Gott noch immer der Herr der Geschichte ist und sein Volk nicht verlassen hat.
Diese Gedanken jüdischer Geschichtstheologie veranschaulichen die Gründe, die heute in einem zunehmenden Maße zur Wiederentdeckung jüdischer Werte in der Diaspora führen. Sie erklären, warum die Juden außerhalb Israels ihr eigentliches Zentrum in eben diesem Staate sehen und diesen folglich mit allen Kräften unterstützen.

7.2 Das Judentum in seinen Hauptströmungen

Die wichtigsten Gruppen des heutigen Judentums sind: Orthodoxe, Chassidim, Konservative und Liberale bzw. Reformjuden. Der Hauptunterschied zwischen dem orthodoxen Judentum und den anderen Gruppen besteht – überspitzt formuliert – in der Auslegung des 9. Glaubensgrundsatzes des Maimonides über die

Unwandelbarkeit der Torah. Während die Orthodoxen von einem wörtlichen Verständnis ausgehen, lehnen die nicht-orthodoxen Gruppen ein solch starres Festhalten an der Tradition ab.

7.2.1 *Das orthodoxe Judentum*

Die Orthodoxie ist zu einem großen Teil mit dem sephardischen Judentum, das wenige Reformen in seinen Riten und Bräuchen kennt, identisch. Im eigentlichen Sinne handelt es sich jedoch um eine Neu-Orthodoxie, die aus der Bewegung der „Altgläubigen" des 19. Jh hervorgegangen ist. Letztere hatten erbittert die Haskala und die im Zeichen der Assimilation eingeführten kultischen Neuerungen des liberalen Judentums bekämpft: die deutsche Sprache als Gebetssprache, das Orgelspiel, die Abschaffung der Bima und der getrennten Sitzordnung von Männern und Frauen sowie die Imitation des Pastorengewandes.
Die beiden Zentren orthodoxer Frömmigkeit sind heute die USA und Israel. Besonders in den USA hat die Orthodoxie – wie alle anderen jüdischen Gruppen auch – eine Entwicklung durchmachen müssen, einen Prozeß der Amerikanisierung. Sie ist keine unbewegliche Größe mehr, die im Wettstreit der Ideen statisch verharrt. Ihr Verhältnis zu den anderen Gruppen des Judentums, besonders gegenüber den Konservativen, gestaltet sich heute ungezwungener. Das gilt jedoch nur für Amerika.
In den USA ist die Zugehörigkeit zu einer Kirche oder religiösen Gemeinschaft nicht nur Ausdruck persönlicher Frömmigkeit, sondern häufig auch ein solcher des sozialen Status. Der soziale Aufstieg kann zum Verlassen der alten religiösen Gemeinschaft und zum Eintritt in eine neue führen, deren Mitglieder einen ähnlichen sozialen Status innehaben. Religiöse Zugehörigkeit ist daher nicht wie in Europa unbedingt mit einer lebenslangen Mitgliedschaft in dieser oder jener religiösen Gemeinschaft verbunden. Und die Mitgliedschaft in einer Gemeinschaft schließt auch nicht den Besuch von religiösen Veranstaltungen anderer Gemeinschaften aus. Das trifft auch auf das amerikanische Judentum zu.

▸ „Man kann sehr wohl, aus Anlaß der großen Feste, eine orthodoxe Synagoge besuchen, da sie gewissen Gewohnheiten einer bestimmten Tradition, an die man gewöhnt ist, entspricht, während man für den Rest des Jahres ein Leben führt, das nichts besonders Orthodoxes an sich hat". ◂

Übersetzt aus: Kurt Hruby, Le judaisme religieux aujourd'hui – ses principaux courants. In: Sidic 3 (1970) 20.

Die für Amerika typische Wettbewerbssituation zwischen den Denominationen trifft also auch auf die jüdischen Gruppen zu, wie auch aus dem in letzter Zeit verstärkt zu beobachtenden Anwachsen der Konversion gefolgert werden kann. Allerdings verstehen sich die jüdischen Gruppen nicht als Denominationen oder Konfessionen. Denn entsprechend dem Volkscharakter des Judentums hat jede Gruppe das ganze Volk Israel zum Ziel. Für das orthodoxe Judentum kann das jedoch nur ein an die Torah gebundenes Israel sein. Man kann als Leitbild der Orthodoxen die Idee der Torah anführen.
Der eigentliche Ort der Auseinandersetzung zwischen Orthodoxen und Konservativen über das richtige Verständnis der Mizwot und der damit zusammenhängenden Halacha ist der Staat Israel. Da hier in der Vergangenheit die regierenden Ar-

beiterparteien auf die Koalition mit der National-Religiösen Partei angewiesen waren, sahen sich die orthodoxen Führer in der Lage, zahlreiche Entscheidungen der Regierung auf religiösem Gebiet zu ihren Gunsten zu beeinflussen. Demzufolge ist das israelische Rabbinat durchweg orthodox. Zur Zeit gibt es nur wenige liberale und konservative Synagogen im Land.

7.2.2 *Die Chassidim*

Auch die Chassidim (die „Frommen") halten – wie die Orthodoxen – an einer strengen Beobachtung der minutiösen Vorschriften der Halacha fest. Aber im Zentrum ihrer Frömmigkeit stehen das mystische Erlebnis und die emotionale Bindung an das jeweilige Oberhaupt („Rebbe") der verschiedenen Dynastien, die nach ihren osteuropäischen Herkunftsorten benannt werden. Die Lubavitscher, die größte Gruppe, nennen sich auch Chabad Chassidim. „Chabad" ist zusammengesetzt aus den Anfangsbuchstaben der drei höchsten göttlichen Emanationen im kabbalistischen System: „chochmah" („Weisheit"), „binah" („Vernunft") und „da'at" („Wissen"). Die Chabad Chassidim haben ihren Hauptsitz in Brooklyn (New York), sowie zahlreiche Informationszentren in vielen Ländern (z.B. ein Lubavitsch-Haus in Hamburg).

▸ „Die Einzigartigkeit von Chabad beruht darauf, daß es bemüht ist, andere Juden zu erreichen und – wenn nicht Chabadniks aus ihnen zu machen – sie doch wenigstens der Orthodoxie etwas näher zu bringen. In einer seiner Publikationen beschreibt es sich selbst tatsächlich als ‚eine Mission der Juden durch Juden'. ... Chabad-Vertreter besuchen regelmäßig Colleges und Militärlager, sie halten einmal im Monat einen Kindergarten ab für eine kleine Zahl von jüdischen Kindern, die Meilen entfernt von der nächsten Synagoge oder Talmud-Torah-Schule leben, und sie senden sogar einen Mohel zur Beschneidung eines Kindes auf eine entfernte karibische Insel. Chabad hat ein weitläufiges Netz von Schulen entwickelt und Textbücher für jüdische Kinder erstellt, die an einem Nachmittag in der Woche von der öffentlichen Schule befreit sind, um eine religiöse Unterweisung zu empfangen. Dem Touristen in Jerusalem, der die Westmauer besichtigt, kann es passieren, daß sich ihm ein Chabad Chassid mit einem Paar Tefillin in seiner Hand nähert und ihn auffordert, sie an jenem Ort anzulegen." ◂

Übersetzt aus: Hasidism. Edited by Aryeh Rubinstein (Popular Judaica Library), Jerusalem 1975, 107.

Ich fragte einmal meinen Freund Moische Green: „Wer wird den Platz des Rebbe einnehmen, wenn – Gott möge uns davor bewahren – er diese Welt verläßt?" Er antwortete: „Daran denken wir nicht. Nur der Messias selbst kann einen solch großen Zaddik („Gerechter") ersetzen. Ich selbst glaube, bevor der Rebbe uns verläßt, wird der Messias nach Brooklyn kommen und uns nach Hause ins Gelobte Land führen."

Übersetzt aus: Harvey Arden, The Pious Ones, in: National Geographic Magazine 148 (1975) 289.

7.2.3 *Das konservative Judentum*

Solomon Schechter (1850–1915) bezeichnete das konservative Judentum als „das katholische Israel". Die Idee des Volkes Israel, seine Einheit in aller Verschiedenheit, stellt folglich das Leitbild der Konservativen dar. Zur „Katholizität" gehören Torah, Geschichte und Tradition. Die Konservativen, die zahlenmäßig Orthodoxe und Reformjuden in Amerika überholt haben, verstehen sich als die „authentischen Juden des rabbinischen Judentums".

▸ „Das konservative Judentum ist der Überzeugung, daß es einen einzigartigen Zugang zu den Mizwot (= Summe der religionsgesetzlichen Verpflichtung) und besonders zu dem Problem der Aufrechterhaltung ihrer Befolgung besitzt. Die Konservativen behaupten, daß es möglich ist, eine Änderung der Halacha (jüdisches Gesetz) zu befürworten und gleichzeitig der Halacha gegenüber treu zu bleiben. Veränderung wird für wesentlich gehalten. Vom konservativen Standpunkt ist die Beachtung der religionsgesetzlichen Vorschriften erschwert, wenn nicht unmöglich geworden infolge dessen, was als orthodoxe Verknöcherung angesehen wird. Da der moderne Jude den Anforderungen der Halacha nachkommen muß, kann eine solche Loyalität vernünftigerweise nicht erwartet werden, wenn nicht die Halacha den Bedürfnissen des modernen Juden entspricht. Daher tragen aus konservativer Sicht die orthodoxen Autoritäten, die sich weigern, eine Änderung gutzuheißen, noch mehr sie anzuregen, einen Teil der Verantwortung für den beklagenswerten Niedergang der Beachtung der religionsgesetzlichen Vorschriften. ...

So wie es die Konservativen sehen, sind gewisse Mizwot veraltet oder sogar dem modernen Geist feindlich. Im Interesse einer Förderung ihrer Befolgung, ebenso auch aus dem Wunsche intellektueller Redlichkeit, sollten solche Mizwot für null und nichtig erklärt werden. Ferner müssen mit Nachdruck die wesentlichen Forderungen des heiligen Systems gefördert werden. Kleinliche Einzelheiten des jüdischen Kodex können sicherlich unbeachtet bleiben. Mizwot, die ihrem Wesen nach mehr ‚Zäune um die Torah' sind, als daß sie von zentraler Bedeutung für die Torah selbst sind, können erlaubterweise aufgegeben werden. ...

Das Wesen der konservativen Position besteht daher in der Liberalisierung. Indem die Konservativen glauben, daß die Liberalisierung ihre Daseinsberechtigung ausmacht, behaupten sie auch, daß die Liberalisierung eine Förderung der Beachtung der religionsgesetzlichen Vorschriften ermöglicht. ... In Ergänzung zur Liberalisierung hat die konservative Plattform zwei zusätzliche Programmpunkte aufzuweisen. Einer ist die ‚Erneuerung': die Entwicklung neuer Beobachtungen der religionsgesetzlichen Vorschriften oder Handlungsweisen, die erforderlich werden, wenn ein Bedürfnis besteht, die traditionellen Mizwot zu ersetzen, abzuändern oder auszuweiten. Der andere ist die ‚Verschönerung': die Forderung, daß die Mizwot in einer so weit wie möglich ästhetischen Weise praktiziert werden – ‚das schöne jüdische Heim'." ◂

Übersetzt aus: Marshall Sklare, Recent Developments in Conservative Judaism. In: Midstream 18 (1972) 11.

7.2.4 Liberales Judentum und Reform-Judentum

Das Liberale Judentum und das amerikanische Reform-Judentum sind beide aus der Reformbewegung des 19. Jh hervorgegangen. Auch die in England anzutreffenden „Reform-Synagogen" entstammen dieser Reformbewegung, sind dann aber schon frühzeitig einen eigenen Weg gegangen. Trotz bestehender Unter-

schiede zwischen den einzelnen Reformrichtungen arbeiten diese in der 1926 gegründeten „World Union for Progressive Judaism" zusammen. Insbesondere in England ist die Zusammenarbeit zwischen Liberalen und Reform-Synagogen sehr eng. Allen Richtungen gemeinsam ist die Überzeugung, das lebendige Judentum zu verkörpern, dem das Verhältnis des Menschen zu Gott und zum Mitmenschen wichtiger ist als z.B. die Vorschriften des Schulchan Aruch. Die Gültigkeit der Torah bleibt unangetastet, aber jede Generation steht gleichsam neu vor der Torah. Der traditionelle „Zaun um die Torah" wird teilweise als hinderlich angesehen, um zu einem lebendigen Verständnis des göttlichen Willens zu gelangen.
Seine meisten Anhänger hat das reformierte Judentum in den USA. Charakteristisch sind folgende synagogale Reformen: Gebete in der Volkssprache, Orgelspiel und gemischte Chöre, Abschaffung der für die Frauen reservierten Galerien zugunsten von Familienbänken, Unbedecktlassen des Hauptes beim Gebet, Zeremonien des Bar-Mizwa für Mädchen, Auslassen des jeweils zweiten Festtages von Pessach, Schawuot und Sukkot und Erleichterung des Übertritts von Nichtjuden zum Judentum. Neuerdings werden auch Frauen zu Rabbinern ordiniert.

▸ „Was man auch immer denken mag über die Vereinbarkeit des Weges, auf dem es (= Reformjudentum) sich engagiert, mit den Prinzipien des Judentums selbst, so darf man dennoch nicht den beachtenswerten Erfolg unterschätzen, den das reformierte Judentum in den Vereinigten Staaten im Bereich der Aufrechterhaltung eines jüdischen Bewußtseins bei seinen Anhängern erreicht hat. Ganz bewußt will es ‚the American way of life' des Judentums sein. Aus diesem Grunde hat es nicht gezögert, sich nach der Weise des amerikanischen Lebens von versteinerten Strukturen zu befreien. Seine ‚Tempel' ... sind überwiegend, und oft auch in erster Linie, Zentren der Kultur und des sozialen Lebens.
Die Zusammenarbeit mit den anderen Bewegungen ist gewißlich nicht immer leicht gewesen, und oft ist sie einfach unmöglich gewesen. Das gilt besonders in Hinblick auf die erleichterte Handhabung des Übertritts zum Judentum durch gewisse reformierte Rabbiner – im Gegensatz zu den strengeren Regeln der Halacha (religiöses Gesetz) in diesem Punkte. Die Vereinigungen von solchen ‚Konvertiten' mit geborenen Juden können von traditionalistischen Rabbinern nicht anerkannt werden, und es besteht dort offensichtlich eine Gefahr für die grundlegende Einheit des jüdischen Volkes.
Das reformierte Judentum ist außerdem ... nicht unempfindlich geblieben hinsichtlich der allgemeinen Entwicklung in der Gesamtheit der jüdischen Welt, mit der es sich übrigens immer solidarisiert hat. Eine gewisse Bewegung der Rückkehr zu den mehr positiven und festeren Positionen, in Bezug auf das historische Judentum, wurde in der Tat in seinen Reihen sichtbar. Gleichzeitig beendete es auch seine Anpassung an die zionistische Bewegung, und viele Führer der Reform waren zu dieser Zeit hervorragende zionistische Führer...
Die Ereignisse zwischen 1939 und 1945 haben diese Rückkehr zu den Ursprüngen noch beschleunigt und haben die Bande der Solidarität gestärkt, die das reformierte Judentum, trotz aller Unterschiede, mit anderen Gruppierungen verbindet. Diese haben übrigens auch – zumindest teilweise – ihre Haltung ihm gegenüber geändert." ◂

Übersetzt aus: Kurt Hruby, a.a.O. 15 f; mit Auslassungen.

7.3 Die religiöse Vielfalt im Staate Israel

Die Bevölkerung Israels besteht zu rund 85% aus Juden, während der Rest aus nationaler Sicht fast gänzlich zu der arabischen Volksgruppe gehört. Zu der letzteren gehören jedoch nicht die ein paar tausend Köpfe zählenden muslimischen Tscherkessen, die erst im 19. Jh in das Land kamen. Dagegen sind die israelischen Christen überwiegend arabischer Herkunft.
Noch komplexer gestaltet sich die israelische Gesellschaft in Hinblick auf ihr Religionssystem. Neben der jüdischen Gemeinschaft sind die sunnitischen Muslime, die Ahmadis, die verschiedenen christlichen Denominationen, die Drusen und die Bahai zu nennen.
Die jüdische Gemeinschaft selbst bietet in organisatorischer Hinsicht keine Einheit. Neben der großen Gemeinschaft der Orthodoxen und den sehr kleinen Gruppen der Konservativen, Reformjuden und Chassidim gibt es noch die ultraorthodoxen Neture Karta, die Karäer und die Samaritaner.
Die orthodoxe Gemeinschaft verteilt sich ungefähr zur Hälfte auf Aschkenasim und Sephardim, die sich in kultureller Hinsicht unterscheiden – entsprechend der Herkunft der Einwanderer aus Europa, Amerika, Asien und Afrika. Inzwischen sind jedoch mehr als 50% aller Juden im Lande geboren („Sabras"). Die Führer der Aschkenasim und Sephardim vertreten gemeinschaftlich im Oberrabbinat die orthodoxe Gemeinschaft.
Die Gruppe der Neture Karta („Wächter der Stadt"), die rund 220 Familien umfaßt und geschlossen im Mea-Schearim-Viertel von Jerusalem lebt, lehnt den Staat ab. – Die Karäer, das „Volk der Schrift", kann man als eine antirabbinische Sekte bezeichnen. Sie kennen nur die Bibel und lehnen die rabbinische Überlieferung weitgehend ab. Sie kennen aber eine eigene Tradition, die ihnen z.B. die Eheschließung mit den übrigen Juden verbietet. Das wiederum hatte zur Folge, daß die Nationalsozialisten die Karäer als nichtjüdisch einstuften und sie auch nicht verfolgten. Heute leben etwa 10000 Karäer in Israel. – Die Samaritaner, die sich selbst als „Bewahrer", „Beobachter" der wahren Religion bezeichnen, verstehen sich als die Nachkommen der biblischen Stämme Ephraim und Manasse. Nach ihren überlieferten Traditionen erfolgte der endgültige Bruch mit dem übrigen Judentum deshalb, weil Ezra den Inhalt der Torah verändert haben soll. Noch in römischer Zeit waren sie eine volkreiche Gemeinschaft, zählen heute jedoch nur noch rund 500 Mitglieder. Die Samaritaner kennen nur die 5 Bücher Moses und das Buch Josua und haben ihr kultisches Zentrum auf dem Berge Garizim, wo auch noch heute Tieropfer vollzogen werden. Der von ihnen erwartete „Messias" gilt als der endzeitliche Bringer einer guten Generation. Ihr religiöses Brauchtum, z.B. die Feste, weicht vom jüdischen ab. Doch erlaubt ihre Halacha die Mischehe mit den übrigen Juden. – Ein hoher Prozentsatz der Juden in Israel hat keine Beziehung mehr zum religiösen Erbe ihres Judentums. Allerdings darf nicht übersehen werden, daß seit den Kriegen von 1967 und 1973 gerade in diesen Kreisen ein neues Interesse an der orthodoxen Torah-Erfüllung erwacht ist.
Die Vorstellungen der jüdischen Orthodoxie hinsichtlich der Sabbathruhe und Feiertage bestimmen das öffentliche Leben. Die Kaschrut, d.h. die Befolgung ritu-

eller Speisegebote, gilt in allen amtlichen und öffentlichen Institutionen. Die Angelegenheiten des Personalstandes, z.B. Eheschließung oder Scheidung, regeln die religiösen Gemeinschaften selbst. Es gibt religiöse Gerichte der Juden, Muslime, Christen und Drusen, deren Richter der Staat besoldet. Der Staat zahlt auch die Gehälter für die öffentlich ernannten Rabbiner, muslimischen Vorbeter, Muezzins usw. Das „Ministerium für religiöse Angelegenheiten" wacht über die Amtsausübung der vom Staat besoldeten religiösen Beamten einerseits und über die freie und ungehinderte Religionsausübung der nichtjüdischen Religionsgemeinschaften andererseits.

7.4 Ergänzendes Quellenmaterial

„Die Juden in der Bundesrepublik

Wie sieht die Zukunft der deutschen Juden aus? Unter den zur Zeit in der Bundesrepublik lebenden etwa 30000 Juden lassen sich drei Gruppen unterscheiden: Ehepartner arischer Männer oder Frauen, die dank ihrer ehelichen Bindung vor der Vernichtung bewahrt blieben, in den Jahren des Naziregimes aber größten Benachteiligungen und schwerstem Druck ausgesetzt waren; Rückwanderer, die infolge ihres vorgerückten Alters in dem jeweiligen Gastland nicht mehr festen Fuß hatten fassen können; und, als zahlenmäßig weitaus größte Gruppe, Flüchtlinge aus den osteuropäischen Staaten, die auf ihrer Flucht nach Westen in Deutschland hängengeblieben sind und sich dort eine neue Existenz aufzubauen suchen. Was fehlt, ist geistig und biologisch vitaler Nachwuchs; gerade die befähigteren unter den jungen Leuten wandern aus. Eine kraftvolle Intelligenzschicht, die seinerzeit die deutschen Juden nicht nur zu den Begründern des modernen Judentums, sondern auch zu Trägern und Förderern gerade deutscher Kultur und Kunst werden ließ, existiert nicht mehr und wird sich unter den gegebenen Umständen schwerlich neu bilden. Es ist symptomatisch, daß Nelly Sachs, die dem Schicksal und Leiden der deutschen Juden den dichterisch und zugleich sprachschöpferisch stärksten Ausdruck in deutscher Sprache verlieh, nicht wieder nach Deutschland zurückkehrte.

Zweifellos wird für die jüdische Minderheit in der Bundesrepublik manches getan. Mit Staatshilfe wurden einige schöne neue, allerdings nicht sonderlich stark frequentierte Synagogen gebaut, in denen von den wenigen wieder amtierenden Rabbinern vorwiegend neo-orthodoxer Gottesdienst abgehalten wird. Einige jüdische Schulen und Altersheime wurden errichtet, jüdische Zeitschriften gegründet. Doch läßt sich das Wesen des einst so profilierten und kultivierten deutschen Judentums aus dieser kleinen Gemeinschaft Versprengter, mehr oder weniger zufällig Vorhandener nicht mehr erschließen. Und doch, und um so mehr, sollte das Bemühen um Verständnis für das Judentum, das im kulturellen und sozialen Leben Deutschlands so tiefe und unauslöschliche Spuren hinterlassen hat, von allen aufrichtigen und verantwortungsbewußten Deutschen als echte Aufgabe erkannt und gefördert werden.* Alle, die sich um die Erhaltung dieses Erbes durch Kontaktaufnahme mit den lebendigen Quellen des Judentums, sei es in Amerika, sei es in Israel, bemühen – Schriftsteller, Wissenschaftler, Lehrer und vor allem die Jugend –, machen sich damit nicht nur um die Juden, sondern letztlich auch um Deutschland verdient. Das Judentum als Glaube und Lebensgemeinschaft ist zeitlos und unzerstörbar. Niemand kann wissen, was das Schicksal für die heute in Deutschland lebenden Juden bereithält. Das Vermächtnis der deutschen Juden an Deutschland aber bleibt bestehen: durch höchste Menschlichkeit unermüdlich beispielsetzend zu wirken.

* Dieser Aufgabe hat sich die nach dem Zweiten Weltkrieg gegründete Gesellschaft für christlich-jüdische Zusammenarbeit angenommen, die in vielen deutschen Städten Ortsgruppen besitzt. Die offizielle Vertretung der jüdischen Interessen liegt in den Händen des Zentralrates der Juden in Deutschland mit Sitz in Düsseldorf. Die Geschichte der einstigen deutschen Judenschaft wird vor allem vom Leo Baeck Institute in New York erforscht, wo auch ein ständig wachsendes Archiv besteht. Einige deutsche Universitäten haben ‚Institute für Judaistik'."

Leo Trepp, Das Judentum. Geschichte und lebendige Gegenwart, Reinbek bei Hamburg 1976, 236 f.

8. BEGEGNUNG VON JUDEN UND CHRISTEN

Die Geschichte der christlich-jüdischen und jüdisch-christlichen Beziehungen weist eine fast ausschließlich negative Bilanz auf; die Begriffe Gespräch oder Dialog sind dafür unangebracht. Freiere Beziehungen und auch Gespräche zwischen Juden und Christen gab es gewöhnlich nur dort, wo man auf christlicher Seite bereit war, den Gesichtspunkt der Orthodoxie nicht die erste Stelle im Verhältnis zum Andersdenkenden einnehmen zu lassen. Das gelang dem dogmatischen Christentum jedoch kaum. Alle wie immer auch zu bewertenden jüdisch-christlichen Beziehungen wurden durch das Holocaust zerstört; nach 1945 mußte man, sofern man vorher schon miteinander gesprochen hatte, völlig neu beginnen. Dort aber, wo es wie in weiten Kreisen der protestantischen und katholischen Kirche bisher ohnehin noch zu keiner ernsthaften Begegnung mit dem Judentum gekommen war, wurden erste, oft sehr zaghafte Versuche gemacht, die Weichen umzustellen.

8.1 Erklärungen der Kirchen

Die Kirchen haben nach 1945 ihr Verhältnis zum Judentum in offiziellen Stellungnahmen zu klären versucht. Auf katholischer Seite bemühte man sich auf dem Zweiten Vatikanischen Konzil um eine grundsätzliche Neuorientierung. Das Ergebnis wurde 1965 im 4. Kapitel der ‚Erklärung über das Verhältnis zu den nichtchristlichen Religionen' publiziert. Viele Stellen dieser Erklärung atmen den Geist theologischer Denktraditionen und sind nicht gerade unproblematisch. Dennoch stellt die Erklärung einen ganz beachtlichen Fortschritt dar, wenn man bedenkt, daß es bis 1958 in der katholischen Karfreitagsliturgie die Aufforderung gab: „Oremus pro perfidis Judaeis" – wir wollen für die ungläubigen Juden beten. Johannes XXIII. ließ das ‚perfidis' streichen. Wäre es nach ihm gegangen, dann hätte es eine eigene, sehr viel weitergehende Erklärung des Vatikanischen Konzils über das Verhältnis zu den Juden gegeben. – Die unter 1.9 zitierte Erklärung des Komitees der französischen Katholischen Bischofskonferenz ‚Die Haltung der Christen gegenüber dem Judentum' vom 16. April 1973 führt in dieser Frage ebenso weiter wie die ‚Richtlinien und Hinweise für die Durchführung der Konzilserklärung Nostra Aetate, Art. 4'.

Das jüngste Dokument auf protestantischer Seite ist eine Studie des Rates der Evangelischen Kirche in Deutschland mit dem Titel ‚Christen und Juden'. Sie stellt unter anderem auch die christliche Mission zur Diskussion, die ja bisher das bevorzugte Medium einer „Begegnung" mit den Juden von seiten der Kirche war:

▸ „Nicht nur der Begriff ‚Mission', sondern auch der Begriff ‚Dialog' ist für Juden als Beschreibung des christlichen Zeugnisses belastet. Deshalb stehen die Christen heute vor der Aufgabe, neu darüber nachzudenken, wie sie ihr Zeugnis, daß Jesus

Christus Heil für alle Menschen bedeutet, im Blick auf die Juden verstehen, wie sie es benennen und welche Gestalt sie ihm geben sollen.
Die Kirche wird es dabei nicht unterlassen dürfen, freimütig auszusprechen, daß sie selbst des Gespräches mit dem Judentum bedarf; denn sie stößt hier auf Erfahrungen mit dem Gott der Bibel, die jedem Christen helfen können, das Verständnis seiner Identität wesentlich zu vertiefen. Dies ist von grundlegender Bedeutung für weiterführende Möglichkeiten der Begegnung von Christen und Juden." ◀

Christen und Juden. Eine Studie des Rates der Evangelischen Kirche in Deutschland, Gütersloh 1975, 30f.

8.2 Voraussetzungen und Hemmnisse eines Gesprächs

Die Erklärungen, die die Kirchen erlassen, sind Ergebnisse langer Diskussionen und der Kleinarbeit von Theologen und Religionswissenschaftlern. Ein christlich-jüdischer Dialog muß deshalb im wesentlichen von ihnen getragen werden. Er stellt besonders an die Vertreter des Christentums nach allem, was in der Vergangenheit geschah, außerordentlich hohe Anforderungen. Zu ihnen gehört vor allem die volle und rückhaltlose Anerkennung des Partners in seiner legitimen theologischen und existentiellen Eigenständigkeit.
Um dahin zu gelangen, werden die christlichen Theologen sich um eine Überwindung der antijüdischen Züge in der Theologie selbst bemühen müssen, die auch heute noch ihr Denken in vielen Fällen prägen.

8.2.1 *Der antijüdische Zug im Christentum*

Der kanadische Theologe Gregory Baum, der wesentlich am Zustandekommen der Erklärung über die Juden des Zweiten Vatikanischen Konzils beteiligt war, schreibt:
▶ „Der anti-jüdische Zug ist tiefer im Christentum verwurzelt, als man zunächst meinte. Deswegen haben die Anstrengungen des Vatikanischen Konzils und anderer kirchlicher Behörden so wenig Erfolg gehabt. Es ist nämlich sehr schwer, die Verkündigung des Evangeliums von der Negierung des jüdischen Volkes zu trennen. Denn wenn wir Jesus als den Messias verkündigen, in dem alle göttlichen Verheißungen in Erfüllung gegangen sind, dann lassen wir keinen geistigen Raum für eine Religion, die es nicht glaubwürdig findet, in einer haßerfüllten und gewalttätigen Welt von der Gegenwart des Messias zu sprechen und die nun noch weiter auf das messianische Zeitalter warten will. Es ist daher nicht leicht, Jesus Christus zu verkündigen, ohne daß dies zugleich eine Negierung der Juden beinhaltet. Als Kirche verstehen wir uns als das auserwählte Volk, welches das jüdische Volk abgelöst hat, denn durch seine Untreue habe sich dieses Volk außerhalb des göttlichen Bundes gestellt. So heißt es ja schon im Matthäusevangelium. Darf man sich wundern, daß diese geistige Negierung der jüdischen Existenz sich in eine rechtliche und politische Negierung umsetzte, sobald die Kirche zum siegreichen Kulturkreis der antiken Welt gehörte? Muß nun die christliche Botschaft immer judenfeindlich bleiben? Oder ist die Negierung jüdischer Existenz eine ideologi-

sche Verzerrung der Heilswahrheit, die zu entdecken der Kirche erst nach Auschwitz gelungen ist? Hier gehen die Meinungen auseinander. Es gibt jedoch heute Theologen, die behaupten, der anti-jüdische Zug im Christentum sei nicht zu überwinden, solange die Kirche nicht die biblische Eschatologie ernst nimmt, sich nach der Wiederkunft des Herrn sehnt und so das Unheil der gegenwärtigen Zeit klarer erkennt. Erst wenn wir uns konsequent weigern, in unseren religiösen Aussagen Jesus von seinem kommenden Reich zu trennen und nicht für die Jetztzeit beanspruchen, was erst für die Vollendung versprochen wurde, lassen wir einen geistigen Raum für die Wartenden, für die Juden und andere Völker, und kommen nicht in die Versuchung, Herrschaftstitel für die heutige Kirche in Anspruch zu nehmen, die ihr nur im Lichte der Endzeit zukommen." ◀

Gregory Baum. In: Charlotte Klein, Theologie und Antijudaismus. Eine Studie zur deutschen theologischen Literatur der Gegenwart, München 1975, 8 f.

8.2.2 *Theologische Vorurteile und Versäumnisse*

Charlotte Klein hat in einer Studie zur deutschen theologischen Literatur der Gegenwart theologische Vorurteile und Versäumnisse untersucht, die bei der Beschäftigung mit Fragen, die das Judentum berühren, von christlichen Theologen beider Konfessionen, insbesondere von christlichen Bibelwissenschaftlern, immer wieder gemacht werden. Sie hat sie in sechs Punkten zusammengefaßt:

▶ „1) Das Judentum ist durch das Christentum überholt und abgelöst.
2) Es hat daher – dies wird heute freilich selten so brutal ausgedrückt – kaum mehr eine Daseinsberechtigung.
3) Es ist auf jeden Fall, verglichen mit der Lehre des Christentums, minderwertig und diesem ethisch unterlegen.
4) Der christliche Theologe glaubt weiter an sein Recht, über das Judentum, sein Schicksal, seine Aufgabe in der Welt, urteilen, bzw. ihm diese Aufgabe vorschreiben zu dürfen.
5) Nur einige wenige wirkliche Spezialisten in den Fächern der Judaistik befragen aufs Neue authentisch jüdische Quellen. In den meisten Fällen wird das um die Jahrhundertwende in einigen Werken zusammengestellte Material ohne weiteres übernommen und zitiert, ohne daß man sich um die jüdische Quelleninterpretation kümmert und ohne daß man das jüdische Selbstverständnis befragt.
6) Man findet oft einen auffallenden Unterschied bei demselben Autor, wenn er ausdrücklich in einem ökumenischen Zusammenhang vom Judentum spricht oder wenn er von der christlichen Religion handelt und dabei das Judentum wie nebenbei erwähnt." ◀

Charlotte Klein, Theologie und Anti-Judaismus, 15 f.

Zu Punkt 2 zitiert sie neben anderen den unter Theologen geachteten katholischen Dogmatiker Michael Schmaus:

▶ „Mit der Ankunft des Neuen Bundes ist der Alte Bund veraltet. Die christliche Offenbarung hingegen ist ewig jung. Diejenigen aber, welche sie vorbereiten, haben mit ihrem Kommen den eigentlichen Sinn ihres Daseins verloren... Es ist in einem gewissen Sinne paradox, daß das alttestamentliche Gottesvolk trotz dieser Überalterung gleichzeitig mit dem neutestamentlichen noch weiter besteht." ◀

8.3 Das jüdisch-christliche Gespräch über Jesus

8.3.1 *Themen der theologischen Diskussion*

Die Themen einer Diskussion zwischen Vertretern beider Religionen sind jene, die durch Jahrhunderte die feindselige Auseinandersetzung und Polemik unter ihnen bestimmten und begründeten: die Auslegung der Schrift, das Verständnis des Bundesgedankens, die Frage nach dem von Gott erwählten Volk, der Messias. In einer Rundfunkdiskussion mit Pinchas Lapide formulierte Hans Hüng den bisherigen Ertrag dieses Gesprächs für das Christentum:

▸ „Es ist doch schon seit längerer Zeit eine große Offenheit für das Alte Testament da: daß wir es nicht nur christlich interpretieren, sondern daß wir es auch in seiner Eigenständigkeit verstehen müssen. Wir anerkennen heute die Bedeutung der Rabbinen für das Neue Testament und können es von daher besser verstehen. Wir haben selber auch als Christen das griechisch-hellenistische Denken mit dem jüdischen verglichen und können heute besser die starken Seiten des hebräischen Denkens werten: daß da viel mehr Sinn ist für die größere geschichtliche Dynamik, für ganzheitliche Ausrichtung, die gläubige Weltfreundlichkeit, Leibfreundlichkeit, auch für Hunger und Durst nach Gerechtigkeit und die Ausrichtung auf das kommende Gottesreich. Ich meine also: das alles hat beigetragen zur Überwindung der Verkrustung des Christentums in der Vergangenheit." ◂

Hans Küng – Pinchas Lapide, Jesus im Widerstreit. Ein jüdisch-christlicher Dialog, Stuttgart-München 1976, 11f (Der Text stammt von P. Lapide).

8.3.2 *Das Gespräch über Jesus*

Im Folgenden wird die Darstellung auf das Gespräch über Jesus konzentriert, denn an seiner Person scheiden sich die beiden Religionen. Außerdem sind an der Diskussion über Jesus jüdische Theologen in großer Zahl beteiligt. Allein zwischen 1960 und 1970 hatten nicht weniger als 23 neue hebräische Werke den Nazarener zum Gegenstand. Jüdische Literatur zu Jesus gab es schon lange vor Gründung des Staates Israel. Sie entstand nicht selten aus der Begegnung mit der in der zweiten Hälfte des 19. Jahrhunderts besonders erblühenden deutschen protestantischen Bibelwissenschaft. Die Unterscheidung der neutestamentlichen Bibelwissenschaft zwischen dem historischen Jesus und dem Bild, das sich die Urgemeinde aus dem Auferstehungsglauben von ihm machte und das die Evangelien überformt hat, ermöglichte es jüdischen Forschern eigentlich erst, sich ernsthaft mit Jesus zu befassen. Denn durch diese Unterscheidung wurde das Jüdische an Jesus sehr viel greifbarer.

8.3.2.1 *Der Jude Jesus*

Das jüdische Interesse an Jesus ist mehr als erstaunlich; es sollte jedoch nicht darüber hinwegtäuschen, daß Jesus im Judentum keine heilsgeschichtliche Stellung zukommt. Er hat für das religiöse Judentum gleich welcher Richtung keine Bedeutung.

Was den Juden an Jesus interessiert, ist nicht das Christliche der Gestalt: für ihn ist Jesus nicht der Messias; er kann ihn auch nicht als Propheten verstehen, denn als Jesus lebte, war die Zeit der Propheten nach jüdischem Verständnis längst Vergangenheit. Jede Überhöhung der Gestalt Jesu liegt jüdischem Denken schon von der Mitte seiner Religion her fern, denn diese ist durch die Bindung an die Torah sachlicher Natur – ähnlich übrigens wie im Islam, der zuerst auf den Koran und erst in zweiter Hinsicht auf Muhammad bezogen ist. Was den Juden an Jesus interessiert, ist die Verwandtschaft: die Herkunft aus demselben Land, dieselbe Sprache, dasselbe Bibelverständnis, die orientalische Phantasie, die Sorge um Israel und nicht zuletzt das Leiden für Israel.

▶ „Daß er im Geiste jüdisch war, in sechs Dingen zumindest, steht fest: in seiner Hoffnung, in seiner Eschatologie, in seinem jüdischen Ethos, in seinem blinden Gottvertrauen, in seiner gut-jüdischen, messianischen Ungeduld und, last not least, in seinem jüdischen Leiden; das können wir aus allen vier Evangelien ohne Schwierigkeit herauslesen. Daß er oft im Kontrast stand zu seiner Umwelt, macht ihn auch jüdisch, denn ich kenne keine Leuchte des Judentums von Mose an, die nicht lebhaft Widerstand innerhalb des Judenvolkes hervorgerufen hat. Wir haben keinen größeren Juden als Mose.“ ◀

Hans Küng – Pinchas Lapide, Jesus im Widerstreit, a.a.O. 7–9, 23f (Text von P. Lapide).

▶ „Jesus bedeutet... für einen treuen und unvoreingenommenen Juden eine Frage. Für den Christen wird es paradox scheinen, daß der Jude von Jesus lernen kann, wie er beten soll, was der richtige Sinn des Sabbaths ist, wie man fasten soll, wie man den Nächsten lieben soll, was die Bedeutung des Königreichs der Himmel und des Jüngsten Gerichtes ist. Immer wird der aufgeschlossene Jude von der Ansich Jesu tief beeindruckt, und er versteht: da spricht ein Jude zu den Juden.“ ◀

David Flusser, Inwiefern kann Jesus für Juden eine Frage sein? In: Concilium 10 (1974) 598.

Vor dem jüdischen Hintergrund erfährt auch das Neue, das Jesus brachte, und das im Christentum so hoch veranschlagt wird, eine gewisse Relativierung.

▶ „... der – wenn man so will – revolutionäre Ansatz in der Verkündigung Jesu geht nicht von einer Kritik am jüdischen Gesetz aus, sondern von anderen Prämissen. Diese hat nicht erst Jesus geschaffen: ein Vorstoß geht von solchen Stellungen aus, die schon vor ihm erobert worden sind. Von drei Punkten kommt der Durchbruch: von dem radikalisierten Liebesgebot, von dem Ruf nach einer neuen Moral und von der Idee des Königreiches der Himmel.“ ◀

David Flusser, Jesus und die Synagoge. In: Der Mann aus Galiläa, in Bildern dargestellt von E. Lessing, Freiburg 1971, 25.

8.3.2.2 Jesus und die Torah

Nicht als Messias und nicht als Prophet, wohl aber als Rabbi, der mit und von der Torah und ihrer Auslegung lebt, vermag das Judentum Jesus zu verstehen. Darauf wird in der gegenwärtigen Jesus-Literatur von jüdischer Seite besonders abgestellt. Dem Christen eröffnen sich hier ganz neue Perspektiven.

▶ „Der synoptische Jesus nach den drei Evangelien: Mattäus, Markus und Lukas, hat nie und nirgends das Gesetz des Mose, das ist überhaupt falsch: die Torah des

Mose, gebrochen oder irgendwie zu ihrem Bruch aufgefordert. Beim johanneischen Jesus gibt es eine einzige Stelle, und die ist ein Grenzfall: die Heilung am Sabbath, wo er dem Geheilten sagt: Nimm dein Bett und geh! Da kann man diskutieren, ob ein eventueller Bruch stattgefunden habe. Nirgends aber bei Markus, Mattäus und Lukas. Und ich muß sagen, ihr Christen macht euch das zu leicht, weil ihr nur das paulinische Jesusbild nehmt und sagt, Jesus habe das Gesetz verändert, d. h. ungültig gemacht oder gar abgeschafft. Das ist nicht wahr. Paulus hat ihn so den Heiden gepredigt, sicherlich nicht den Juden, weil man ihn sonst aus jeder Synagoge längst hinausgeworfen hätte. Aber weder Lukas noch Markus oder Mattäus behaupten in ihren Berichten über die Handlungen Jesu, daß ein einziges Gebot je verletzt oder gar gebrochen wurde. Das müssen Sie mir glauben, denn meinen Talmud kenne ich mehr oder minder. Was mich immer wundert ist, daß am Ende der sogenannten ‚Anti-Torah-Stellen' am Ende der Streitgespräche steht: ‚und das Volk wunderte sich' oder: ‚die Pharisäer wunderten sich'. Wer sich wundert, das bin ich, der es liest, denn es ist überhaupt nichts da zum Verwundern – vielleicht zum Bewundern. Dieser Jesus war so torahtreu, wie ich es zu sein hoffe. Ich habe aber den Verdacht, daß Jesus torahtreuer war als ich, ein orthodoxer Jude, es bin...

Ich glaube, die Alternative ist falsch gestellt, die Alternative nämlich: War Jesus für oder gegen die Torah? Jesus war mehr für die Torah als ein Großteil der angeblichen oder Scheinpharisäer. Ich will das zu erklären versuchen. Ihr Beispiel, das Verbot der Ehescheidung, war einer der großen Streitgründe zwischen den beiden klassischen Pharisäerschulen Hillel und Schammai. Und in den beiden verschiedenen Jesus-Worten, die uns überliefert sind – nach Markus und Mattäus sagt er ja zwei verschiedene Dinge über die Ehescheidung –, nimmt er interessanterweise einmal nach Markus die Hillel-Position ein und einmal nach Mattäus die Schammai-Position – beides Pharisäerschulen, die legitim und brüderlich über die Auslegung ein und desselben Bibelwortes streiten. Wie sagt der Talmud in solchen Fällen so schön demokratisch: Ohne die Frage zu entscheiden, bemerkt er zum Ende der Diskussion: ‚Diese und jene sind beide Worte des lebendigen Gottes'." ◀

H. Küng – P. Lapide, Jesus im Widerstreit, 25 f., 29 (Text von P. Lapide).

8.3.2.3 Heimholung des ‚Verlorenen Sohns'?

Jüdische Jesus-Forscher haben ihr Anliegen wiederholt als ‚Heimholung Jesu ins Judentum' bezeichnet. Schalom Ben-Chorin spricht gar von der ‚Heimkehr des Verlorenen Sohnes' – nicht als Gottes Sohn, sondern als ein großer Bruder (M. Buber), als wahrer Mensch, „zu einer Zeit, wo so wenige Zweifüßler wirkliche Menschen sind" (P. Lapide). Christen sollten dieses Bemühen deshalb nicht als Ersatz einer Bekehrung oder als versteckten Glaubensakt (Flusser) mißverstehen. Wenn Jesus in sein Volk heimgeholt wird, dann aufgrund eines gemeinsamen Schicksals, das als jüdisches begriffen und getragen wird:

▶ „Ist dieser am Kreuz verblutete Rabbi nicht die echte Fleischwerdung seines Leidensvolkes, das nur allzuoft ermordet wird am Kreuz dieses Judenhasses, den wir in unserer Jugend selbst erfahren mußten?" ◀

H. Küng – P. Lapide, Jesus im Widerstreit, 16 f (Text von P. Lapide).

Marc Chagall, Die weiße Kreuzigung, 1938.

8.3.2.4 Der Gewinn des Gesprächs über Jesus für die Christen

▸ „Es entgeht uns nur zu oft der von der jüdischen Umwelt bestimmte ‚Sitz im Leben' des Evangeliums. Die Beispiele, die man hier nennen könnte, sind unzählbar. Für uns sind die Vorschriften des Gesetzes fast ausnahmslos hinfällig, während sie für Jesus und seine Zeitgenossen Quelle des Lebens waren. Für uns sind die Pharisäer die Verkörperung eines bloßen ‚Pharisäismus' im negativen Sinne und nicht mehr dessen, was man – positiv verstanden – ‚Pharisäertum' nennen müßte, worunter ein im ganzen Volk verbreiteter Geist der Treue und der Achtung gegenüber dem Gesetz gemeint ist. Für uns sind die Gleichnisse nahezu zeitlose erbauliche Erzählungen, während sie doch in Wirklichkeit erfüllt sind von der Erwartung des Gottesreiches. Um heute Jesus neu zu entdecken, muß man verstehen lernen, welche Bedeutung sich für ihn mit bestimmten Riten verband, welchen Sinn für ihn die Torah hatte, wenn er zu den Massen, die ihm folgten, und zu seinen Jüngern sprach. Wir müssen zurückkehren, zu dem, der, um Mensch zu werden, Jude unter Juden wurde; zu dem, für den Jude-sein nicht ein bloßes Kleid oder eine bloße Maske bedeutete, sondern seine eigenste Existenz… Den Zusammenhang der Predigt Jesu mit dem Judentum zu übersehen, hieße darum zugleich das Evangelium selbst seines eigentlichen Gehaltes zu entleeren." ◂

Bernard Dupuy, Welche Bedeutung hat es für einen Christen, daß Jesus Jude war? In: Concilium 10 (1974) 601.

8.4 Die Haltung der Christen zum Staat Israel

Kurz sei hier ein Problem gestreift, das Christen aufgrund überkommener theologischer Positionen besondere Schwierigkeiten bereitet, das jedoch für Juden entscheidend ist: die Haltung zum Staat Israel.

▸ „Die Schaffung des jüdischen Staatswesens Israel im Jahre 1948 bildete und bildet weiterhin ein kritisches Problem für das christliche Verständnis. Nichts in der christlichen Theologie und Geschichte liefert der Kirche die begrifflichen Voraussetzungen, die ihr ermöglichen, diese neue Realität zu integrieren; ja manches wirkt geradezu in Richtung auf ein gegenteiliges Ergebnis. Theologisch hatte die Kirche sich jahrhundertelang auf die Prämisse festgelegt, die Juden hätten jeden echten Anspruch auf eine Existenz als Volk verwirkt, außer in jenem gänzlich negativen Sinne, der charakterisiert ist durch die Heimatlosigkeit und stete Bedrängnis ihres endlos währenden Exils. ‚Israel' war nunmehr nur noch die Kirche, und seine gültige Definition kannte nur ein Israel als geistige Größe. Der christliche Neuplatonismus mit seinem ausgeprägten Gegensatz zwischen himmlisch und irdisch unterschied in einer völlig unqualifizierten Weise zwischen dem geistigen und dem fleischlichen Israel, die üblicherweise mit der Kirche als dem ‚neuen Israel' und dem nachbiblischen Judentum als dem ‚alten Israel' identifiziert wurden. Das alte Israel war unecht und treulos, ohne religiöse Substanz, ein Gespenst inmitten der christlichen Nationen, das dennoch, ohne es selbst zu wollen, dazu diente, die Wahrheit des Christentums und den Triumph des christlichen Zeitalters darzutun. Für ein so geformtes christliches Verständnis war das plötzliche Wie-

derauftauchen eines eigenständigen jüdischen Volkstums in Gestalt eines nationalen Staates ein unerträglicher Anstoß; dieser Erfolg zionistischer Träume schien die Axiome christlicher Wahrheit zu attackieren...
Es ist daher kein zufälliges Zusammentreffen, wenn weder der Weltkirchenrat noch der Vatikan sich bis auf den heutigen Tag völlig im klaren sind, was sie von Israel zu halten haben. Bis heute hat es der Vatikan unter dem Einfluß der traditionellen Theologie und dem Druck von seiten der arabischen Welt abgelehnt, den Judenstaat anzuerkennen.“ ◀

Alan Davies, Die Haltung Israel gegenüber: Staat, Land und Volk. In: Concilium 10 (1974) 585.

Ähnliche Überlegungen finden sich in der unter 8.1 schon zitierten Studie des Rates der Evangelischen Kirche in Deutschland.

8.5 Gemeinsame Probleme

Juden und Christen werden heute mit Problemen konfrontiert, die aus der allgemeinen Krise der Religionen und des Gottesglaubens herrühren.

8.5.1 Wer ist das eigentlich – Gott?

Über die Grenzen der Religionen hinweg hat ein Gespräch begonnen, bei dem es um die Frage geht: Wer ist das eigentlich – Gott? und: Wo ist Gott? Ausgelöst werden diese Fragen nicht selten in der Begegnung mit dem jüdischen Schicksal.
▶ „Lehrt uns die ‚Endlösung‘ etwas Neues, Einmaliges bezüglich unseres Glaubens? Die meisten Menschen, die Auschwitz mit allem, was es in sich schließt, erlebt haben, müssen zugeben, daß wir hier vor radikal neue religiöse Fragen gestellt werden oder daß die grundlegenden Fragen mit bisher unbekannter Wucht auf uns einstürmen. Die quälendsten Fragen betreffen Gott: Hat Gott ein Ziel mit dem Menschen? Ist der Mensch tatsächlich als Gottes Ebenbild geschaffen? Ist Auschwitz Gottes, der Menschen oder beider Dilemma? Muß Gott für unbegreifliche Verbrechen verantwortlich gemacht werden? Oder anders gesagt: Welche Verantwortung trägt er für diese Welt?
Viele Theologen meinen – und jüdische Denker bestehen besonders hartnäckig auf diesem Punkt –, daß Gott nicht über das Ausmaß der Tragödie der ‚Endlösung‘ zu befragen sei. Nicht die gewaltigen Zahlen seien es, die das Problem des Bösen heraufbeschwören; die Frage nach der Rechtfertigung Gottes angesichts des Bösen stelle sich bei jedem Leiden Unschuldiger. Doch gibt es Ereignisse, die nicht nur hinsichtlich des Ausmaßes, sondern hinsichtlich der Art ihrer Ausführung, ihrer ideologischen Begründung und ihrer fast widerstandslosen Duldung so erschreckend sind, daß wir gezwungen werden, die herkömmlichen Antworten der Religion in Frage zu stellen – und die ‚Endlösung‘ ist sicher eines von ihnen...
Deshalb wurde die Frage ‚Wo ist Gott?‘ zum zentralen Trauma und der Zwangsvorstellung der Generationen des ‚Holocaust‘. Warum veranlaßte Auschwitz Gott nicht zum Eingreifen? Wie Rabbiner A. Heschel fragt: ‚Es ist so schwer, ein Kind aufzuziehen, zu ernähren und auszubilden. Warum machst du das Töten so

leicht?'… wer weiterhin an den erlösenden Gott Israels glaubt, glaubt *trotz* und sicherlich nicht *wegen* des ‚Holocaust'.
Die Christen müssen das jüdische Zeugnis auf diese Frage hören, denn es bricht aus der Tiefe einer immer gegenwärtigen Todesangst hervor. Die Christen müssen die Leiden von Auschwitz nacherleben, ehe sie es wagen dürfen, diese Fragen zu beantworten. Der japanische Christ K. Kitamori beschreibt ‚Gottes Schmerz', wie ihn Jeremia sah, als einen Schmerz, der ‚gleichzeitig Gottes Liebe ist'. Der lutherische Theologe F. Sherman findet als einzige befriedigende religiöse Lösung des Problems: Gott nimmt am Leiden der Menschen teil, und der Mensch ist aufgerufen, am Leiden Gottes teilzunehmen. Gott leidet – und deshalb ist er das Gegenteil, der triumphierende Gott." ◀

Alice und Roy Eckardt, Christentum und Judentum: Die theologische und moralische Problematik der Vernichtung des europäischen Judentums. In: Evangelische Theologie 36 (1976) 417 f, 420.

8.5.2 Die Religionen und das veränderte Weltbild

▶ „Können Judentum und Christentum, diese beiden Offenbarungsreligionen, die aus der Antike in unsere Zeit hineinragen, in dieser strukturell veränderten Welt sich noch behaupten? Die Frage muß gestellt werden, *wird* aber so nur in den seltensten Fällen gestellt. Die offiziellen Vertreter der Religionen betreiben eine Theologie des ‚Als ob'. Sie gebärden sich, als ob sich nichts verändert hätte.
Es hat sich aber in der Tat nicht nur im äußeren Weltgefüge vieles verändert, sondern dadurch auch in unserem Weltbild. Judentum und Christentum können sich in dieser veränderten Welt nur behaupten, wenn sie diese Welt voll und ganz zur Kenntnis und zur Erkenntnis nehmen." ◀

Schalom Ben-Chorin, Judentum und Christentum im technologischen Zeitalter, Meitingen-Linz 1972, 19f.

8.5.3 Vom Dialog zum Trialog: Möglichkeiten gemeinsamer Haltungen und gemeinsamen Handelns

Seit einigen Jahren bemüht sich die Ständige Konferenz von Juden, Christen und Muslimen in Europa (JCM) um eine Verständigung und verstärkte Begegnung von Angehörigen der großen Religionen, wobei sie mit ihren Tagungen vor allem auch die Jugend erreichen möchte. Ein ähnliches Anliegen vertritt das Interfaith Committee in Israel, deren Vorsitzender Rabbiner Professor Zwi Werblowsky ist. In diesem Zusammenhang sind auch die Bemühungen des Ökumenischen Rates der Kirchen, des weiteren Gelehrtenbegegnungen, Schulbuchkommissionen u.ä. zu nennen. In einem solchen Geist schlägt schließlich auch die Studie der Evangelischen Kirche in Deutschland ‚Christen und Juden' vor, den Weg vom Dialog zum Trialog zu gehen und bemüht sich, über die Religionsgrenzen hinweg Wege zu einem Einverständnis in Grundsätzlichem und Praktischem zu zeigen.
▶ „Menschen verschiedener Religionen und Überzeugungen in allen Kontinenten kämpfen heute um eine menschenwürdigere Welt. Zur Teilnahme an diesem Ringen sind Christen und Juden verpflichtet: Durch ihren Glauben an den *einen* Gott, der *eine* Menschheit geschaffen hat, sind sie – zusammen mit den Moslems – dazu

herausgefordert, für die Solidarität aller Menschen einzutreten. Ohne diese Überzeugung, daß jeder Mensch vor Gott gleiche Würde hat, ist auch die Entfaltung der Menschenrechte in der Neuzeit nicht denkbar... Eine weitere vordringliche Aufgabe ist trotz aller in die Augen springenden Schwierigkeiten das Bemühen um ein Zusammenwirken von Christen, Juden und Moslems für die Sache der Gerechtigkeit und des Friedens im Nahen Osten. Die immer offenkundiger werdende Bedrohung der menschlichen Existenz durch die Folgen der technischen Zivilisation macht es unabweisbar, die Welt neu als Schöpfung Gottes zu erfassen und mit ihr nach dem Auftrag Gottes sachgerecht umzugehen. Das bedeutet Abkehr von einer Haltung, in der der Mensch sich selbst zum Maßstab aller Dinge macht, die Welt ausschließlich für seine Interessen ausbeutet und dabei abhängig wird von dem, was er selbst geschaffen hat.
Es wird zunächst darum gehen, daß Christen und Juden sich der Gemeinsamkeiten in ihrer Verantwortung für die Gestaltung der Welt bewußt werden und deren Verwirklichung in Angriff nehmen. Dabei werden sich neue Bereiche gemeinsamen Handelns erschließen.“ ◀

Christen und Juden, a.a.O. 31f.

8.5.4 *Voraussetzung des Trialogs: Offenheit für andere Religionen*

Das Judentum bietet für einen Trialog besonders günstige Voraussetzungen. Wohl versteht es sich als das auserwählte Volk, doch sahen wir, daß es diesen Anspruch vor allem als besondere Verpflichtung zum Dienst vor Gott versteht. Die verschiedensten Richtungen im Judentum – von den Liberalen bis zu den Traditionalisten – räumen anderen Religionen jedoch ein, in verschiedener Weise auch Wege zum Heil zu sein. Was die monotheistischen Religionen betrifft, so beziehen sich auf sie die sogenannten noachitischen Gebote. Wer sich als Nicht-Jude an die Verbote der Vielgötterei, der Gotteslästerung, des Mordes und Totschlags, der Unzucht, des Raubes und Diebstahls, der Verstümmelung von Tieren und an die Forderung nach gerechter Rechtspflege und einem Gesetzessystem hält, ist auf dem rechten Weg, denn die Söhne Noahs sind durch den Noah-Bund (Gen 9) mit Jahwe verbunden. So attestierte zum Beipiel der mittelalterliche Religionsphilosoph Maimonides (1135–1204) den Befolgern der noachitischen Gebote den gleichen religiösen Status wie den Juden. Der liberale jüdische Theologe Leo Baeck (1873–1956) schrieb zur Offenheit des Judentums für andere Religionen:
▶ „Das Judentum blieb davor bewahrt, in die religiöse Enge des Begriffs einer alleinseligmachenden Kirche hineinzugeraten ... Durch die Bibel klingt leise, aber deutlich vernehmbar die Rede hindurch, daß alle Menschen Gott suchen: ‚vom Anfange der Sonne bis zu ihrem Untergange wird der Name des Herrn gepriesen‘; auch die Heiden trachten fromm zu sein; auch sie finden die Umkehr von ihren Sünden und können die göttliche Vergebung erlangen. Immer mehr wird der Gegensatz zwischen Gottesfürchtigen und Gottlosen einzig maßgebend, er läßt jede andere Scheidung zurücktreten. Und ‚gottesfürchtig‘ in der betonten Bedeutung dieses Wortes ist ein jeder, der an den einen Gott glaubt und das Rechte tut. Eigenschaften, wie die des Chassid, ‚des Frommen‘, und des Zaddik, ‚des Gerechten‘, Worte, die den Besten unter den Juden kennzeichnen sollen, beginnen auch dem

Heiden beigelegt zu werden, bis schließlich die sittliche Gleichberechtigung aller Menschen ihren klaren und entschiedenen Ausdruck findet in dem Satze, der ein klassischer geworden ist: ‚Auch die Frommen, die nicht Israeliten sind, haben an der ewigen Seligkeit teil'. Man braucht ihm nur Dantes Schilderung des Ortes der Verdammnis, der Schicksalsstätte auch der Besten in dem Heidenvolke, gegenüberzustellen, mit all der Fülle ihrer grausen Bilder, die den kirchlichen Vorstellungen der Jahrhunderte vorher und nachher entsprechen, um den Kontrast in seiner ganzen Schärfe zu empfinden." ◀

Leo Baeck, Das Wesen des Judentums, Köln 1960, 69f.

Ähnliche Gedanken finden sich bei dem ehemaligen Oberrabbiner von Palästina Raw Kook (1865–1935), der als bedeutender mystischer Religionsphilosoph angesehen war. Für Rabbi Abraham Isaac Kook liegt die Lebensmitte der Religion(en) in ihrem existentiellen Bezug. Ihm sind alle Religionen, sogar die schriftlosen (sog. ‚primitiven') menschliche Antworten auf die Begegnung mit dem Heiligen. Sie sind verschiedene Wege zu Gott und strahlen alle göttliches Licht wider. Das Judentum hat nicht die Aufgabe, die übrigen Religionen der Menschheit zu verdrängen; denn die Verschiedenheit ist eine legitime menschliche Reaktion auf die Begegnung mit dem Göttlichen. Die Religionen sollen nicht miteinander streiten, sondern zusammenarbeiten. Die Aufgabe des Judentums sieht Kook darin, ▶ „nicht die anderen Glaubensformen zu absorbieren und zu zerstören..., sondern sie zu ihrer Vollendung und Höherentwicklung zu stimulieren, so daß sie sich von selbst der Wurzel Israels anschließen... Dies bezieht sich sogar auf die heidnischen Religionen; in besonderer Weise aber natürlich auf diejenigen, die teilweise auf dem Licht der Torah Israels basieren". ◀

Raw Kook, zitiert bei: Ben Zion Bokser, The Religious Philosophy of Rabbi Kook. In: Judaism 19 (1970) 405.

8.6 Ergänzendes Quellenmaterial

Probleme und Voraussetzungen des Dialogs

Die Begegnung zwischen Juden und Christen erfolgt auf beiden Seiten unter sehr unterschiedlichen Voraussetzungen und Bedingungen. Hans Hermann Henrix stellt mehrere *‚Asymmetrien' im Dialog* fest.
„Am augenfälligsten ist die Asymmetrie der Zahl. Der Zahl der Angehörigen des Judentums steht das Vielfache an Mitgliedern der christlichen Kirchen gegenüber. Dieser Tatbestand hat das jüdische Minoritätenschicksal bedingt und sich im sozialpsychologischen Klima, in der kulturgeschichtlichen Entwicklung und in der religiösen Milieubildung des Judentums niedergeschlagen. Der judenmordende Wahn des Nationalsozialismus hat die Asymmetrie der Zahl vergrößert. Der Umstand, daß im deutschen Sprachraum die jüdischen Bürger eine sehr kleine Minderheit mit einem großen Problemreichtum bilden und daß auf örtlicher Ebene weithin die jüdischen Gesprächspartner fehlen, verhindert die christlich-jüdische

Begegnung auf dieser Ebene oder vermindert die Gelegenheit dazu in beträchtlichem Maß. Er hemmt auch den fachtheologischen Dialog zwischen Christen und Juden in Deutschland.
Vielleicht kann man weiterhin von einer Asymmetrie des moralischen Ausgangspunktes reden. Der christliche Partner im Dialog sieht sich oft angesichts der langen Geschichte und der Gegenwart des christlichen Antijudaismus in der Defensive der Argumentation. Er wird das als sein persönliches Einstehen für die Kirche und ihre Geschichte, welche auch zu seiner eigenen Geschichte gehört, akzeptieren müssen. Der jüdische Partner des Dialogs kann versucht sein, die jüdische Leidensgeschichte a priori als einen Vorsprung in seiner Argumentation zu betrachten. Wie sollte er nicht versucht sein? Aus der Versuchung kann eine Verzerrung der Wahrnehmung und Aufmerksamkeit erwachsen, wodurch Fragen, die sowohl christliches wie jüdisches Verständnis herausfordern, lediglich als christliche Betroffenheiten erkannt werden. Und der christliche Partner kann versucht sein, dies als Aufkündigung der Verständigungsabsicht mißzuverstehen. Dadurch kann christlich-jüdische Begegnung in ‚Vergegnung' (M. Buber) umschlagen und die Verständigung zunichte gemacht werden...
Schließlich besteht eine Asymmetrie in der Definition der eigenen Identität: Das ‚Christentum wird, ob Christen es wollen oder nicht, notwendigerweise stets auf das Judentum verwiesen. Aus dem, was Christen ‚Altes Testament' nennen, spricht zu ihnen Religion, Kultur und Geschichte des Volkes Israel; aus dem ‚Neuen Testament' tritt ihnen eine durch Johannes den Täufer und Jesus von Nazaret repräsentierte jüdische Gruppe entgegen... Anders ist es nun mit den Juden. Nichts nötigt sie, von Jesus und den Evangelien Kenntnis zu nehmen; die Fortsetzung des ‚Alten Testaments' erfolgte nicht im ‚Neuen', sondern das Judentum besitzt eine ungemein reiche Tradition, die sich organisch an das Alte Testament anschließt, es erläutert und ergänzt, seine Gedanken aufnimmt und entwickelt. So besteht hier eine grundsätzlich andere Situation zwischen Christen und Juden: Wollen jene die Religion des Volkes Israel ignorieren, schneiden sie sich selbst die Wurzeln ab, von denen sie theologisch leben; der Jude hingegen kann ein vollgültiges Leben führen, ohne je etwas von Jesus und dem Evangelium gehört zu haben. Dementsprechend unterscheiden sich die Motive zum christlich-jüdischen Dialog: Der Christ ist aus theologischen Gründen zum Dialog herausgefordert. Der Jude sieht im Christentum ein Kulturphänomen der Geschichte und seiner Umwelt, die er verstehen will; es sind also historische oder soziologische Gründe, die ihm den Dialog mit dem Christentum nahelegen; und fallen soziologische Anreize zum Dialog aus, so kann eine faktische Immunität gegen den christlich-jüdischen Dialog entstehen, wie es etwa bei weiten Teilen der Orthodoxie in Israel der Fall ist."

Hans Hermann Henrix, Ökumenische Theologie und Judentum. Gedanken zur Nichtexistenz, Notwendigkeit und Zukunft eines Dialogs. In: Freiburger Rundbrief XXVIII/1976 23.

Begegnung mit dem Judentum macht auf christlicher Seite eine *grundsätzliche Änderung der Haltung und der Theologie* notwendig.
„Ohne nun einem übertriebenen Pessimismus das Wort zu reden und... ohne den Wert der echten Ansätze zu einer jüdisch-christlichen Begegnung in Abrede zu

stellen, muß doch festgehalten werden, daß eine *wirkliche* Begegnung mit dem Judentum bis heute nicht oder doch kaum zustande gekommen ist. Die unbedingte Voraussetzung einer fruchtbaren Begegnung, die dann letzten Endes in einer weiteren Phase eine Verständigung einzuleiten vermag, ist die *volle und rückhaltlose Anerkennung des Partners in seiner legitimen theologischen und existentiellen Eigenständigkeit.* Wenn es sich nun um das jüdisch-christliche Verhältnis handelt, so widersetzt sich das gesamte Gewicht einer jahrhundertealten theologischen Haltung dieser Anerkennung des Judentums durch die christliche Kirche... Es wäre demnach... abwegig, erwarten zu wollen, daß sich eine durch Jahrhunderte zur Tradition gewordene antijüdische Grundhaltung innerhalb weniger Jahre vollständig ändert...
Um nun nach jahrhundertelanger starrer Ablehnung eine wahre Begegnung mit dem Judentum einzuleiten, wäre es notwendig gewesen, die Initiativen dieser Art auch theologisch zu fundieren und zu konsolidieren. Und das ist weitgehend *nicht* geschehen. Die Gründe dafür sind vielschichtig. Man darf dabei nicht außer acht lassen, daß zahlreiche zeitgenössische Theologen ihre Ausbildung noch zu einer Zeit erhalten haben, in der die Adversus-Judaeos-Darstellung (gegen die Juden gerichtete Darstellung) irgendwie zum eisernen Bestand der christlichen Theologie gehörte... Für die jüngere Generation unter den Theologen muß berücksichtigt werden, daß unter dem Einfluß dieser ‚Tradition' bis heute in den meisten theologischen Fakultäten vieler christlicher Denominationen das jüdische Phänomen als aktueller spiritueller Faktor weitgehend verheimlicht wird und es so grundsätzlich an einer gewissen Sensibilität dafür mangelt. Und dann darf man nicht vergessen, welche großen und schwierigen Probleme sich heute der Theologie in zunehmendem Maße stellen, so daß angesichts dieser Fülle das jüdische Problem nun höchstens als *ein Problem* unter vielen anderen erscheint..., eben weil aufgrund der gesamten historischen Entwicklung großteils das Bewußtsein dafür fehlt, daß es sich im Grunde um ein Problem handelt, das permanent und direkt an die Frage der Existenz der christlichen Kirche rührt. Und es ist ebenfalls eine Tatsache, daß die politische Situation, die 1948 durch die Gründung eines jüdischen Staates in Palästina geschaffen wurde, sowie der daraus resultierende Konflikt im Vorderen Orient und das Problem der arabischen Flüchtlinge, eine weitgehend hemmende Wirkung auf eine theologische Vertiefung ausgeübt haben... Und doch ist eine *echte Begegnung* mit dem Judentum ohne Klärung der theologischen Prämissen auf christlicher Seite unmöglich. Es ist das gewiß eine schwierige und auch problematische Angelegenheit, geht es doch dabei grundsätzlich und primär um die Frage der Bedeutung *des heutigen Judentums* – und demnach nicht nur des historischen Judentums, dessen Bedeutung wohl kaum jemand in Abrede stellen wird – für die christliche Kirche. Und das bedeutet praktisch die Infragestellung der gesamten ‚traditionellen' Israelstheologie oder, besser gesagt, das Eingeständnis und die Erkenntnis, daß es bislang in den christlichen Gemeinschaften an einer solchen Theologie gefehlt hat, da eben die traditionellen Thesen weitaus mehr das Produkt einer historischen Entwicklung als der Ausdruck echter theologischer Gegebenheiten gewesen sind... Man kann sich des Eindrucks nicht erwehren..., man fürchtet, dem gesamten christlichen Lehrgebäude gleichsam den Todesstoß zu versetzen, sowie man versucht, auch dem Judentum Gerechtigkeit widerfahren zu

lassen und es als eine aktuelle theologische Größe und als einen aktuellen spirituellen Weg anzuerkennen.“

Kurt Hruby, Möglichkeiten einer jüdisch-christlichen Begegnung und Verständigung. In: Concilium 10 (1974) 610–613.

In einer Bilanz der katholisch-jüdischen Beziehungen macht der amerikanische Rabbiner Henry Siegman kritische Anmerkungen, die vor allem das Verhältnis des Katholizismus zum *Holocaust* und zu *Israel* betreffen. Dabei bemängelt er u. a. die Haltung der beiden jüngsten Vatikanischen Dokumente zur Judenfrage (der Erklärung des II. Vatikanischen Konzils und der Richtlinien von 1975 zu dieser Erklärung). – Es soll offenbleiben, inwieweit sich seine Ausführungen auch auf die evangelische Kirche beziehen lassen.

„Von bemerkenswerten Ausnahmen abgesehen, ist meiner Ansicht nach die Behauptung nicht unfair, daß die Geschichte der kirchlichen Verfolgungen des Judentums und des jüdischen Volkes auch heute noch nicht ins Bewußtsein der katholischen Kirche eingedrungen ist. Dabei handelt es sich nicht nur um alte Geschichte, sondern auch um die allerneueste. Das Holocaust ist uns Juden bei jeder Begegnung auf quälende Weise gegenwärtig. Der Dialog findet über einem riesigen Friedhof statt, auf dem ein Drittel unseres Volkes begraben liegt. Wir können nicht so tun, als wäre er nicht vorhanden; täten wir es dennoch, dann müßte unser Vorhaben mit Sicherheit mißlingen und versagen. Wenn wir diese Tatsache aber aufrichtig ins Auge fassen – nicht zum Zweck der Gegenbeschuldigung, denn wer könnte nach Auschwitz noch Tugend und Selbstgerechtigkeit für sich beanspruchen – und letzten Endes zusammen ‚Kaddisch‘ für die Martyrer sprechen können, dann mag unser Unterfangen vielleicht die Dimension des Heiligen annehmen.

Meiner Ansicht nach sind wir noch weit davon entfernt. Neuere Erklärungen aus offiziellen katholischen Quellen, die sich auf kürzlich freigegebenes Archivmaterial stützen, schmerzen uns vor allem deshalb, weil sie die anhaltende Unfähigkeit der katholischen Kirche, sich sinnvoll mit dem Problem auseinanderzusetzen, enthüllen. Zwar hat man über die allgemeine Haltung der katholischen Kirche während der Holocaustzeit lebhaft und unentschieden debattiert, aber eine solche Diskussion ist im Grunde genommen sinnlos. Selbst wenn die Rolle der katholischen Kirche vorbildlich gewesen wäre, ist doch der springende Punkt der, daß die Nazis so weit gehen konnten, weil die westliche Zivilisation von einer christlichen Dogmatik und theologischen Judenfeindschaft, die lange Zeit in der christlichen Welt vorherrschend waren, völlig durchsetzt war. Die Angelegenheit wird daher keineswegs geklärt, wenn man diese oder jene Unterhaltung eines Nuntius oder Gesandten zitiert. Der Nationalsozialismus war natürlich ein Rückfall ins Heidentum und im Innern so antichristlich wie er antijüdisch war. Sein Gift hätte aber keinen so fruchtbaren Boden finden können, wenn die Kirche Jesu Christi nicht ein so wissentlicher und williger Teilnehmer an der jahrhundertelangen Dämonisierung des Antisemitismus gewesen wäre. Eine genuine Konfrontation mit der Geschichte und vor allem mit Auschwitz macht es unumgänglich, daß Christen ihre Tradition einer gründlichen Kritik unterwerfen... Beide Dokumente setzen sich nicht mit der einfachen und unausweichlichen Tatsache auseinander, daß,

abgesehen von sekundären Ursachen, deren es viele gibt, der Antisemitismus vom 1. bis zum 20. Jahrhundert eine christliche Schöpfung und Verantwortung ist. Statt dessen finden wir die irrige Behauptung, daß der Antisemitismus eine von vielen Erscheinungsformen der Intoleranz und Unmenschlichkeit ist, die von der Kirche so offensichtlich verworfen werden. Aus der jüdischen Perspektive gesehen ist das eine so kränkende Verbiegung der historischen Wahrheit, die uns im Dialog zusammenbringt, daß das ganze Unterfangen kompromittiert wird, ehe es noch begonnen hat.
All diese Dinge sage ich mit Scheu und Zagen, nicht nur, weil auch heute noch die Empfindlichkeit auf beiden Seiten leicht verwundbar ist und Offenheit als Böswilligkeit ausgelegt werden kann, sondern vor allem, weil ich nicht möchte, daß das Holocaust zur Auslösung christlichen Schuldgefühls ausgenutzt wird, wodurch die Beziehungen so manipuliert würden, daß den Juden daraus ein Vorteil erwächst. Eine solche Manipulation stellt eine Entweihung des Gedächtnisses der Opfer dar und würde die tatsächlichen Hoffnungen, die wir auf den Dialog setzen, völlig zunichte machen.
Ich führe das Problem der christlichen Verantwortlichkeit für den Antisemitismus nur als ein – wenn auch großes und entscheidendes – Beispiel für jene Probleme an, die den Kern unserer Diskussion bilden müssen. Zumindest muß die Kirche gründlich über diese Dinge nachdenken, bevor sie an den Dialog mit Juden herantritt.
Der Staat Israel ist ein weiteres Problem. Ich gebe zu, daß viele wohlmeinende jüdische Bemühungen zur Aufklärung unserer christlichen Freunde sie oft eher verwirrt als informiert haben. Der Grund liegt zum Teil darin, daß die Juden selbst die Bedeutung der erneuten jüdisch-politischen Souveränität über das Land Israel und die Folgen dieses wunderbaren Phänomens auf ihr Leben und ihr religiöses Empfinden noch keineswegs ausgelotet haben. Die Entwicklung ist noch zu neu und überwältigend, als daß es anders sein könnte.
Den Christen wiederum wäre wohler, wenn sie Israel als rein politisches Phänomen behandeln könnten, wenn nur die Juden nicht auf der religiösen Dimension bestehen würden. Aber selbst wenn Israel nur ein politisches und kein theologisches Problem darstellte, muß man zugeben, daß die wärmste theologische Freundschaft sinnlos und bar jeden menschlichen Inhalts wäre, wenn sie den Zusammenbruch Israels gleichmütig mitansehen könnte. Wie Jacques Maritain sagt: ‚... diese Rückkehr, die dem jüdischen Volk endlich gewährt wurde und ihm gestattet, einen eigenen Zufluchtsort auf der Welt zu haben, nichtig machen zu wollen, kommt dem Wunsch gleich, daß das Volk wieder vom Unglück verfolgt, daß es von neuem das Opfer schändlicher Angriffslust werde. Anti-Israelismus ist keineswegs besser als Anti-Semitismus.‘ Tatsache ist aber, daß Israel nicht nur ein politisches Problem darstellt, sondern tiefgehende theologische Folgerungen hat, die auf den Kern der christlich-jüdischen Problematik gehen. Es handelt sich nämlich nicht nur darum, daß Juden nach Tel Aviv zurückgekehrt sind, sondern daß das Judentum nach Jerusalem heimgekehrt ist."

Henry Siegman, Zehn Jahre katholisch-jüdische Beziehungen. Eine Neubesinnung. In: Freiburger Rundbrief XXVIII/1976, 5–7.

Jüdische Offenheit

Es wurde gesagt, daß das Judentum eine besondere *Offenheit für andere Religionen* zeigt. Milton Steinberg erklärt die Haltung der verschiedenen Richtungen des religiösen Judentums in dieser Frage.

„Für den jüdischen Traditionalisten ist das Judentum die Religion *par excellence, der* wahre Glaube.

Andere Religionen sind jedoch nicht unbedingt oder durch und durch falsch. Im Gegenteil, sie enthalten möglicherweise Teilwahrheiten, und zwar in dem Maße, wie sie sich dem Judentum nähern.

Unter Zugrundelegung dieses Kriteriums teilt man nichtjüdische Gemeinschaften in eine Skala von ‚so gut wie völlig umnachtet' bis hin zu ‚nahezu völlig erleuchtet' ein. Idolatrie (= Götzendienst) und Polytheismus werden als absoluter Aberglaube angesehen. Im trinitarischen Christentum sind richtige und falsche Elemente miteinander vermischt. Eine Gemeinschaft des ethischen Monotheismus, wie es z.B. das Unitariertum darstellt, ist durchaus einwandfrei – mit der Ausnahme natürlich, daß es in seinen Zielen und Inhalten nicht weit genug geht. Eine eindeutige Bestätigung der traditionalistischen Anschauung findet sich im achten Canto eines Gedichtes aus dem 11. Jh: der ‚Königskrone' von Salomo Ibn Gabirol:

Du bist Gott, alle Gebilde sind Deine Knechte und Diener.
Deine Ehre leidet nicht Mangel
durch die Schar der Götzendiener,
denn alle wollen zu Dir gelangen,
aber gleich Blinden, die zum König hinstreben,
irren sie vom Wege ab.
Der eine versinkt in verderblicher Grube,
der andre fällt in die Falle.
Alle meinen, sie hätten ihr Ziel erreicht –
und haben sich umsonst bemüht!
Deine Knechte aber sind Sehenden gleich,
die auf rechtem Wege wandeln,
weichen vom Weg nicht nach links oder rechts,
bis sie an den Hof des Königs gelangen.

An diesem Zitat sollte der Leser einerseits darauf aufmerksam gemacht werden, daß *allen* Menschen ein aufrichtiges Verlangen nach Gott bescheinigt wird; andererseits wird von einer Pilgerreise der verschiedenen Religionen gesprochen, wobei manche Wallfahrer eben weiter auf der Königsstraße gelangen als andere; schließlich kommt in den Zeilen die Überzeugung zum Ausdruck, daß nur das Judentum allein zum Palast des Königs gelangt. Dies stellt in einem Gleichnis die traditionalistische Lehre dar.

Die Modernisten weigern sich, die verschiedenen Religionen so zu betrachten, als ob sie nur verschiedene Meinungen darstellten, von denen eine einzige wahr, die anderen aber falsch seien… Für sie ist es jedoch eine gute Sache, und durchaus nicht bedauernswert, daß es mehrere Religionen gibt; genauso wie es für die Welt vorteilhaft ist, daß auf ihr viele Menschen und Kulturen vorhanden sind. Das Le-

ben wird dadurch farbenfroher und abwechslungsreicher. Jeder Glaube wird von anderen Glaubensformen angeregt und ständig durch ihre Kritik zur eigenen Selbstreinigung angespornt. Die verschiedenen Religionen ergänzen einander, jede trägt ihre Einsichten und Werte bei oder interpretiert solche Vorstellungen und Inhalte, die allen gemeinsam sind, in einer ganz spezifischen Weise.
Für den modernistischen Juden ist das Judentum durch höchste Verdienste ausgezeichnet: Verständlichkeit und Vernünftigkeit in der Lehre, Höhe und Praxisnähe in der Ethik, Leidenschaft für soziale Gerechtigkeit, Ausgleich zwischen Körper und Seele, Reichtum an poetischen Ritualen, Hinwendung zur Geistesfreiheit sowie Hochachtung für ein durch Vernunft geleitetes Leben usw.
Doch jede Religion kann möglicherweise solche Qualitäten besitzen, ja verfügt sogar über solche, die dem Judentum fehlen.
Der Brahmanismus ist z.B. viel weiter in der Mystik fortgeschritten und hat bestimmte Techniken zur Selbstdisziplin entwickelt.
Das Quäkertum hat in weit größerem Maße die Ethik der Friedfertigkeit entwikkelt.
Der römische Katholizismus ist, was seine Riten anbelangt, weitaus entwickelter und dramatischer. Als Fazit ergibt sich somit: Der jüdische Modernist stellt die Religionen nicht einander gegenüber. Er findet sich damit ab, daß jede Religion ihren spezifischen Anteil an Wert und Wahrheit besitzt."

Übersetzung aus: Milton Steinberg, Basic Judaism, New York 1947, 102–104 mit Auslassungen. Die Übersetzung der Königskrone stammt von Johann Maier, Die „Königskrone" des Salomo Ben Jehuda Ibn Gabirol. In: Judaica 18 (1962) 20.

Jüdischer Glaube – Korrektiv für die Christen?

„So muß man also vor allem begreifen, daß Christentum in seinen wesentlichen Bestandteilen Judentum ist, daß das Christentum seine Grundüberzeugungen aus dem Judentum geschöpft hat. Und man sollte auch den Nebengedanken nicht unterdrücken, daß die christliche Tochter ihre jüdische Mutter praktisch verleugnet und ihr die Existenzberechtigung abgesprochen hat mit der Behauptung, die Kirche sei jetzt das wahre Israel und die Besitzerin der Verheißungen. Die Prägung geht dann so weit, daß man nicht mehr weiß, wo die christlichen Wurzeln liegen, und das jüdische Volk als einen Anachronismus betrachtet. So kam es, daß man den nächsten Verwandten aufs ärgste befehdete und bekämpfte. Die Kirche versuchte damit nachzuweisen, wie sehr sich Israel im Irrtum befinde, damit man an dem Wahrheitsgehalt ihrer Botschaft nicht zweifelte. Deswegen verfolgte man die Juden und berief sich auf die Verfolgungen als Beweis dafür, daß Israel tatsächlich von Gott verstoßen sei. Wenn ich bitter klinge, dann nur, weil tatsächlich die Geschichte des jüdischen Volkes im christlichen Westen eine bittere gewesen ist.
Was also können Christen von Juden lernen? Zunächst einmal das Ernstnehmen der biblischen Botschaft. Nun soll man nicht mit der Gegenfrage kommen, ob denn die Juden die Schrift immer ernst nähmen – eine solche Frage wäre ein Versuch, auszuweichen. Die Antwort ist: Christen haben die Bibel übernommen, weil sie sich ebenfalls angesprochen fühlten, und Juden und Christen haben die Pflicht, das Wort Gottes nicht nur zu bekennen, sondern sich auch danach zu richten. Und

hier, so glaube ich, können Christen tatsächlich von Juden lernen. Denn seit Paulus hat man im Christentum den Gebotscharakter der Schrift durch die Polemik gegen das sogenannte Gesetz mehr und mehr außer acht gelassen. Religion wurde Theologie und Dogma, und die Ausführung des göttlichen Willens wurde geradezu als Anmaßung und Selbstgerechtigkeit verurteilt. Gesetz und Evangelium wurden einander gegenübergestellt. Man sprach von der Freiheit des Evangeliums und belächelte den Juden, der durch das Gesetz so eingeengt war.

Erst während einer Zeit der absoluten Rechtlosigkeit fing man an, sich wieder Gedanken zu machen über Recht und Gebot, über Verantwortung und Liebe. Denn es gibt keine abstrakte Liebe. Liebe bedeutet, dem andern zu seinem Recht zu verhelfen, und zwar durch die Tat. Die Anrufung der göttlichen Gnade dient nur allzu oft als Entschuldigung für die eigene Indifferenz oder für fehlende Brüderlichkeit. Nicht daß wir glauben, ohne göttliche Gnade auskommen zu können. Nicht, daß wir von unserer eigenen Vollkommenheit überzeugt wären. Aber wir meinen, Partner Gottes sein zu müssen auf dieser Erde, auf die er uns gestellt hat, auf daß wir seinen Willen ausführen und zum Anbruch des göttlichen Reiches beitragen. Dies haben Christen oft vergessen, und dies, glaube ich, können sie von uns lernen, daß wir die Erfüllung der göttlichen Gebote auf Erden nicht als sinnlos erachten, daß wir trotz der Hoffnung auf ein Jenseits die Erde nicht abgeschrieben haben und daß wir deshalb nicht unterscheiden zwischen Religion und Ethik, zwischen Gottesdienst und Leben, zwischen dem sakralen und dem politischen Raum. Wir meinen, daß das göttliche Gebot hier auf Erden, zwischen den Menschen, verwirklicht werden muß, und daß alles andere Lippenbekenntnis und letztlich unfruchtbare Selbsttäuschung darstellt. Wir meinen, daß sowohl die Propheten Israels als auch Jesus von Nazareth im politischen Raum Gottes Willen durchsetzen wollten. Wir sind davon überzeugt, daß an Gott glauben nicht bedeuten kann, so lange zu warten, bis Er unsere Arbeit tut.

Das Hauptziel der Religion ist also für uns nicht das Erringen der eigenen Unsterblichkeit, beziehungsweise der eigenen Erlösung. Wir betrachten dies als eine etwas egoistische Nabelschau. Das Ziel der Religion ist nicht das Seelenheil, sondern eine heile Welt. Wir lehnen daher auch jede Spiritualisierung der biblischen Botschaft ab. Wenn die Bibel von Jerusalem spricht, dann spricht sie von dem wirklichen, konkreten, geographischen Ort und nicht von einer himmlischen Domäne. Und wenn sie vom Reich Gottes spricht, dann meint sie ein Reich Gottes hier auf Erden und nicht in einer metaphysischen, transzendenten Welt.

Hand in Hand hiermit geht dann auch die Ablehnung der Erbsünde und des ständigen Betonens menschlicher Verworfenheit. Und weil wir meinen, daß jede Sünde Sünde des Menschen ist, kein Schicksal, nichts Unabdingbares, deshalb betonen wir um so mehr die Verantwortung für unser Tun und Lassen. Wir lehnen auch eine Kollektivschuld ab, denn jeder Mensch ist nur verantwortlich für das, was er tut, beziehungsweise für das, was er unterläßt zu tun. Schon die Propheten Israels sagten, daß das Sprichwort nicht mehr gebraucht werden solle in Israel, daß die Väter saure Trauben gegessen hätten und die Zähne der Kinder stumpf geworden seien.

Da wir keine Erbsünde kennen, wissen wir um die Würde des Menschen, denn die Bibel sagt, Gott hätte uns geschaffen nur ein wenig geringer als die Engel, und

zwar in Seinem Ebenbilde. Und da Gott nach jedem Schöpfungstage sagte, daß das, was er geschaffen hatte, gut war, betrachten wir die Welt als eine ihren Möglichkeiten nach gute Welt – wir freuen uns ihrer und ihrer Gaben. Das bedeutet nun nicht, daß wir die geistigen Dinge vernachlässigen, im Gegenteil, wir finden beides wichtig. Gerade das Lernen, das Diskutieren wurde im Judentum groß geschrieben. Das traditionelle Judentum war auf freie Diskussion gegründet – Gelehrte mochten zu den verschiedensten Schlußfolgerungen in ihrer Erläuterung des biblischen Wortes kommen, ihre Meinungen wurden sorgfältigst notiert und werden auch heute noch in den Lehrhäusern gelesen und diskutiert.
Das Judentum also lehrt die Lebensbejahung, die Liebe zur Welt und zu den Menschen in ihr. Nicht Dogmen sind wichtig und Theologie, sondern die Tat des Menschen, nur sie führt zur Erlösung. Unser zukünftiges Schicksal nach unserem Tode legen wir vertrauensvoll in Gottes Hand. Wir wissen nichts darüber, wir können nichts darüber wissen. Was wir aber können, ist, uns um das Wohl und Wehe der Menschen zu kümmern, hier auf Erden, während unseres Lebens. Nicht auf ein Jenseits wollen wir die Menschen vertrösten, sondern eine bessere Welt wollen wir bauen helfen. All das klingt sehr modern, sehr nach Jugend, sehr nach moderner theologischer Überzeugung. Es ist schwer verständlich, warum eine neue Generation das Judentum noch nicht kennengelernt hat; sehr viel von dem, was sie bewegt, wird sie hier finden.“

Nathan Peter Levinson, in: Allgemeine jüdische Wochenzeitung vom 11. 3. 77.

Glossar

Alija — Hebräische Bezeichnung für Einwanderung in das Land Israel, insbesondere seit 1882.

Apokalyptik — Bezeichnet Zukunftsenthüllung, hat ihren Niederschlag in einem reichen Schrifttum gefunden; meist in Zeiten äußerer Not entstanden, will es den Lesern den Trost einer besseren Welt erschließen. Dazu gehört die Suche nach Geheimnisvollem, Verborgenem, Doppelsinnigem, das Spielen mit Worten und Zahlen, die Vorliebe für Symbolik, die Neigung, die Geschichte zu periodisieren, wobei die Endzeit gerne als die Wiederkehr einer paradiesischen Urzeit erscheint.

Apologet — Vertreter einer frühchristlichen Literaturgattung, in der es um die Verteidigung und Darstellung des christlichen Glaubens gegenüber seinen Gegnern und Bezweiflern geht. Dies geschieht zugleich mit dem Ziel, die Unterlegenheit der heidnischen und jüdischen Religion nachzuweisen.

Aschkenasim — Bezeichnung für die Juden speziell aus Deutschland.

Assimilation — Prozeß der Angleichung von Menschen, hier: Juden, an eine Umwelt, die ihnen unter dem Gesichtspunkt der Volkszugehörigkeit zunächst fremd ist. Nicht selten verbunden mit dem Verlust eines Gruppenbewußtseins in der assimilierten Gruppe.

Chanukka — „Einweihung", Fest in Erinnerung an die Wiedereinweihung des jerusalemischen Heiligtums durch Judas Makkabäus (164 vChr).

Chassidim — 1. Religiöse Strömung im Frühjudentum z.Zt. der Makkabaeeraufstände; 2. aschkenasischer Chassidismus, mystische Strömung im mitteleuropäischen Judentum des Mittelalters; 3. religiöse Bewegung in Osteuropa seit dem 18. Jh, Gründer Baal schem tow; oft „Chassidismus" schlechthin genannt.

Chiliasmus — Nach Offb 20 der Glaube an ein kommendes, mit der Wiederkehr Christi verbundenes 1000-jähriges Reich; in weiterem Sinn der Glaube an ein baldiges Weltende. Er entstammt jüdischer Eschatologie (Zukunftserwartung) und führt den Gedanken eines messianischen Zwischenreiches fort, das den Anbruch des endgültigen, die ganze Welt umspannenden Endzustandes einleiten soll.

Diaspora/Galut/Gola — „Zerstreuung", allgemein die unter einer Mehrheit Andersgläubiger wohnende religiöse Minderheit; hier: Existenz außerhalb des Landes Israel.

Gemara — „Vollendung", die talmudische Diskussion auf der Basis der Mischna, der eigentliche Inhalt der Talmude.

Ghetto	Abgeschlossener Stadtteil für jüdische Einwohner, in welchem diese zuerst freiwillig (Spätantike: Alexandrien, Rom), im Mittelalter jedoch zwangsweise wohnten. Die Bezeichnung stammt aus Venedig (1516), wo im „Ghetto Nuovo" (Neue Gießerei) die Juden Wohnsitz nehmen mußten.
Haggada	Nichtreligionsgesetzliche Überlieferungen, Legenden, Sagen, Anekdoten.
Halacha	Verbindliche, religionsgesetzliche Überlieferungen, gültiges Religionsgesetz.
Holocaust	Das im Englischen häufig verwendete, ursprünglich griechische Wort bezeichnet zunächst das alttestamentliche Brandopfer im Sinne eines Ganzopfers. Es wird heute gebraucht für die Vernichtung eines großen Teils der europäischen Judenschaft durch den Nationalsozialismus und meint die totale Vernichtung.
Inquisition	Richterliche Verfolgung der Ketzerei durch ein von der Kirche eingesetztes Glaubenstribunal; Ursprung im Mittelalter.
Kabbala	Wörtlich: „Tradition", bezeichnet vor allem die mystischen Überlieferungen des Judentums.
Mischna	Mündliche „Wiederholung" der bis zu Ende des 2. Jh ausgebildeten Gesetzesüberlieferung, die ihrerseits die Grundlage des Talmuds bildet.
Mizwa/Mizwot	Religionsgesetzliche Vorschrift(en).
Mystik	Bezeichnet die Anschauung, nach der der Mensch in Gott oder im Göttlichen (unio mystica) aufgeht; im Judentum das Aufstiegserlebnis und die Vision Gottes.
noachitische Gebote	Eine Reihe von sittlichen und religiösen Urgeboten, die nach der Auffassung der Rabbinen von Gott Gen 9,4–6 gegeben sind und auch Nichtisraeliten verpflichten.
numinos	Bezeichnung des Heiligen (nach Rudolf Otto).
Pogrom	Ursprünglich Bezeichnung für eine mit Plünderungen und Mord verbundene Judenverfolgung im zaristischen Rußland. Heute allgemeine Bezeichnung für Verfolgung gegen Mitglieder nationaler, religiöser oder rassischer Minderheiten.
Schechina	Wörtlich: „Wohnen" (Gottes), bezeichnet die sichtbare oder unsichtbare Gegenwart Gottes in der Welt. Nach Rosenzweig ist die Schechina Brücke zwischen dem „Gott unsrer Väter" und dem „Rest Israels"; sie wird als eine Scheidung in Gott selbst vorgestellt. Der Einigung Gottes und seiner Schechina dient die Erfüllung der Mizwot.
Schulchan Aruch	„Gedeckter Tisch", abschließende Ausgabe des verbindlichen Religionsgesetzes von Rabbi Joseph Karo (1488–1575).

Sephardim	Spanische und portugiesische Juden; genauer: die 1492 aus Spanien vertriebenen Juden und ihre Nachkommen.
Synagoge/Knesset	Gottesdienstliche Versammlungsstätte.
Talmud	Wörtlich „Studium", die Kodifizierung des mündlichen Gesetzes sowie der Lehren und Diskussionen in Palästina (Jerusalemer bzw. Palästinensischer Talmud, 4. Jh) und Babylon (Babylonischer Talmud um 500).
Torah	Wörtlich: Gnade, Wegweisung, Offenbarung. 1. Die fünf Bücher Mose; 2. Gesetz im Sinne des geoffenbarten Willens Gottes; 3. die gesamte religionsgesetzliche Tradition.

Weiterführende Literatur

Ben-Chorin, Schalom: Bruder Jesus, München 1972 (dtv-List Tb 20394)

Blue, Lionel: Wie kommt ein Jude in den Himmel? Der jüdische Weg zu Gott, München 1976 (Kösel)

Brocke/Petuchowski/Strolz (Hrsg.): Das Vaterunser. Gemeinsames im Beten von Juden und Christen, Freiburg 1974 (Herder)

Eban, Abba: Dies ist mein Volk. Die Geschichte der Juden, München/Zürich 1977 (Knaur Tb 367)

Eckert/Henrix (Hrsg.): Jesu Jude-Sein als Zugang zum Judentum. Eine Handreichung für Religionsunterricht und Erwachsenenbildung, Aachen 1976 (Einhard)

Elon, Amos: Die Israelis, Gründer und Söhne, Wien/München 1976 (Molden- Tb 9)

Flusser, David: Jesus in Selbstzeugnissen und Bilddokumenten, Reinbek bei Hamburg 1968 (rm 140)

Geis, Robert Raphael: Vom unbekannten Judentum, Freiburg ^{2}1975 (Herder)

Goldmann, Nahum: Israel muß umdenken. Die Lage der Juden, Reinbek bei Hamburg 1976 (rororo 4061)

Hommel, Gisela: Der siebenarmige Leuchter. Erster Blick aufs Judentum für Christen, München 1976 (Pfeiffer)

Keller, Werner: Und wurden zerstreut unter alle Völker. Die nachbiblische Geschichte des jüdischen Volkes, München/Zürich 1976 (Knaur Tb 325)

Mayer, Reinhold (Hrsg.): Der babylonische Talmud (Auswahl), München 1965 (Goldmann Tb 7902)

Ders., Judentum und Christentum. Der Christ in der Welt XVI/6, Aschaffenburg 1973 (Pattloch)

*Petuchowski, Jakob J.:*Beten im Judentum, Stuttgart 1976 (Katholisches Bibelwerk)

Prijs, Leo: Die jüdische Religion. Eine Einführung, München 1977 (Pfeiffer)

Religionen heute. Themen und Texte für Unterricht und Studium, hrsg. von U. Tworuschka, Frankfurt/München 1977, Diesterweg, Kösel (Artikel über Judentum von H.-J. Loth).

Selbstzeugnisse des deutschen Judentums 1870–1945, hg. von Achim von Borries, Frankfurt/M 1962 u. ö. (Fischer-Bücherei 439)

Sidur Sefat Emet, mit deutscher Übersetzung von S. Bamberger, Basel 1972 (Victor Goldschmidt)

Trepp, Leo: Das Judentum. Geschichte und lebendige Gegenwart, Reinbek bei Hamburg ^{2}1976 (rde 325)

Wouk, Herman: Er ist mein Gott, Hamburg ^{2}1961 (W. Krüger)

Einen unterhaltsamen Einblick in Mentalität und Verhältnisse des liberalen Judentums in Amerika bieten die „Rabbi"-Kriminalromane von Harry Kemelman in der Reihe der rororo-Thriller.

Bildnachweis

Altonaer Museum in Hamburg: Seite 58. Anthony Verlag, Starnberg: 40. The Art Institue of Chicago, © 1977, ADAGP, Paris & Cosmopress, Genf: 131. Bavaria Verlag, Gauting: 49. Botschaft des Staates Israel, Bonn-Bad Godesberg: 2, 55, 59. Deutsche Presse-Agentur, Frankfurt/M.: 5, 65. Hessische Landes- und Hochschulbibliothek, Darmstadt: 56. Calle Hesslefors, Rödermark-Waldacker: 68. Calle Hesslefors/Stern: Titelbild. Kathedrale Straßburg, service d'architecture: 97. Hans Lachmann, Düsseldorf: 5, 41, 99, 109. Stedelijk Museum, Amsterdam: 39. Süddeutscher Verlag, Bilderdienst, München: 93, 108.

Weltreligionen

Geschichte · Quellen · Materialien

Buddhismus

Von Dieter Faßnacht.
VI + 107 Seiten, 26 Abbildungen, 1 Karte

Islam

Von Dieter Faßnacht.
VIII + 97 Seiten, 19 Abbildungen, 1 Karte

Judentum

Von Joachim Czech, Heinz-Jürgen Loth,
Friedrich Trzaskalik und Udo Tworuschka.
VI + 149 Seiten, 22 Abbildungen, 4 Karten

Hinduismus

Von Dieter Faßnacht und Ekkehard Birkelmann.
Ca. 110 Seiten

Eine Beschäftigung mit den Weltreligionen ist heute nicht nur besonders notwendig, sondern auch für die Schüler besonders attraktiv, seitdem die interkulturelle Kommunikation (Fernsehen, Reisen) stark zugenommen hat. Gerade dadurch wird ein besseres Verstehen unterschiedlicher kultureller, geschichtlicher und anthropologischer Gegebenheiten um so wichtiger.
Bei der Auswahl der Texte wurde bewußt von modernen authentischen Quellen ausgegangen, die die betreffende Religion nicht nur in ihrer Geschichte, sondern gerade in ihrer heutigen Aktualität und in ihrer sozialen und psychologischen Verflechtung darstellen. Im Gesamtaufriß des jeweiligen Bandes sind zudem ausdrücklich Themen aufgenommen, die Phänomene unserer Zeit berücksichtigen. In den monographieartigen Abschnitten werden leicht verständliche Einführungen etwa in die Geschichte oder in komplexe Zusammenhänge der Lehre der entsprechenden Religionen gegeben.
Die Hefte sind im evangelischen wie im katholischen Religionsunterricht in gleicher Weise einsetzbar. Sie eignen sich zur Vorbereitung von Referaten wie zur Grundlage von Klassendiskussionen. Ebenso sind Interpretationsübungen an den einzelnen Texten möglich.